KB141034

대한민국 영토연구총서 XII

일본흑룡회와 일본의 독도편입

(일본흑룡회의 독도편입 음모)

Japanese Black Dragon Society and Japanese Annexation of Dokdo

저자 이동원

독도조사연구학회
책과사람들
서울 2013

First of all, during the observing and introducing the Korean Sea, Black Dragon Society has intentionally exposed the concepts of [Unidentified sovereignty (uninhabited island)] and [Possession declaration of non-existence (territory transferrable)], which are the conditions for 'prior occupation of a *terra nullius*' under the international law without understanding of Korea's sovereignty of Dokdo. This influenced the government bureaucrats, the Fisheries Bureau of the Japanese Ministry of Agriculture & Commerce Maki has asserted [unidentified sovereignty (uninhabited island)] and the Navy Hydrographic Department Director Kimotsuki has suggested [possession declaration (territory transfer)] to Nakai Yozaburo, and it results in territory transferred to Japan, as the situational recognition of [application of advance base] has been added, which was preparation for Russo-Japan War by the Bureau of the Japanese Foreign Ministry. At this point, we try to approach the process of territory-transferring more practically by discovering the state of Japanese right-wing organizations such as Japanese Black Dragon Society in relation to Dokdo. This is to enforce the realistic power on Dokdo by opening the "path of future researches".

Therefore, I suggest further support on the future research on Japanese right-wing organizations such as Black Dragon Society to understand how much they are involved in terms of transferring Dokdo into their land, so that there would be enough explanation without any practical confusion or doubts.

머리말

일본은 막부말기의 해방론자들에 의해 제기된 이상론적인 해외웅비론과 조선침략론이 메이지 유신을 거치면서 여과되어 '이상론'이 '현실론'으로 바뀌었다. 이들의 현실론은 조선을 비롯한 중국 등을 대상으로 하였으나 그 출발점은 조선을 대상으로 하였으므로, 그 중심에는 이용대상으로써 조선이 존재하였다. 이는 곧 일본이 우익사상의 현실적 '뿌리'라 할 수 있는 아시아패권론과 맹주론, 아시아주의로 발전하였다. 이후 한중일이 연대해야 한다는 아시아 연대론으로 발전하고, 청불전쟁에서 중국이 참패하자 아시아의 실상을 제대로 파악한 일본은 일본중심의 탈아론(맹주론)으로 발전하여 한국과 중국을 이용하는 개념으로 발전하였다.

결국에는 대아시아주의와 대동아공영권론을 표방하면서 조선흡수병탄론으로 발전하였다. 이같은 우익적 사상에 배경을 둔 일본은 조선을 흡수병합하는데 최종 목표를 두고 목적은 일본의 경제식민지로 활용하는데 있었다. 따라서 일본의 최종목표는 조선병합이고, 목적은 경제식민지의 활용이다. 그러기 위해서는 일본이 넘어야할 큰 산이 두 개가 있었다. 하나는 조선에서의 종주권(기득권)을 보유한 청나라이고, 다른 하나는 청일전쟁 후 조선을 넘본 러시아이다. 따라서 일본이 조선병합이라는 최종목표에 도달하기 위해서는 이 두 나라와의 전쟁은 피할 수 없는 것이었다. 여기서 청일전쟁에 관여한 우익단체가 현양사이고, 러일전쟁에 관여한 우익단체가 현양사의 후신인 흑룡회이다. 일본은 청일전쟁 때는 조선에서 현양사의 한시적인 조직으로 천우협을 만들어 활동했고, 청일전쟁에서 승리하자 그 기쁨도 잠시 3국간섭의 울분 속에서 조선정부가 친러로 기울자 서슴없이 을미사변을 일으켜 국모인 명성황후를 시해하였다. 여기에는 주한국 일본공사가 중심이 되었고, 현양사의 말단조직인 천우협의 회원들이 공모하였다. 이후 한일병합을 본격 추진하기 위해 일본의 우익은 현양사의 적극적인 후원 하에 흑룡회를 만들었다. 따라서 현양사와 흑룡회를 대부분 구별하지 않고 같이 취급하는 학자들이 많다. 흑룡회는 일본의 정관군과 밀접한 연관을 맺고 있으며, 때로는 정책결정에, 때로는 정보부대로, 때로는 직접 전투에 참여하여 활동하였다. 흑룡회의 목표는 가까이는 러일전쟁을 성공적으로 치르는 것이고, 최종목표는 조선병합에 있었다. 이 과정에서 흑룡회는 한국내륙 뿐만 아니라 한국의 연안해도 상세히 정탐하여 일본에 소개하고, 적극 권장하여 일본어민들의 한국해 진출에 기여했다. 흑룡회가 한국해를 정탐하고 소개하면서 독도가 한국영토라는 전제사실을 망각하고, 의도적으로 국제법상 '무주물 선점'의 「무주지와 실효적 점유」요건 중 '무주지'에 대하여, 「소속불명(무인도)」과 「영유선언 부존재(영토편입 가능)」를 인위적으로 조작하였고, 이는 정부 관료들에게 영향을 미쳤다. 정부관료 농상무성 마키 국장은 「소속불명(무인도)」를 주장하고, 해군성 기모쓰키 수로부장은 「영유선언 부존재에 따른 영유선언(영토편입)」을 나카이 요사부로에게 권했으며, 여기에 우익세력 중 하나인 외무성이 러일전쟁에 대비한 「전초기지로 활용」코자 하는 인식이 더해지면서 종국에는 일본 영토에 편입되는 결과를 낳았다. 이와 같이 흑룡회는 직접적으로 일본의 독도편입에 영향을 미쳤으며, 일본우익은 러일전쟁에 독도를 활용하기 위해서 영토편입의 불법행위에 적극 가담하였다.

　이 책은 현양사와 흑룡회를 비롯한 일본의 우익단체들이 독도편입에 어떻게 관계했는지를 밝혀 내기 위하여 영유라는 개념을 염두에 두고 서술하였다. 따라서 일본우익들이 관계한 독도편입에 대한 이해를 함에 있어서 조금이나마 도움이 되었으면 한다.

　끝으로 이 책의 연구에 많은 도움을 주신 외교통상부 관계자분들과

스승 김명기 교수님, 이장희 교수님, 김선표 공사님께 지면을 빌어서
감사의 말씀을 드리고, 언제나 많은 도움을 주는 아내 황혜정, 건강하
게 자라 준 두 아이 이하진, 이재은에게도 감사드린다.

2013년 12월
저자

목   차

제1장

서 론

일본은 막부말기의 해방론자들에 의해 제기된 이상론적인 해외웅비론과 조선침략론이 메이지 유신을 거치면서 여과되어 '이상론'이 '현실론'으로 바뀌었다. 이들의 현실론은 조선을 비롯한 중국 등을 대상으로 하였으나 그 출발점은 조선을 대상으로 하였으므로, 그 중심에는 이용대상으로써 조선이 존재하였다. 이는 곧 일본이 우익사상의 현실적 '뿌리'라 할 수 있는 아시아패권론과 맹주론, 아시아주의로 발전하였다. 이후 한중일이 연대해야 한다는 아시아 연대론으로 발전하고, 청불전쟁에서 중국이 참패하자 아시아의 실상을 제대로 파악한 일본은 일본중심의 탈아론(맹주론)으로 발전하여 한국과 중국을 이용하는 개념으로 발전하였다.

결국에는 대아시아주의와 대동아공영권론을 표방하면서 조선흡수병탄론으로 발전하였다. 이같은 우익적 사상에 배경을 둔 일본은 조선을 흡수병합하는데 최종 목표를 두고 목적은 일본의 경제식민지로 활용하는데 있었다. 따라서 일본의 최종목표는 조선병합이고, 목적은 경제식민지의 활용이다. 그러기 위해서는 일본이 넘어야할 큰 산이 두 개가 있었다. 하나는 조선에서의 종주권(기득권)을 보유한 청나라이고, 다른 하나는 청일전쟁 후 조선을 넘본 러시아이다. 따라서 일본이 조선병합이라는 최종목표에 도달하기 위해서는 이 두 나라와의 전쟁은 피할 수 없는 것이었다. 여기서 청일전쟁에 관여한 우익단체가 현양사이고, 러일전쟁에 관여한 우익단체가 현양사의 후신인 흑룡회이다. 일본은 청일전쟁 때는 조선에서 현양사의 한시적인 조직으로 천우협을 만들어 활동했고, 청일전쟁에서 승리하자 그 기쁨도 잠시 3국간섭의 울분 속에서 조선정부가 친러로 기울자 서슴없이 을미사변을 일으켜 국모인 명성황후를 시해하였다. 여기에는 주한국 일본공사가 중심이 되었고, 현양사의 말단조직인 천우협의 회원들이 공모하였다. 이후 한일병합을 본격 추진하기 위해 일본의 우익은 현양사의 적극적인 후원 하에 흑룡회를 만들었다. 따라서 현양사와 흑룡회를 대부분 구별하지 않고 같이 취급하는 학자들이 많다. 흑룡회는 일본의 정관군과 밀접한 연관을 맺고 있으며, 때로는 정책결정에, 때로는 정보부대로, 때로는 직접 전투에 참여하여 활동하였다. 흑룡회의 목표는 가까이는 러일전쟁을 성공적으로 치르는 것이고, 최종목표는 조선병합에 있었다. 이 과정에서 흑룡회는 한국내륙 뿐만 아니라 한국의 연안해도 상세히 정탐하여 일본에 소개하고, 적극 권장하여 일본어민들의 한국해 진출에 기여했다. 흑룡회가 한국해를 정탐하고 소개하면서 독도가 한국영토라는 전제사실을 망각하고, 의도적으로 국제법상 '무주물 선점'의 「무주지와 실효적 점유」요건 중 하나인 '무주지'에 대하여, 「소속불명(무인도)」과 「영유선언 부존재(영토편입 가능)」를 인위적으로 조작하였고, 이는 정부 관료들에게 영향을 미쳤다. 정부관료 농상무성 마키 국장은 「소속불명(무인도)」를 주장하고, 해군성 기모쓰키 수로부장은 「영유선언 부존재에 따른 영유선언(영토편입)」을 나카이 요사부로에게 권했으며, 여기에 우익세력 중 하나인 외무성이 러일전쟁에 대비한 「전초기지로 활용」코자 하는 인식이 더해지면서 종국에는 일본 영토에 편입되는 결과를 낳았다.

　한편, 일본우익은 조선병합을 위해 러일전쟁의 승리는 일본의 국운이 걸린 문제였다. 이 과정에서 일본의 「민관군」은 일치단결하였고, 여기에 '민'은 「흑룡회」가 선도하고, '관'은 「카쓰라 내각수반」이, '군'은 소장파 군인들과 외무성 야마자 엔지로 정무국장이 중심이 되어 조직한 「호월회」가 그 한 축을 맡았다. 우익세력들은 독도문제와도 관련이 있으며, 흑룡회는 민간우익단체로서 무주물 선점 이론의 대상인 '무주지'에 대한 정보를 제공하였다. '관'인 카쓰라 수상은 독도에 대한 영토편입 과정에서 내각결정을 이끌었으며, 외무

성 야마자 엔지로는 절대다수의 소장파 군인들의 모임인 호월회를 선
도하면서 내무성 이노우에 서기관이 한국영토의 의심이 있으니 각하
한 내용을 묵살하고 영토편입을 강행한 인물이다.

앞서의 설명과 같이 흑룡회는 직접적으로 일본의 독도편입에 영향
을 미쳤으며, 일본우익은 러일전쟁에 독도를 활용하기 위해서 영토편
입의 불법행위에 적극 가담하였다. 따라서 흑룡회와 일본우익이 독도
편입 불법행위에 어떤 역할을 담당했는지 살펴보고자 한다.

다만, 일본정부와 일본 우익단체의 최종목표인 한일병합은 여기서의
연구의 본주제가 아니므로, 별론으로 하고, '독도편입' 과정에서 나
타난 민간군의 우익 핵심인물들의 사상적 배경이 될 뿐만 아니라, 일
본의 독도편입에도 직간접으로 영향을 미친 일본우익단체인 현양사와
천우협, 흑룡회, 호월회를 중심으로 하여 차례로 살펴보고자 한다.
따라서 제2장에서는 독도의 편입과정을, 제3장 우익사상의 배경과 일
본현양사, 일본천우협, 일본흑룡회, 일본호월회를 차례로 살펴보고자
한다.

이 연구는 일본의 독도(일본명 다케시마) 편입과정과 일본흑룡회
및 일본우익단체에 대하여는 역사적 연구(historical approach)이
고, 그에 대한 법적 평가는 법적 연구(legal approach)이며, 그리고
(i) 일본의 독도 편입과정과 일본흑룡회에 관하여는 실증적 접근이
고, (ii) 법의 해석은 법실증주의(positivism) 및 있는 법(*lex lata*)
에 입각한 것임을 밝혀둔다.

제2장 일본흑룡회와
독도 편입과정

차 례

제1절 서설

안용복의 도일 이후 일본 막부는 독도가 울릉도의 부속도서로써 한국 땅임을 인정하는 분위기였다. 조선정부 또한 독도는 당연히 한국 땅이라고 간주하고 있었다. 그 후 독도에 대한 영유권 논쟁을 명확히 한국 영유권임을 인정하는 일대의 획을 긋는 재확인 실증자료 나타났다.

명치정부는 덕천막부를 타도하고 신정부를 수립한 직후인 1869년 (고종6년, 명치2년) 12월 조선과의 국교 확대 재개와 정한의 가능성을 내탈하기 위해 일본 외무성 고위관리인 사다 하쿠보(佐田白茅)[1] · 모리야마 시게루(森山茂)[2] · 사이토 사카에(齊藤榮) 등을 부산에 파견

---

[1] //ja.wikipedia.org/wiki/:佐田白茅 참조:사다 하쿠보(佐田 白茅, 1833.1.30. - 1907.10.4.)는 메이지 시대초기의 외교관이다. 초기 조선과의 국교협상에 관여했고 훗날 정한론을 주장한 인물로 알려져 있다. 통칭은 소일랑(素一郞)에서 "백모(白茅)"는 호이다. 원래 구루메(久留米) 번사에서 존양파(尊攘派)로서 활동한 후, 메이지유신 이후 1869년(메이지 2년), 「조선교제사의(朝鮮交際私議)」를 태정관에 건의하고, 그해 11월 외무성 판임으로 출발하였다. 1870년 (메이지 3년) 3월, 모리야마 시게루(森山茂)와 함께 부산의 초량왜관에 파견되어 서계문제로 분규하고 있던 조선과의 국교수립 예비교섭을 진행했다. 이 과정에서 조선 측의 태도에 격분했다. 사다는 같은 해 4월에 귀국한 후 정부에 정한을 주장하는 보고서를 제출했다. 그러나 사다 등의 보고서를 받아 외무성이 태정관에 제출한 「대조선정책삼개조(対朝鮮政策三箇条)」에서, '단교 상태'·'국사파견'·'대 청나라 조약선행(対淸条約先行)'의 3가지 방법이 제시되어 있었다. 정부는 결국 제2안과 제3방안의 절충방안을 채택하여, 같은 해 말 외무권한 소승 요시오카 코우키(吉岡弘毅)을 부산에 파견하여 정식수교 교섭을 추진함과 동시에, 다음 1871년 9월에는 조선의 종주국인 청나라 사이에 청일수호조규와 통상장정을 체결했다. 귀국 후 사다는 외무 대록에 임명되었으나, 1871년 8월, 사이고 다카모리(西郷隆盛) 등의 정한파에 동조하여 사직하고 귀향했다. 그 후에는 한거하고 문필활동에 종사했다. 저서는 메이지문화전집(明治文化全集) 제22권(雜史篇)에 수록되어 있다. 저서는 정한평론 (1875년), 정한론(征韓評論)의 이전 꿈 이야기(征韓論の旧夢談)(1903년)가 있다.

하였다. 이들이 내탐결과를 보고한 복명서(復命書)가 바로 「조선국교
제시말내탐서(朝鮮國交際始末內探書)」다.3) 여기에 울릉도(일본명 竹
島)와 독도(일본명 松島)가 조선의 부속령임을 확인하는 기록이 있다.
이는 1869년 일본외무성과 국가최고기관인 일본태정관은 객관적이고
실증적으로 울릉도와 독도가 조선의 부속령임을 거듭 확인한 사실이
다.

또한 일본내무성 내무경 오쿠보 도시미치(大久保利通)4)는 1876
년(명치9) 일본국토의 지적을 조사하고 지도를 편제하는 사업에 임하
여 울릉도(일본명 竹島)와 독도(일본명 松島)를 도근현에 포함시킬
것인가의 여부에 대한 질의서5)를 1876년 10월 16일자 공문으로 도
근현 참사 경계지로(境二郎)으로부터 접수했다. 일본내무성은 약 5개
월에 걸쳐 도근현이 제출한 부속문서 뿐아니라, 원록연간(조선의 숙종
연간)에 조선과 교섭한 관계문서들을 모두 조사해본 후 울릉도와 독

---

2) //ja.wikipedia.org/wiki/:森山茂 참조:모리야마 시게루(森山茂, 1842.9.
   -1919.2.26.)는 메이지 시대의 외교관이며, 정치가이다. 외교관의 경우에는 조
   선과의 외교교섭에 종사하여, 퇴관 후 원로원의관, 토야마현(富山県) 지사, 귀
   족원의원 등을 지냈다. 막부말기의 케이오 3년(1867년), 막부도서장 히라야마
   경충의 제안으로 울릉도(우르룬섬)의 개척을 지향했지만, 메이지 유신을 맞이
   하여 포기했다고 한다.
3) 신용하, "독도영유권의 역사"「독도영유권 연구논집」, 독도연구총서⑨, 독도
   학회, (서울:2002, 독도연구보전협회), pp.39~42; 山邊健太郎, 「日韓倂合小
   史」, 1966; 이한기, 「한국의 영토」, 1969, ; 일본 외교문서(제3권), 사항 6,
   문서번호 87, 1870년 4월 15일자 「외무성출사좌전백아등의 조선국교제시말
   내탐서」참조.
4) //ja.wikipedia.org/wiki/:大久保 利通 참조:오쿠보 도시미치(大久保 利通,
   1830.9.26. - 1878.5.14.)는 일본의 무사(사쓰마(薩摩) 번사), 정치가이다. 위
   계 훈등은 종일위 훈일등이다. 메이지 유신의 공신이며, 사이고 다카모리, 기
   도 다카요시와 함께 유신 3걸이라고 불린다. 또한 유신의 10걸 중 한 사람이
   기도 하다. 1871년에는 대장경에 취임, 이와쿠라 사절단의 부사로 외유한다.
   외유 중 부재중 정부에서 문제가 되고 있던 조선출병을 둘러싼 정한론 논생은
   사이고 다카모리와 이타가키 타이스케 등의 정한파와 대립하고, 메이지 6년
   정변에서 사이고 등을 실각시켰다.
5) 일본해내 죽도의 일도지적편찬방사; 동해내의 죽도 외 일도 지적편찬에 대한
   질품(신용하, 앞의 논문, p.43).

도는 조선영토이며 일본과는 관계없는 곳이라는 결론을 내렸다.[6]

　일본내무성은 울릉도와 독도가 "본방(本邦)(일본지칭) 관계무지(關係無之)"라고 결론을 내렸으나 "판도(版圖)의 취사(取捨)는 중대지사건(重大之事件)"이므로 이를 일본내무성 단독으로 결정할 수 없다고 생각하여 도근현이 제출한 문서들과 일본 원록 연간 조선과 왕래한 외교문서들을 부속으로 별첨하여 1877년(명치 10년) 3월 17일 국가 최고 기관인 태정관 우상(右相) 이와쿠라 도모미(岩倉具視)에게 품의서(稟議書)를 제출했다. 일본내무성 용지에 내무대신 대구보리통을 대리하여 내무차관 전도밀(前島密)이 태정관 우대신 암창구시 앞으로 제출한 위 공문서에는 부속문서에서 "다음에 일도가 있는데 松島(한국명 독도)라고 부른다"고 하여 일도가 송도(한국명 독도)임을 명확히 밝히고 있다.

　한편, 내무성의 품의서를 접수하여 검토한 후 조사국장의 기안으로 1877년 3월 20일 "품의한 취지의 죽도 외 일도의 건에 대하여 본방(일본지칭)은 관계가 없다는 것을 심득할 것"(伺之趣竹島外一島之義本邦關係無之義卜可相心得事)이라는 지령문을 작성하여 이를 결정하였다. 내무성은 태정관의 이 지령을 1877년 4월 9일자로 도근현에 전달하여 현지에서도 이 문제는 완전히 결말이 났다.[7]따라서 메이지 초기에는 독도가 한국의 땅이라는 사실은 앞서와 같이 선행연구에서 명확하게 밝혀졌다.

　이후 한국의 영토로 확신하고 있던 일본 시마네현 거주 나카이 요사부로(中井養三郎)는 한국정부에 대하원(貸下願)을 제출하려고 도쿄로 상경하여 1904년 漁期가 끝난 후 오키 출신 수산국직원 후지타간타로(藤田勘太郎)를 통해 사전 예약 후[8] 어업의 관장부처인 농상무성

---

6) 堀和生, 1905年 日本の竹島領土編入, 朝鮮史硏究會論文集 24號,s 1987, 參照.
7) 신용하, 앞의 논문, pp.44~47.
8) 예영준, 독도실록 1905, 서울:책밭(2012), pp.36-37.

을 방문하여 농상무성 수산국장 마키나오마사(牧朴眞)9)와 해군성수로
부장 기모쓰키 가네유키(肝付兼行)10)를 만나게 된다. 여기서 수산국
장이 「독도가 한국령에 속하지 않을 수 있다(소속불명)」는 자신의
의사를 말하여 주의를 준 다음 해군성 수로부장에게 보냈다. 해군성
수로부장 기모쓰키 가네유키(肝付兼行)는 수산국장이 보낸 나카이 요
사부로(中井養三郞)가 독도 경영에 종사하려면 「독도를 일본영토로
편입해야 한다(영유선언)」고 설득하면서 한국정부에 貸下願을 제출
할 것이 아니라, 독도(리앙꾸르도)의 일본 영토편입 및 대하원을 제출
하라고 요구하였다. 즉, 이미 흑룡회가 발간한 서적으로부터 '무주지
'에 대해 알고서, '미합중국 수로부 고시와 수산회보 등의 국제법적
지식을 언급'하면서 '무주지'로 나카이에게 영토편입을 권유한 것
이다. 해군성 수로부장에게 독려당한 나카이 요사부로는 마침내 독도
를 일본영토에 편입하고, 자신에게 대부해 달라는 '리앙꼬島領土編入
並貸下願'을 1904년 9월 29일 일본정부의 내무성·외무성·농상무
성에 제출하였다. 제출받은 내무성 이노우에(井上)서기관은 "한국영
토인 의심이 있고, 지금 일본과 러시아 양국이 전쟁 중에 있는데, 외
교상 영토편입을 할 시기가 아니다"라고 나카이 요사부로의 청원에
대하여 분명하게 반대하였다. 그러나 내무성과는 반대로 외무성 정무
국장 야마자 엔지로(山座圓次郞)는 이를 적극적으로 지지하였을 뿐만
아니라 외무성 야마자 국장은 「내무성이 우려하는 바와 같이 외교상

---

9) 마키 나오마사(牧朴眞) 수산국장은 법제국 관료로 출발, 두 차례 중의원을 지
낸 뒤 대만총독부 내무부장, 靑森(아오모리) 현 지사 등을 거쳐 1898년부터
농상무성 수산국장을 8년 역임했다. 1899년 6월부터 1개월 동안 한국연안을
시찰한 뒤 일본의 각 현마다 '韓海通漁組合'을 조직하는 등 일본 어민의 한
국연안 진출을 크게 장려한 사람이다(김수희, 양코도와 독도무주지설, 독도연
구(제11권, 2011.12.30), 영남대학교 독도연구소, p.118;예영준, 앞의 책,
p.36).
10) 기모쓰키 가네유키(肝付兼行) 수로부장은 측량전문가로 16년간 해군성 수로
부장을 지내고 해군 중장에까지 오른 인물이다(예영준, 앞의 책, p.39).

의 고려는 할 필요가 없다(한일외교문제 비고려)」고 확언하며, 속히 청원서를 외무성에 회부하라고 적극 독려하였다. 야마자 엔지로 국장이 독도 편입에 대하여 적극적임에 따라 주무부처인 내무성은 해군수로부와 외무성, 농상무성, 등 관련 중앙부처 이외에 시마네현의 의견을 묻는 공문을 발송하였다. 시마네현은 다시 오키도사(島司)에 내려 보냈다. 오키도사는 1904년 11월 30일 자로, 「이번 달 15일자 제1073호에 의한 도서 소속 등의 안건에 대하여 조회를 마친 후 우리 영토로 편입함에 있어 오키도의 소관에 속하도록 하더라도 아무런 지장이 없으며, 그 명칭은 다케시마(竹島)가 적당하다고 봅니다. …위와 같이 회신합니다.[11]」 이러한 과정을 거쳐 내무성은 1905년 1월 10일 조슈군벌의 거두 야마가타 아리토모의 측근인 내무대신 요시카와 아키마사(芳川顯正) 명의로, 조슈군벌의 2인자 총리대신 가쓰라 타로(桂太郞)에게 「무인도 소속에 관한 건」이란 비밀공문을 보내 각의 개최를 요청했다. 가쓰라 총리는 1905년 1월 28일 각료가 11명 참석한 내각회의에서, 「별지 내무대신 청의의 무인도 소속에 관한 건을 심사해 보니, 북위 37도 09분 30초, 동경 131도 55분, 오키도에서 서북 쪽으로 85리에 있는 이 무인도는 타국이 점령했다고 인정할만한 형적이 없고(소속불명), 재작년 메이지 36년(1903년) 우리나라 사람 나카이란 자가 漁舍를 짓고 인부를 이주시키고 사냥도구를 갖추고 강치잡이에 착수하여 이번에 영토편입 및 대여를 신청한 바(권원의 근거), …국제법상 점령한 사실이 있는 것으로 인정(점유)되며, 이것을 우리나라 소속으로 하고 시마네현 소속 오키도사의 소관(영유선언=영토편입)으로 함이 무리 없는 일이라고 생각하여 청의대로 각의 결정이 성립되었음을 인정한다.[12]」라고, 독도(리앙꾸르島)를 일본영토

---

11) 島根叢書, p.157; 김정균, 중정양삼랑의 소위 독도편입 및 대하청원에 관한 연구, 국제법학회논총(제27권2호), 한국국제법학회(1982.12), p. 12; 예영준, 앞의 책, pp.47-52 참조.

로 편입한다는 각의결정을 하였고, 내무성은 1905년 2월 15일자 훈
령 제87호를 시마네현에 내려보내 독도 영토편입 사실을 관내에 고시
하라고 지시했다. 즉, 이는 내무성을 거쳐 도근현(島根縣)에 '관내고
시(管內告示)'하도록 훈령되었으며, 도근현(島根縣)은 1905년 2월
22일 현고시(縣告示) 제40호로 리앙꾸르島(獨島)를 '竹島(다케시마)
'로 명명하여 은기도사(隱岐島司)의 소관으로 한다는 것을 현청 관
내에 고시하였다.

일본에서 독도(일본명 다케시마)의 편입과정은 이와 같다. 여기서
흑룡회는 한국연안해를 정탐하여 일본에 소개하는 과정에서 한국영토
독도를 국제법상 '무주지'로 인위적으로 조작하였고, 조작된 내용은
영토편입과 관련된 부서의 일본관료들에게 영향을 미쳤다. 그 결과는
나카이 요사부로가 영토편입 및 대하원을 제출하여 편입되는 과정에
반영되었다. 여기서 일본흑룡회가 일본의 영토편입 과정에 어떤 영향
을 미쳤는지에 대하여 알아보기 위하여 일본의 독도편입 과정을 살펴
보고, 나카이 요사부로가 '한국영토 임대하원(貸下請願)'을 '일본
영토편입 대하원'으로 변경하게 된 동기는 무엇인지 그의 일대기와
함께 살펴보고자 한다. 따라서 (ⅰ) 먼저 일본흑룡회와 일본의 독도편
입 경위, (ⅱ) 나카이 요사부로의 일대기 및 그의 대하원 제출동기에
대하여 살펴보고자 한다.

---

12) 公文類聚(제29편 권1), 「リアンコ島 領土編入을 대한 日本閣議決定」,
    1905. 1. 28; 신용하, 독도영유권 자료의 탐구(제2권), 독도연구총서6, 독도
    연구보전협회(1999). pp.280-281 ; 예영준, 앞의 책, pp.53-54 참조.

제2절 일본흑룡회와 독도편입 경위

Ⅰ. 서언

일본의 독도편입 과정에 대하여 그동안 국내에서는 그 과정에 대하여 중요한 부분만 파악하고 있었다. 즉, 나카이 요사부로의 '대하원' 제출과 내무성 지방국 이노우에 서기관의 '기각'과 외무성 정무국장 야마자 엔지로의 '강행'에 의한 편입절차의 속행에 대하여만 선행연구가 이뤄지고, 또 이 부분에 대하여 연구 비중이 높은 것도 사실이었다. 그러나 편입과정은 시간의 흐름처럼 동적이다. 이 경우 전체과정과 일련의 흐름을 파악하지 못한다면 합리적으로 이해하지 못하는 불합리한 부분이 존재하고, 그에 기초하여 권원을 주장하다 보면 제3자에 대한 설득력을 잃게 되고, 종국에는 벽에 부딪히게 된다. 그러므로 나카이 요사부로가 1904년 9월 '대하원'을 일본정부에 제출하여 독도가 일본영토에 편입되는 일련의 전과정을 합리적으로 이해하고 설명하는 것은 제3자나 재판을 위해서도 중요하다. 따라서 나카이가 한국영토로 생각했다면 그는 왜 한국이 아닌 도쿄 중앙정부로 간 것인가(관할)에서부터 출발하여 농상무성 수산국장 마키나오마사를 찾았을 때 마키국장은 무엇을 근거로 독도가 한국영토가 아닐 수 있다(소속불명)고 말했는지, 또 해군성 수로부장 기모쓰키 가네유키는 무엇을 근거로 한국영토 임대 대하원이 아닌 일본영토 편입을 주장하라고 말했는지(영토편입)와 외무성 야마자 엔지로 국장은 어떤 판단에서 내무성의 반대를 무시하고 강행했는지를 합리적인 의심을 해소할 수 있는 수준으로 설명할 필요가 있다. 특히, 영토편입 과정에 일본흑룡회와 같은 우익단체의 조작된 '무주지'관련 거짓정보가 제

공되지는 않았는지 살펴볼 필요가 있다.

Ⅱ. 일본흑룡회와 독도편입 경위

독도를 한국의 영토로 생각하고 있던 나카이 요사부로(中井養三郎)는, "…본도가 울릉도에 부속하여 한국의 소령이라고 하는 생각을 갖고, 장차 통감부에 가서 할 바가 있지 않을 까 하여 상경해서 여러 가지 획책 중…"[13] 한국정부에 대하원(貸下願)을 제출하려고 하였다. 그는 왜 조선영토에 대해 조선정부가 아닌 일본정부에 대하원을 제출하려고 했을 까이다. 여기에 대한 대답은 1889년 도쿄부에 제출된 건조장용지 차용청원이 답이 될 것으로 본다.[14]

『 1889년 도쿄부 교바시쿠(京橋區)의 세토구치간지(瀬戸口寛治)는 조선국 속도 "마쓰시마(울릉도) 근해에서 해초 및 어패류의 산출을 발견"하고 건조장 설립을 위해 해안가의 땅 1정보(1만제곱미터)를 차용하고 싶다는 「건조장용지」 차용청원을 도쿄부에 신청하였다. 도쿄의 잠수기 어업자가 훨씬 멀리 떨어진 마쓰시마(조선의 울릉도)까지 나간 것은 치바현의 잠수기 어업규제에 영향을 받

---

13) 中井養三郎, 「事業經營槪要」(1911) 參照 ; 「三十七年各方面よりの競爭濫獵あり、種種の弊害を生ぜんとせり、是に於て中井は此の島を朝鮮領土なりと思考し、上京して農商務省に説き同政府に貸下の請願を爲さんとせり」(도근현교육회, 「도근현지」(1923) 참조), 초역:「三十七年 각 방면으로부터 競爭濫獲이 있어서 여러 가지의 弊害를 낳고 있었다. 이에 中井養三郎은 이 島를 朝鮮領土라고 思考해서 上京하여 農商務省에 말해서 同政府에 貸下請願을 하려고 했다.」(신용하, 독도연구총서6, 독도연구보전협회(1999), pp.270-271.)

14) 박병섭, 한말의 울릉도 어업과 독도영유권 문제, 독도연구, 제8호,2010.6.30., 영남대학교 독도연구소. p.167 참조.

은 듯하다.15) 세토구치의 신청을 수리한 도쿄부 지사 다카사키 이소로쿠(高崎五六)는 이를 「조선국 속도 마쓰시마 출가지의상신(出稼之儀上申)」으로써 1889년(메이지 22) 7월 15일자로 외무대신에게 제출하였다. 이에 대하여 외무성은 "마쓰시마는 강원도 관할에 속하므로 본인들이 이 섬의 해안에서 어업을 하는 것은 지장이 없으나 청원과 같은 일은 검토의 대상이 아니다"라고 청원을 기각하였다.16) 개항장이 아니기 때문에 당연하다고 한다.』17)

한일은 1883년에 조약 '재조선국 일본인 통상장정(在朝鮮國 日本人 通商章程)'18)에 의해 합법화되어19) 1889년에는 '일본 조선 양국 통어장정(日本 朝鮮 兩國 通漁章程)'에 의하여 어업의 세목이 구체화되고,20) 일본어민의 조선 연안해에서의 통어가 본격화되었으며, 1897년 일본정부는 '원양어업 장려법(遠洋漁業獎勵法)'을 제정하여 1900년에는 '조선해 통어조합 연합회(朝鮮海通漁組合連合會)' 결성을 지도하여 일본어민들의 조선해에서의 통어를 적극적으로 보호 및 장려하였다. 앞의 사례를 분석해 볼 때, 당시 일본인은 통상장정이나 통어장정에 의해 조선해에서의 어업은 자유였으나 개항장이 아닌 곳에서의 임대나 다른 목적의 사용에는 조약법위반으로 기각사유가

---

15) 위의 논문 참조.
16) 大日本水産會報告 第106號, 1891; 이종학, 한일어업관계조사자료, 사예연구소, 2000, p.17; 박병섭, 앞의 논문, p.167 참조.
17) 박병섭, 앞의 논문, p.167 참조.
18) 1883년 10월 조선과 일본이 불평등조약으로 체결한 것으로, 통상장정 제41조에 의해, 일본어선은 전라도나 경상도, 강원도, 함경도 등 4개 도의 근해에서 고기잡이를 할 수 있고, 동조 단서에 의해, 그곳에서 잡은 어패류를 판매하는 것도 허락되었다. 따라서, 어패류 외의 물품을 판매한다든지 해조를 채취하는 것은 통상장정 위반이 된다(박병섭, 앞의 논문, p.161 참조).
19) 日本外務省, 日本外交文書 第16卷, p.283 參照.
20) 어업허가증 등 세칙이 1889년 11월 조선일본양국통어장정에 의해 정해졌다(박병섭, 앞의 논문, p.161 참조).

된 것으로 보인다. 나카이 요사부로는 당시 많은 어업인들이 울릉도
나 독도로 몰려가는 과정에서 알았거나 또는 이 지역과 가까운 곳에
사는 다른 어부 누구에게 그가 절차나 허가원에 대한 사정을 들었거
나, 지방현에 문의를 하여 어떤 힌트를 받았거나 그 밖의 사정에 의
해 어느 정도 알게 된 것으로 보인다. 일본인들이 얼마나 많이 울릉
도 ·독도로 몰려가고 소문이 무성했을까는 다음 내용을 살펴보면 쉽
게 알 수 있다.

  러일전쟁을 계기로 일본제국이 조선에 대한 침략을 강화함에 따
  라 일본인들의 조선진출도 더욱 활발하게 되었다. 울릉도에서는 오
  징어잡이가 급속히 번성하였고 일본인 거주자들이 급격히 증가하였
  다. 일본인의 수는 1905년 4월 89호 251인이었으나, 5월에는 98
  호 341인, 6월에는 110호 366인으로 되고,[21] 1909년 말에는
  224호 768인으로 급격히 급증하였다.[22] 연말에는 인구가 줄어드
  는 경향을 고려하면 이 시기의 일본인의 인구는 4년간 적어도 3배
  이상 늘어난 것이다.[23]

나카이 요사부로가 1893년경 한국에서 일본 시마네현 오키섬 사
이고쵸로 돌아와서 독도 주변에서 계속 잠수기 영업을 한 것으로 봐
서 울릉도나 독도에 가려는 선박 등이 일본에서 제일 가까운 섬인 오
키섬을 출발한 것으로,[24] 볼 때 도쿄 통감부에서 가서 허가를 받을
가능성이 있다는 정보를 익히 들었을 것으로 추정된다. 따라서 무작

---

21) 外務省通商局, 鬱陵島現況, 通商彙纂, 第50號, 1905.9.3., pp.49-51;官報 韓
   國鬱陵島現況, 明治38(1905)年 9月 18日.
22) 農商工部, 韓國水産誌 第2集, 農商工部, 1901., p.711.
23) 박병섭, 앞의 논문, pp.186-187 참조.
24) 中井養三郞, リヤンコ島 領土編入幷貸下願說明書, 竹島資料7, 島根縣立圖書館
   所藏: 「… 이 섬은 일본에서 오키열도 및 울릉도를 거쳐 조선의 강원, 함경지
   방으로 왕복하는 선박의 항로에 해당한다. …」

정 나카이가 도쿄에 가서 허가원을 제출하려고 하지는 않았을 것이라는 것이다. 이런 연유로 나카이는 자신의 '사업경영개요' "…장차 통감부에 가서 할 바가 있을지 않을 까 하여…"에서 말하는 것처럼 도쿄에 가면 가능할 것으로 생각한 것으로 추정된다. 그러나 실제 허가가 가능한 것은 통상장정이나 통어장정에 의해 '어업만'이지만 그는 시설임대도 가능한 것으로 착오를 일으켰을 수도 있었을 것으로 추정된다. 그는 평범한 어부이므로, 「통상장정」이나, 「통어장정」및 일본 내의「朝鮮國ニ於テ日本人民貿易ノ規則」25)의 시행내용에 대해서는 모를 수밖에 없었고, 무엇이 가능한 지도 모르는 것은 당연하다.

이렇게 해서 나카이는 아마도 도쿄에 가면 어느 정도 가능할 것으로 기대하고 도쿄에 가면 무슨 방법이 있겠지 하고 도쿄로 갔다. 1904년 7월 漁期가 끝난 후 오키 출신 수산국직원 후지타간타로(藤田勘太郎)를 통해 사전 예약 후26) 어업의 관장부처인 농상무성을 방문하였다. 이때만 해도 그는 사실 '리앙쿠르'라는 이상한 이름의 섬이 조선말인지 아니면 러시아말인지, 즉 어느 나라말인지 잘 몰라 분간을 못했고, 또 러일전쟁의 분위기 속에서 때가 때인지라 "설마하니 러시아 섬은 아니겠지"하는 정도의 생각으로 인식하고 있었다고 한다.27)

농상무성 수산국장 마키나오마사(牧朴眞)28)을 만나 '남획폐해와

---

25) 外務省, 日本外交文書, 第16卷, p.283.
26) 예영준, 앞의 책, pp.36-37.
27) 山辺健太郎, 竹島問題の歷史的考察, アジア評論 7-2, 東京:1965, p.8; 小林高壽, 竹島の歸屬をめぐって, 歷史敎育, 139の11, 東京:1966, pp.76-77.
28) 마키 나오마사(牧朴眞) 수산국장은 법제국 관료로 출발, 두 차례 중의원을 지낸 뒤 대만총독부 내무부장, 靑森(아오모리) 현 지사 등을 거쳐 1898년부터 농상무성 수산국장을 8년 역임했다. 1875년 1월, 나가사키현을 거쳐 2월, 후쿠오카현에 근무한 적이 있다. 1898년 11월 농상무부 수산국장에 취임하고, 농업국장을 지냈으며, 1907년 12월에 퇴직하여 이후 대 일본수산회 이사장을

보호필요성을 설명'29)하자, 마키국장은 "…반드시 한국령에 속하는
것이 아닐 수 있다(소속불명)는 말에 의문이 생겨서 그 조사를 위해
여러 가지로 분주한 끝에 …"30)해군 수로부에 가서 리양꼬 섬이 어
디에 속하는지 확인토록 했다.31)즉, 마키국장은 일본흑룡회의 「한해
통어지침」의 서문을 써주면서 독도가 일본해 중의 '무인도'라는
사실과 일본어민들에게 도움이 된다는 사실을 읽었다. 또 한해통어지
침의 저자 구즈우 슈스케와 조선에서 한달 정도 같이 조선의 바다를
조사하면서 독도가 일본어민들에게 도움이 되고, 무인도로 취급되면
국제법상 무주물 선점의 요건 중 '무주지' 이론의 성립 가능성이 높
다는 말을 익히 듣고서 흑룡회에서 들은 얘기를 나카이게게 말하면서,
해군성 수로지를 보면 쉽게 알 수 있으니 해군성에 가서 확인해 보라
고 말한 것이다. 즉, 해군수로지를 보고 무주지로 남았는지 영유선언
을 한 국가가 있는지를 알아 보라고 말한 것이다. 이 말을 들은 나카
이는 의문을 해소하기 위해 동분서주하여 일본 국내의 마키국장이 말
한 한해통어지침과 지학잡지, 조선수로지 등을 보았거나 적어도 본 사
람으로부터 얘기를 듣고서 가능성이 있다는 확신을 갖고 해군성을 방
문할 계획을 한 것이다. 마키나오마사는 왜 "한국령이 아닐 수 있다
(소속불명)"고, 이처럼 말했는지에 대한 의문이 생긴다. 이에 대하여

　　역임하였다(ja.wikipedia.org).　1899년 6월부터 1개월 동안 한국연안을 시찰
　　한 뒤 일본의 각 현마다 '韓海通漁組合'을 조직하는 등 일본 어민의 한국연
　　안 진출을 크게 장려한 사람이다(김수희, 양코도와 독도무주지설, 독도연구(제
　　11권, 2011.12.30), 영남대학교 독도연구소, p.118;예영준, 앞의 책, p.36).
29) 中井養三郎, リヤンコ島 領土編入幷貸下願說明書, 竹島資料7, 島根縣立圖書館
　　所藏:「올해들어…유아 1,000마리 모두 박살, 염피 약 250관, 1장 평균 약
　　250목 계 2,760마리, 염피 7, 690관, 한 장 평균 2관 786목」; 공연히 폐기
　　된 새끼의 수도 4~500마리 이상을 헤아렸다(박병섭, 앞의 논문, p.190).
30) 마키 나오마사 국장이 나카이 요사부로에게 한 말이 내용이다(中井養三郎,
　　「事業經營槪要」(1911) 참조).
31)　奧原福市,　「竹島及鬱陵島(1907)」참조　;　신용하,　독도연구총서6,
　　pp.266-268 참조.

두 가지 근거를 제시한다. (ⅰ) 하나는 1900년 11월 3일 탈고하여 1903년 1월 4일 출판된 부산 양산박(현양사의 천우협 전신으로 부산 오자키 슈키치 법률사무소를 말함) 출신으로 흑룡회 간사(헌정회 당원)인 구즈우 슈스케(葛生修亮)가 편찬한 '한해통어지침(韓海通漁指針)32)'을 살펴보면 다소 의문이 풀린다.

『울릉도에서 동남쪽으로 30리에 있고, 우리나라(일본) 오키국(隱岐國)에서 북서쪽으로 거의 같은 거리 해중에 있는 '무인도'이다. 맑은 날 울릉도 산봉우리의 높은 곳에서 볼 수 있다.33) 한인 및 본방 어부는 이것을 양코도라고 부른다. …수 년 전부터 5-6월 경이 되면 오이타현 상어 연승선이 계속해서 이곳에 출어하는 자가 있다. 작년 봄철 이곳에서 귀항한 어부에게 이 섬에 대해 들어보니 아직 출어한지 2-3회 밖에 되지 않는 상황에서 충분한 성과를 얻지 못하였으나 매년 상당한 어획이 있었고 종래의 경험상 그 어장의 상태 및 상어류 서식 상황 등으로부터 관찰하건대 장래 아주 유망한 어장임에 틀림없으며, 동 섬은 아마 영업자를 위해서는 충분히 탐험할 가치가 있다(『ヤンコ島．鬱陵島より東南の方三十里、我が隱岐国を西北に距ること殆ど同里数の海中に於て、無人の一島あり．晴天の際　鬱陵島山峯の高所より之れを望むを得べし．韓人及び本邦漁人は之れをヤンコと呼び、長さ殆んど十余町、沿岸の屈曲極めて多く、漁船を泊し風浪を避くるに宜

---

32) 한해통어지침은 1903년 1월 4일 흑룡회에서 발간한 조선어업안내서이다(윤소영, 1900년대 초 일본 측 조선어업 조사자료에 보이는 독도, 한국독립운동사 연구, 제41집, p.16 참조).

33) 이 경우 아전인수 격으로 '울릉도에서 보인다'는 말에 혹해서 우리 땅의 근거가 되는 논리를 펴서는 논리의 비약이 될 수 있으므로, 다른 근거와 같이 제시할 필요가 있다고 본다. 이 글을 쓴 구즈우 슈스케는 흑룡회 회원으로서 독도가 일본 영토가 될 수 있다는 가능성으로 한해통어지침을 서술한 것으로 보인다(저자의 견해).

し．然れども薪材及び飲料水を得るは頗る困難にして、地上数
尺の間は之を牽けども容易に水を得ずと云う．此島には海馬非
常に棲息し、近海には鮑・海鼠・石花菜等に富み、数年以前山
口県潜水器船の望を属して出漁したるものありしが、潜水の
際、無数の海馬群に妨げられたると。飲料水欠乏との為に、満
足に営業すること能わざるして還りたると．察するに当時の季
節は恰も五六月にして、海馬の産卵に当りしが故に、特にその
妨害をうけたるものならんか。　また、付近に鱶漁の好網代あ
り．数年以来五六月の候に至れば大分県鱶縄船の引き続き之に
出漁するものあり．昨年春、同処より帰航したる漁夫に就いて
之を聞くに、出漁した二三回に過ぎざるが故に、未だ充分の好
果を得たりと云うべからざれ共、毎季相応の漁獲あり．従来の
経験上、その網代の状態、及び鱶類棲息の規模等より観察する
に、将来頗る有望の漁場たるを疑わずと．同島は、盖し営業者
の為には尚充分探検の価値あるべし)．[34] 비슷한 내용이 다른 곳
에 또 있다.』[35]

여기서 한일의 같은 거리에 ‘무인도’가 있으며, 양코도라 부르고,
몇 년 전부터 일본인들이 출어를 하고 있으며, 장래 유망한 섬이라고
말하고 있다. 이 말만 놓고 볼 때는 자신들이 이용하는 섬으로 한일의
같은 거리에 무인도가 있으며, 그 명칭은 자신들이 사용하는 명칭인
‘양코도’라 하고, 장래가 유망한 섬이라 말하고 있는 것이다. 결국
섬의 ‘영유 소속이 불분명하다’는 의도로, 흑룡회의 구즈우는 국제
법상 ‘무주지’를 염두에 두고 말을 하고 있는 것이다. 그러나 한해통

---

34) 葛生修亮, 韓海通漁指針, 江原道, pp.123-124.
35) 日本海中の一島嶼(ヤンコ), 地學雜誌, 제13집, 제149권, 1891.5., p301;
　　박병섭, 앞의 논문, p.181; 김수희, 앞의 논문, p.128 참조.

어지침을 다르게 해석하고 있는 견해가 있으며, 다음과 같다.

> 한해통어지침의 내용 중에서 " 한국의 바다를 설명하고 있는 책
> 에서, 강원도 절의 울릉도 다음에 독도의 기술이 있는 것은 독도가
> 한국영토인 근거이며, 이를 바탕으로 일본은 독도가 한국 강원도에
> 속해 있었다고 인식하고 있는 증거라고 하는 견해가 있다."[36]

그러나 이러한 해석은 잘못되었으며, 한해통어지침을 한국측 독도
영유권의 근거로 사용함에 있어서는 조심스러워야 한다고 본다. 그 근
거는 다음과 같다. 먼저, 조선 동해안에는 두 개의 섬이 있음을 부정
하여, 지도에서 다케시마와 마쓰시마를 병기한 것은 큰 오류라고 지적
하고 울릉노 하나만 있음을 강조한 것[37]과 부속지도 한해연안약도에
서 한국영토의 경계가 울릉도이고 독도가 누락된 점,[38]또한 한해통어
지침은 한국인을 위해 작성한 것이 아니라 서문에서 일본과 일본어민
을 위해 편찬된 것이 그 이유이며, 이것은 한국측은 잊어서는 안 된
다. 철저한 흑룡회의 해양에 관한 표본서인 한해통어지침이 한국을 위
해 작성되었다고 보기는 어렵다. 그러므로 이 책의 인용은 조심스러워
야 한다고 본다.

한해통어지침에서 말하는 '무인도'를 살펴보자. 한해통어지침에서
말하는 '무인도'는 국제법상 무주물 선점의 요건인, 「무주지와 실
효적 점유」 중 '무주지'를 의도하는 '영유소속 불명'을 말하는
것이다. 그 근거의 첫째는 영해내의 무인도는 말 그대로 사람이 살지
않는 섬이지만 국가 사이의 무인도는 '영유소속이 불명하다'는 것

---

36) 이영학, 19세기 후반의 일본어민의 동해 밀어와 조선인의 대응, 한국학중앙
   연구소 제6회 세계한국학대회, 2012.9.25. 참조.
37) 葛生修亮, 韓海通漁指針, p.120.
38) 奧原碧雲, 竹島經營者中井養三郎 立志傳, 1906, 參照.

을 말하는 것이다. 둘째, 한해통어지침 하나만 보면, 무인도가 사람이 살지 않는 섬이지만, 그에 영향을 받아 작성된 동일성이 인정되는 지학잡지에서는 명확하게 국가간 영유소속이 불명이라고 말하고 있는 점이 그 근거이다. 따라서 한해통어지침에서 말하는 '무인도'는 사람이 살지 않는 섬이 아니라 국가간 영유소속이 불명한 섬, 즉 '무주지(terra nullius)'를 말한다.

과거에는 한국 영토로 인정되던 것이 이 시기에 오면서 그 개념과 경계의 구분이 모호해 지고 있으며, 때에 따라서는 일본영토로 인식될 수도 있는 개념으로 바뀌고 있는 것이다. 그 근거가 있다. 첫째, 한해통어지침을 작성한 흑룡회의 구즈우는 러시아의 위협과 러시아에 대항할 어업세력이 필요하다는 여론 속에서 구즈우는 1899년 2월 조선으로 도항하여, 1899년 6월 27일부터 1900년 5월 20일까지 약 1년 6개월(일수로 188일)간에 걸쳐서 총 1,500여리를 돌아다니며, 조선 연해 어장의 지형과 지리, 해리와 기후, 중요수산물, 일본인어업의 형세, 포경업, 조선인어민의 상황을 조사하여 한해통어지침을 편찬한 것이다.39) 흑룡회의 구즈우는 흑룡회의 후원자이면서 호월회의 중심인 야마자 엔지로가 이미 후원한 부산 오자키 슈키치 법률사무소에 있을 때 잘 아는 사이이다. 같은 시기, 1899년 5월 외무성 야마자 엔지로 정무국장은 3년 반의 런던 근무를 마치고 일본을 거쳐 조선으로 발령받아 주한공사관 영사 겸 서기관으로 부임하였다. 공교롭게도 같은 시기에, 1899년 6월 일본 농상무성 수산국장 마키 나오마사는 조선으로 건너와 약 1개월간 조선의 전지역을 돌며, 흑룡회의 한해통어지침을 편찬한 구즈우 슈스케와 함께 순찰하고 조선어장에서의 일본어업의 발전방향을 제시하고, 일본인어업조합 설립을 논의하였다. 그리고 그는 1899년 흑룡회의 우치다와 외무성의 야마자의 고향인 후쿠오카에

---

39) 김수희, 앞의 논문, p.118 참조.

서 열린 「조선해통어조합」 창립회에 참가하여 1893년 조선과 체결한 조일통어조약의 '통어(通漁)'는 '일본인이 조선해를 일본해라고 간주하고 조선인이 일본에 와서 어업을 하더라도 역시 일본해를 일본 해라고 생각하지 않는 것이 통어이다'라고 설명한다. 40)즉, 조선어 장 이용의 통어는 조선어장을 일본어장에 종속시켜 조선어장과 일본 어장이 하나가 되는 통합의 의미로 사용하고 있는 것이다.41) 그는 이 미 관료로 출발할 당시 흑룡회의 전신인 현양사의 근원지 후쿠오카에 근무한 인연이 있다. 둘째, 1893년 8월 부산용두산 기슭에 문을 연 속칭 '양산박' 오자키 슈키치 법률사무소는 후쿠오카 사람42)들이 많았으므로, 부산으로 초임 발령받은 야마자 엔지로는 적극 그들을 후 원했다. 여기에는 구즈우 슈스케(흑룡회 회원)와 현양사의 천우협 및 흑룡회 회원인 다케다한시(武田範之, 후쿠오카출신)도 있었고, 야마자 엔지로(후쿠오카출신, 현양사 및 호월회 회원)와 절친한 흑룡회 회장 우치다 료헤이(內田良平, 후쿠오카출신, 현양사 및 천우협회원)도 있 었다. 구즈우와 다케다는 1890년 16살 때 처음 만났다. 이들은 외무 성 정무국장 야마자 엔지로가 설립하고 후원한 숙사에서 생활하였 다.43) 이와 같은 친분관계를 고려할 때 마키 수산국장이 후쿠오카에 가서 통어를 설명한 것은 우연이 아니라, 후쿠오카에서 조선해통어조 합이 창립된 것도 우연이 아니다. 따라서 외무성의 야마자, 야마자가 후원한 흑룡회의 간사 구즈우, 구즈우를 만난 농상무성 마키, 이 세 사람이 잘알고 교우하며, 정보를 나누었고 봐야 한다. 마키국장의 통 어에 대한 후쿠오카에서의 불분명한 말이나 그가 말한 내용과 구즈우

---

40) 大日本水産會報告, 第209號; 김수희, 앞의 논문, pp.117-118 참조.
41) 김수희, 앞의 논문, p.118 참조.
42) 14명중 5명이다.
43) 강창일, 근대 일본의 조선침략과 대아시아주의, 역사비평사, 2002년; 김수희, 앞의 논문, p.124 참조.

가 서술한 한해통어지침의 내용은 일맥상통한다.44) (ⅱ) 그리고 4년
후 1903년 구즈우가 한해통어지침을 편찬할 때 마키 나오마사 수산국
장은 그 서문을 작성하고 흑룡회의 다케다 한시와 더불어 극찬을 하
였다.45)마키 수산국장은 한해통어지침을 완독했다고 본다. 근거는 서
문을 작성하거나 칭찬을 하는데 읽어보지 않고는 어렵기 때문이며, 나
카이가 영토편입 및 대하원을 신청할 때 나카이 요사부로에게 한해통
어지침의 독도에 대한 '소속불명(무주지)'을 마키 수산국장이 구즈
우와 동일하게 주장하고 있기 때문이다. (ⅲ) 끝으로, 1901년 발간된
「지학잡지」46)로도 내용을 알 수 있다. 누가 기술했는지는 알 수 없
으나 지학잡지는 1901년 4월 동경에서 발행된 제국신문의 내용을 인
용하여 편찬한 것이다. 바로 직전 년도인 1900년 11월 3일 흑룡회의
구즈우가 한해통어지침을 탈고하였다.47) 흑룡회의 구즈우가 탈고
(1900.11.3)하고 편찬(1903)한 한해통어지침의 내용과 유사한 내용
이 지학잡지에 많은 것으로 봐서 흑룡회의 회원이거나 영향을 받은
것은 분명하다.48)

---

44) 김수희, 앞의 논문, pp115-124 참조.
45) 葛生修亮, 前揭 韓海通漁指針, p.1;김수희, 앞의 논문, p.134;이영학, 앞의
    논문 참조.
46) 누가 투고하였는지 알 수 없으나 제국신문의 내용을 지학잡지가 인용한 것이
    다(김수희 , 앞의 논문, p.128).
47) 김수희, 앞의 논문, p.128 참조.
48) 이에 대한 근거로, 두 기록의 동일한 내용을 다음과 같이 제시하는 견해(김수
    희, 앞의 논문, p.129)가 있다. : 「첫째, 울릉도에서 동남 30리, 오키도에서 거
    의 같은 지역해상에 위치하고 있다. 둘째, 울릉도에 있는 일본인이 맑은 날 산
    의 높은 곳에서 동남을 바라보니 아득히 섬 윤곽을 확인하였다. 셋째, 지상에
    서 몇 척 정도를 파 내려가 보아도 물을 얻을 수 없지만 탐험할 여지가 충분
    히 있다. 넷째, 일한 어민은 양코도라고 한다.」

『 일본해 중의 한 도서(양코)

　… 한국 울릉도에서 동남 30리 우리 일본국 오키에서 서북쪽으로 거의 같은 거리(한일 같은 거리) 떨어진 해상에 아직 세상 사람이 모르는 하나의 도서(무주지)를 발견[49]하였다. 이 섬은 아직 우리나라 해도에는 실리지 않았고 영국의 해도에도 기재되지 않았지만(일본 및 영국해도에 없음:국제법상 영유선언의 근거) 그 섬의 존재는 확실하며 지금도 울릉도에 있는 일본인들은 날씨가 맑은 날에 산의 높은 곳에서 동남을 바라보고 아득히 섬 윤곽을 확인했다고 한다. …한일 어민은 이 섬을 양코(일본식 명칭)라고 부른다고 한다.』[50]

　지학잡지의 설명은 흑룡회 구즈우의 한해통어지침(1900년 탈고)에서 한 발 더 나아가 국제법상 무주물 선점의 요건 중 '무주지'에 대한 개념이 완성된 것이다.「영국해도에도 기재되지 않고(영유선언 부존재)」,「일본 해도에도 없는 섬」이「일본 바다(위 제목:일본해 참조) 중에 있다(영유선언 가능성 시사)」고 하고 있다. 결국 어느 나라 해도에도 없는 '무소속의 섬(소속불명인 섬)'이 '일본해 내(영유선언이 가능)'에 있다고 말하고 있다. 따라서 마키 농상무성 수산국장이 '소속불명'을 말한 것은 1904년이고 보면, 의도적으로 흑룡회가 국제법상 '무주지'를 만들기 위해 거짓정보를 조작하여 제공하

49) 발견은 미성숙권원에 불과하여 선점이 영토주권에 대한 청구가 되기 위해서는 발견 이외에도 실효적 점유가 필요하다(Palmas ICJ Arbitration, U.S. v. Netherlands(1928), Huber; 정영진, 국제법(제2판), 요점정리 및 문제해설, 신조사, p.336 참조). 발견의 권원은 가장 호의적인 가장 넓은 해석에 의해서도 단순한 미완성의 권원으로서만, 그리고 실효적 선점에 의해서 주권을 수립할 수 있는 청구권으로서만 존재한다(이한기, 국제법강의(신정판), 박영사, 2007, pp.310-311). 발견만 있고 그후의 행위가 없을 때에는 주권을 증명하는데 충분하지 않다(橫田喜三郎, PCIJ 판례연구, 국제법 외교잡지 제36권 제9호, 83, 67, 66; 이한기, 앞의 책, p.311 재인용).
50) 日本海中の一島嶼(ヤンコ), 地學雜誌, 第13輯, 第149卷, p.301 參照.

고, 그 결과로 농상무성은 흑룡회의 의도대로 말하고 있는 것이다. 또한 흑룡회가 의도적으로 조작한 '무주지' 관련 거짓정보가 한해통어지침이나 제국신문, 지학잡지에 의해 일본 국내에 영향을 주었다. 따라서 일본 국내는 1890년 말경부터 1904년 경 까지는 독도가 '소속불명'이라는 인식이 확산된 것으로 추정된다. 특히 1901년에는 영국이나 일본의 '해도'까지 언급하여, 국제법상 '무주물 선점'에 의한 영토취득의 선결적 요건 중 '무주지'와 관련, '영유선언(영토편입)'만 남겨둔 상태가 된 것이다. 이는 다음에 나오는 기모쓰키 해군수로부장이 '영토편입 대하원'을 권유(영유선언 권유)한 사실과도 무관하지 않다.

'무주지'와 관련된 많은 사실을 알게 된[51] 나카이 요사부로는 해군성수로부장 기모쓰키 가네유키(肝付兼行)[52]를 찾았고, 기모쓰키 부장은 "섬의 소속에 대해서는 확고한 징증이 없으며(소속불명), 한일 양국으로부터의 거리를 측정하면 일본 쪽이 십리가 가깝고 그 위에 일본인으로서 독도를 경영에 종사하는 자(권원의 존재)가 있는 이상은 이를 일본령에 편입하는 방법(영유선언)이 좋을 것"이라는 말을 했다. 기모쓰키는 한일간 같은 거리가 아니고 한 단계 더 나아가 와전되어 일본 쪽으로 10리가 더 가깝다고 말하고,[53] 앞서와 같이 '무주지'에 관한 '소속불명(무인도)' 및 '영유선언(영토편입)'을 권유하고 있다. 당시의 수로부장 기모쓰키는 단정적으로 독도가 어느 나라에도 속하지 않는 무소속의 무주지라고 말하여 나카이는 이를 확신하게 되었다고 '죽도경영(竹島經營)'에서 말한다.[54] 그는 왜 '섬의

---

51) 中井養三郎, 「事業經營槪要」(1911) 참조.

52)   //ja.wikipedia.org/wiki/:肝付兼行   참조;기모쓰케   가네유키(肝付兼行, 1853. 4. 23. - 1922. 1. 13.)는 일본의 해군 군인. 최종계급은 해군중장. 귀족원 남작 의원, 오사카시장을 지냈다(부록참조).

53) 그러나 어찌된 이유인지 나카이 요사부로가 제출한 영토편입 대하원에는 조선울릉도가 오키열도보다 30해리 가깝다고 서술되어 있다.

소속이 불분명하다(소속불명)'[55]고 말하고, 일본령 편입(영유선언)
을 말했을까. 처음으로 일본령 편입에 대한 말을 기모쓰키 해군성수로
부장이 제시하고 있다. 따라서 독도편입을 강행한 것은 야마자 국장이
지만 편입가능성을 법적으로 제시한 사람은 기모쓰키 해군성수로부장
이다. 즉, 일본영토 편입에 대한 생각은 그의 머리에서 나온 것이다.
그는 측량분야에서 16년간 활약했으며, 홋카이도 측정분야에 뛰어난
실력을 인정받아 해군수로국에 온 인물이다.[56] 여기에 대한 답이 있
다. 즉 일본 해군수로부가 제작한 '조선수로지'에서 "불함선 리앙
쿠르가 처음으로 이를 발견하여 호칭을 그 선명에서 취하고…호넬열
암이라 명명했음…미합중국 수로부 고시 제43호에 의하면 해당섬의
위치는 …"등으로만 기록되어 있어 탐험이나 발견 또는 측량과의 유
관기사에서 어느 나라도 '영유선언'을 한 바가 없음을 비로소 확인
하고 "동도 소속은 아직 확고한 징증(徵證)이 없으나 한일양국으로
거리를 측량하면 일본편으로 10리가 가깝고, …일본령으로 편입하여
야 할 것임…"[57]라고 말한 내용에서, 그는 해당 섬의 '탐험이나 발
견 또는 측량'은 각국의 여러 수로지에서 보이지만 어느 나라도 당
시 관행상 행해졌던 국제법상 '무주지'에 관한 '발견이나 탐험자의
영유선언'은 하지 않았으므로, 편입 즉 영유선언이 가능하다고 본 것
이다. 앞서 흑룡회의 영향을 받아 작성된 1901년 지학잡지가 '무주

---

54) 中井養三郎, 「事業經營槪要」(1911) 참조.

55) 이 부분 섬의 '소속의 불분명'과 처음으로 '일본영토 편입'에 대한 말 등
    은 나카이의 대하원 제목부터 여러 부분에 보이는 내용으로 기모쓰키의 주장
    설명이 아무래도 나카이에게 많은 영향을 미친 것 같다.

56) 기모쓰키 가네유키가 측량책임자로서 1879년 작성한 측량보고서 오키회항약
    기(隱岐回航略記)에는 오키의 영역 내에 독도가 포함되지 않았다(조선일보,
    2013. 05. 09., 목요일판 참조).

57) 奧原碧雲, 竹島沿革考, 島根叢書 第2篇, pp.153-154; 김정균, 중정양삼랑의
    소위 독도편입 및 대하청원에 관한 연구, 국제법학회논총(제27권2호), 한국국
    제법학회(1982.12). p.10 참조.

지'에 관한 '영유선언(영토편입)'만 남겨두고 있었는데, 기모쓰키 수로부장은 하나 남은 '영유선언(영토편입)'을 권유하고 있다.

정리해 보면 다음과 같다. 먼저 흑룡회의 구즈우는 조선 연안해를 정탐하고 한해통어지침을 탈고하고 난 후 이를 제국신문에 게재했다. 제국신문의 기사 내용을 인용하여 지학잡지 기사가 작성되고, 그 내용은 한해통어지침에서는 독도의 「소속불명」을 말하고, 지학잡지에서는 독도의 「소속불명 + 영유선언 부존재」를 말하고 있다. 무주물 선점에 의한 영토취득 요건 중 '무주지'에서 남은 것은 영유선언(영토편입)만 남은 것이다. 나카이 요사부로가 대하원을 제출하자 농상무성은 '소속불명'이라고 말하고, 해군성은 '소속불명 + 영유선언'을 말하였다. 이후 불법행위의 절차를 강행하여 '무주지'의 '법적인 절차를 완결'한 사람은 외무성 야마자 정무국장이다.

한편, 기모쓰키 해군 수로부장은 어느 정도 법적인 내용을 알고 있었고, 이를 나카이에게 설명한 것으로 보인다. 이 때 나카이 요사부로도 사전조사를 하여 어느 정도는 알고 있었다.[58] 법적으로 어느 정도 머리 속으로 정리한 나카이는 이를 듣고 마침내 뜻을 결정해 「리양꼬도 편입 및 대하원」을 제출키로 결정했다.[59] 즉, 해군 수로부장 기모쓰키를 통하여 나카이는 독도가 전적으로 「소속불명」과 함께 「영유선언(영토편입)」이 가능한 무인도, 국제법상 무주물 선점의 대상이 되는 '무주지'인 것을 확신하였다.[60] 나카이는 그가 제출한 「리양코섬 영토편입 및 대하원」에서 "무인도의…영토 소속을 결정하되 일본영토로 편입해 주시기를 바란다"고 진술하고 있다.[61] 해군

---

58) 中井養三郞, 「事業經營槪要」(1911) 참조.
59) 奧原福市, 「竹島及鬱陵島(1907)」참조 ; 신용하, 독도연구총서6, pp.266-268 참조.
60) 中井養三郞, 「事業經營槪要」(1911) 참조.
61) リャンコ島領土編入竝ニ貸下願 參照.

수로부장 기모쓰키 가네유키(肝付兼行)는 수산국장이 보낸 나카이 요사부로(中井養三郎)에게 독도 경영에 종사하려면 독도를 일본영토로 편입해야 한다고 설득하면서 한국정부에 貸下願을 제출할 것이 아니라, 독도(리앙꾸르도)의 일본 영토편입 및 대하원을 제출하라고 요구한 것이다. 해군성 수로부장에게 독려당한 나카이(中井養三郎)는 처음에는 농상무성 마키 나오마사 수산국장이 말하여 사전조사를 하였으나 확신이 서지 않았는데, 해군성 수로부장 기모쓰키 가네유키가 여러 근거로 단정적으로 말하여 '무소속(무주지)'인 것을 확신했다고, 「사업경영개요(事業經營槪要)」(1911)에서 말하고 있다.[62] 나카이 요사부로는 마침내 독도를 일본영토에 편입하여, 자신에게 대부해 달라는 '리앙꼬島領土編入並貸下願'을 1904년 9월 29일 일본정부의 내무성·외무성·농상무성에 제출하였다.

『 リャンコ島領土編入竝ニ貸下願

　隱岐列島ノ西北八十五浬、朝鮮鬱陵島ノ東南五十五里*絶海ニ俗りゃんこと稱スル無人島有之候　周圍各約十五町ヲ有スル甲乙二ケノ岩島中央ニ對立シテ一ノ海峽ヲナシ、

　大小數十ノ岩礁點散布シテ之ヲ圍繞カセハリ、中央ノ二島ハ西面斷岩絶壁ニシテ、高ク屹立セリ　基頂上ニハ僅ニ土壤ヲ被リ，雜草之ニ生ズルノミ　全島一ノ樹木ナシ　海邊*曲ノ處ハ，砂礫ヲ以テ往往浜ヲナセドモ、屋舍ヲ構ヘ得ベキ場所ハ甲嶼ノ海峽ニ面セル局部僅ニ一ケ所アルノミ．甲嶼(ママ)ノ半腹凹所ニ潴水アリ、茶褐色ヲ帶ブ　乙嶼ハ徵徵タル鹽分ヲ含ミタル淸冽ノ水斷岸ニ滑滴仕候．船舶ノ海峽ヲ中心トシテ、風位ニヨリ左右ニ避ケテ碇泊セバ、安全ヲ保タレ候．

　本島ハ本邦ヨリ隱岐列島及ビ鬱陵島ヲ経テ朝鮮江原道咸鏡地方ニ往復スル船舶ノ航路ニ當レリ．若シ本島ヲ経營スルモノアリテ、　人之

---

62) 中井養三郎,「事業經營槪要」(1911) 參照.

ニ常住スルニ至ラバ、其レ等船舶ガ寄泊シテ、薪水食料等万一ノ欠乏ヲ補ヒ得ル等種種ノ便宜ヲ生ズベケレバ、今日駸駸乎トシテ盛運ニ向ヒツツアル所ノ、本邦ノ江原咸鏡地方ニ對スル漁業貿易ヲ補益スル所少カラズシテ、本島経營ノ前途尤モ必要ニ被存候.

本島ハ此ヨリ如キ絶海ニ屹立スル叢爾タル岩島ニ過ギザレバ、從來人ノ願ルモノナク、全ク放委シ有之候. 然ル處、私儀鬱陵島往復ノ途次、偶本島ニ寄迫シ海驢ノ棲息スルコト夥シキヲ見、空シク放委シオクノ如何ニモ遺憾ニ堪ヘザルヨリ,爾來種種苦慮計劃シ、愈明治三十六年ニ至リ、斷然意ヲ決シテ資本ヲ投ジ、漁舍ヲ構ヘ人夫ヲ移シ、獵具ヲ備ヘテ、先海驢獵ニ着手致シ候. 當時世人ハ無謀ナリトシテ大ニ嘲笑セシカ、固ヨリ絶海不便ノ無人島ニ新規ノ事業ヲ企テ候事ナレバ計劃齟齬シ、設備當ヲ失スル所アルヲ免レズ、剩ヘ獵方製法明カナラズ、用途販路亦確キナラズ、空シク許多ノ資本ヲ失ヒテ、徒ニ種種ノ辛酸ヲ嘗メ候結果、本年ニ至リ獵方製法共　ニ發明スル所アリ、販路モ亦之ヲ開キ得タリ. 而シテ皮ヲ鹽漬ニセバ牛皮代用㘴シテ頗ル需用多ク、新鮮ナル脂肪ヨリ採取セル油ハ品質價格共ニ鯨油ニ劣ラズ、其粕ハ十分ニ絞レバ、以テ膠ノ原料トナシ得ラルベク、肉ハ粉製セバ骨ト共ニ貴重ノ肥料タルコト等ヲモ確メ得候. 卽本島海驢獵ノ見込略相立チ候. 而シテ海驢獵ノ外、本島ニ於テ起スベキ事業、陸産ハ到底望ナク、海産ニ至リテハ、未タ調査ヲ経ザルヲ以テ、今日確言シガタキモ、日本海中ノ要衝ニ當レバ、本島附近ニ種種ノ水族來集栖息セザル筈ナケレバ、本島ノ海驢漁業ニシテ永續スルコトヲ得バ依テ試驗探査ノ便宜ト機會ヲ得テ、將來更ニ有利有望ノ事業ヲ發見シ得ルナラント相期シ候. 要スルニ本島ノ経營ハ資本ヲ充實ニシ、設備ヲ完全ニシテ、海驢ヲ捕獲スル上ニ於テ、前途頗ル有望ノ御座候.

然レドモ本島ハ領土所屬定マラズシテ、他日外國ノ故障ニ遭遇スル等、不測ノ事アルモ、確乎クル保護ヲ受クルニ由ナキヲ以テ、本島経營ニ資力ヲ傾注スルハ尤モ危險ノコトニ御座候. 又本島ノ海驢ハ常ニ

棲息スルニハアラズ、毎年生殖ノタメ其季節四、五月（年ニヨリ持續
アリ）來集シ、 生殖ヲ終リテ 七、八月頃離散スルモノニ候、隨テ其
獵獲ハ其期間ニ於テノミ行ヒ得ラレ候、故ニ漁獲ヲ適度ニ制限シ蕃殖
ヲ適當ニ保護スルニアラズンバ、忽チ驅逐殄滅シ去ルヲ免レズ、而シ
テ、制限保護等ノコトハ、競爭ノ間ニハ到底實行シ得ラレザルモノニ
シテ、人ノ利ニ趨クハ蟻ノ甘キニツクガ如ク、世人苟モ本島海驢ノ有
利ナルヲ窺知セバ、當初私儀ヲ嘲笑シタルモノモ，竝ビ起ツテ大ニ競
爭シテ濫獲ヲ逞ウシ、直チニ利源ヲ滅絶シ屬シテ 結局共ニ倒ルルニ
至ルハ必然ニ御座候．要スルニ前途有望ニシテ、且ツ必要ナル本島ノ
經營モ 惜ムラクハ、領土所屬ノ定マリ居ラザルト海驢獵業者ニ必ズ
競爭ノ生ズベキトニヨリテ、大ニ危險コレアリ、終ヲ全ウシ難ク候．

　私儀ハ、前陳ノ如ク從來種種苦心ノ結果、本島ノ海驢業略見込相立
チレバ、今ヤ進ンデ 更ニ資本ヲ增シテ、一面ニハ捕獲スベキ大サ數
等ヲ制限スルコト、札及ヒ乳兒ヲハ特ニ保護ヲ篤クスルコト、島内適
當ノ箇所ニ禁獵場ヲ設クルコト、害敵タル鯱、魚養ノ類ヲ捕獲驅逐ス
ルコト等種種適切ノ保護ヲ加ヘ、一面ニハ獵獲製造ニ備フル種種精巧
ノ器械ヲ備ヘ裝置ヲ設ク ル等、設備ヲ完全ニシ、傍ニハ、漁具ヲ具
ヘテ、他ノ水族漁撈ヲモ試ムル等大ニ經營スル所アラント欲スルモ、
前陳ノ如キ危險アルガ爲頓挫罷在候．此ノ如キハ、當ニ私儀一己ノ災
厄ノミナラズ、又國家ノ不利益トモ存セラレ候．　ツキテハ事業ノ安
全、利源ノ永久ヲ確保シ、以テ本島ノ經營ヲシテ終ヲ全ウセシメラレ
ンガ爲ニ、何卒速ニ本島ヲバ、本邦ノ領土ニ編入相成、之ト同時ニ向
フ十箇年間、私儀ニ御貸下ケ相成度別紙圖面相添ヘ此段奉願候也．

明治三七年九月二九日

　　　　　　　島根縣周吉 君西鄕町大字西町字指向

　　　　　　　　　　　　　中 井 養 三郎

　　　　　　　內務大臣 子爵 芳川願正 殿

外務大臣 男爵 小村壽太郎 殿
農商務大臣 男爵 淸浦奎吾 殿』63)

『 리양코섬 영토 편입 및 대하원

오키 열도의 서쪽 85해리64), 조선 울릉도의 동남 55해리65)의 절
해에 흔히 리양코섬이라 부르는 무인도가 있습니다. 주위 각각 약
15정 정도 되는 갑을 두 개의 바위섬은 중앙으로 대립해 하나의
해협을 이룬다. 중앙의 두 섬은 사면이 단암 절벽을 이루어 높이
치솟아 있다. 그 정상에는 약각의 토양을 덮은 잡초가 여기에 자라
고 있을 뿐, 섬 전체에 한 그루의 수목도 없다. 해변만곡인 곳은
자갈로 왕왕 바닷가를 이루고 있으나, 건물을 지을 수 있는 장소는
갑 섬의 해협에 면하는 부분에 불과 1개소가 있을 뿐이다. 갑섬 중
복 오목한 곳에 물웅덩이가 있는데 다갈색을 띤다. 을 섬에는 미미
한 염분을 포함한 깨끗하고 차가운 물이 절벽에서 물방울로 떨어진
염분을 포함한 깨끗하고 차가운 물이 절벽에서 물방울로 떨어진다.
선박은 해협을 중심으로 하여 풍위에 따라 왼쪽 오른쪽으로 피해
정박을 하면 안전하다. 이 섬은 일본에서 오키열도 및 울릉도를 거
쳐 조선의 강원, 함경지방으로 왕복하는 선박의 항로에 해당한다.
만약 이 섬을 경영하는 사람이 있어 이곳에 상주하게 된다면 이들
선박이 정박하고 땔나무, 물, 식량 등이 부족할 경우, 그 결핍을
보완하는 등, 여러 가지의 편의가 발생한다. 지금 잠시 순조롭게
성운으로 향하고 있으며, 우리나라의 강원, 함경 지방에 대한 어업
무역의 이익을 더해 주는 점이 많으므로 이 섬 경영은 앞으로 가장

---

63) 신용하, 독도연구총서6, pp.272-275.
64) 현재 오키섬에서 독도까지의 거리가 157.5km이고, 85해리는 157.42(85×1.852)km이므로 비슷하다.
65) 현재 울릉도에서 독도까지의 거리가 87.4km이고, 55해리는 101.86(55×1.852)km이므로 차이가 많이 난다.

필요로 할 것이다.

이 섬은 이와 같이 절해에 우뚝 솟은 조그마한 바위섬에 불과하지만 종래에 돌보는 사람도 없고 완전히 내버려두고 있다. 그런 까닭에 저희들이 울릉도 왕복 도중에 이 섬에 정박하여 강치가 많이 서식하고 있는 것을 보고 방치 상태에 유감을 금할 길 없다. 따라서 그 이후 여러 가지 고심하여 계획한 다음, 메이지 36년(1904년)에 이르러 단연코 결심을 하여 자본을 투자해 어사를 짓고 인부를 옮겨 어구를 갖추어 일찍이 강치잡이에 착수하였습니다. 당시 세인은 무모한 짓이라 하여 크게 비웃었으나, 원래부터 절해의 불편한 무인도에서 신규의 사업을 시도하게 되면 계획이 어긋나 설비를 잃을 수 밖에 없다. 게다가 잡는 방법과 가공방법이 분명하지 않고 용도의 판로 또한 불확실하다. 허다한 자본을 헛되이 잃어버리고 많은 쓴맛을 경험한 결과 올해에 잡는 방법과 가공방법을 발명하게 되었으며 판로 또한 개척할 수 있게 되었다. 그리하여 가죽을 소금으로 절이면 쇠가죽 대용으로써 용도가 아주 많으며 신선한 지방으로부터 채취하는 기름은 품질과 가격 모두 고래기름에 뒤떨어지지 않고, 그 찌꺼기는 충분히 짜면 아교의 원료가 되는 것을 얻을 수 있다. 고기는 가루로 만들면 뼈와 함께 귀중한 비료가 된다는 것을 얻을 수 있다. 즉 이 섬의 강치잡이는 아주 유명하다. 그리하여 강치잡이 이외에 이 섬에서 일으킬 사업으로 육산은 도저히 전망이 없고 해산에 대해서는 아직 조사를 충분히 하지 않았으므로 확언을 하기 어렵다. 그러나 일본해의 요충지에 해당하므로 이 섬 부근에 여러 가지의 물고기가 집단으로 서식하고 있으므로 이 섬의 강치 어업으로 지속하는 일을 얻는다면, 따라서 이로써 시험조사의 편의와 기회를 얻어 장래에 유리 유망한 사업을 발견할 수 있을 것으로 기대된다. 말하자면 이 섬의 경영은 자본을 충실히 갖추고 설비를 완전하게 하면 강치를 포획하는 일에 앞길이 아주 유명할 것이다. 그러나 이 섬의 영토 소속이 결정되지 않는다면 훗날 외국의 방해에 직면하는 등 예측하지 못하는 일이 발생하더라도 확실한 보호를 받을 수 없는 사정이 되어 이 섬 경영에 자금을 투입하고도 위험한 일이 있을 수 있다. 또한 이 섬의 강치가 항상 서식하는 것이 아니라 매년 번식을 위해 그 계절인 4~5월(해에 따라 조금 늦거나 빠르기도 함)에 와서 번식이 끝나는 7~8월 무렵 이산하게 된다.

따라서 그 어업은 그 기간에만 할 수 있다. 그러므로 특히 강치잡이를 적당히 제한해서 번식은 적당히 보호하지 않으면 구축진멸하여 없어지게 될 것이다.

그리하여 제한 보호 등의 일은 경쟁을 하는 동안에는 도저히 불가능한 것이므로 사람의 이익 추구는 개미가 달콤함에 붙는 것과 같이 세인은 실로 이 섬의 강치어업이 유리하다는 것을 엿듣게 되면 당초 우리들을 비웃던 사람조차 줄을 서서 많이 경쟁 남획을 나타나게 되고, 즉시 이득원을 멸종시켜 결국 함께 도산에 이를 것은 필연이 드러납니다.

저희들은 전술한 바와 같이 종래 많은 고심의 결과 이 섬의 강치어업이 개략의 전망이 생기면 지금 더욱더 자금을 늘여 한편으로는 포획해야 할 크기, 개체수 등을 제한할 것, 암컷과 유아는 특히 보호를 강화할 것, 섬 내 적당한 몇 곳에 금렵 구역을 설정할 것, 강치의 해적인 범고래, 상어등을 포획 구축할 것 등 여러 가지 정교한 기계를 갖추고 장치를 설치하는 등 설비를 완전하게 해야 한다. 동시에 어구를 갖추어 다른 수족 어로를 시도하는 등 크게 경영할 곳이 많다고 의욕을 가지지만, 전술한 바와 같은 위험이 있기 때문에 좌절할 수도 있다. 이와 같은 것은 단지 저희들 한 몸의 재액일 뿐만 아니라 또한 국가의 불이익이라고도 생각된다.

나아가서는 사업의 안전과 이득원의 지속성을 확보하고, 이로써 이 섬의 경영을 완수하고자 하므로 부디 조속히 이 섬을 우리나라(일본)의 영토로 편입하고, 이와 동시에 향후 10개년 저희에게 대여해 주시기를 별지 도면에 첨부하여 이번에 봉원하는 바이다.

메이지 37년(1904) 9월 29일
시마네현 스키군 사이고쵸 오아자 니시마치 아자 사시무코

나카이 요사부로
내무대신 자작 요시카와 아키마사 전
외무대신 남작 고무라 쥬타로 전
농상무대신 남작 기요우라 게이고 전 」66)

　제출받은 내무성 지방국 이노우에(井上)서기관은, "한국영토의 의심이 있다(한일외교 문제 고려)", "국제사회에 한국병탄의 의심을 받을 수 있다(국제사회 비난 여론)", "지금 일본과 러시아 양국이 전쟁 중에 있는데, 외교상 영토편입을 할 시기가 아니다(러일전쟁의 상황)"67)라고 나카이 요사부로(中井養三郞)의 청원에 대하여 분명하게 반대하였다. 즉, 나카이의 청원을 세 가지 사유, 「한일외교문제＋국제사회의 비난여론＋러일전쟁 상황」이라는 사유로, 각하할 수밖에 없다고 하였다.68) 그는 어느 정도 한국영토라는 것을 알고 있었던 같다. 그렇지 않고서는 흑룡회나 해군수로부장의 말처럼 「발견(미성숙권원, inchoate title)」만 있고, 「영유선언이 없거나 소속불명의 무인도」라면 국제법상 무주물 선점의 대상인 '무주지' 조건은 성숙된 것이기 때문에 그가 반대할 이유가 없다. 내무성이 단지 「외교상의 이유」만으로 반대하지는 않았을 것이다. 하지만 한국의 영토라는

---

66) 송휘영 번역, 야마베 겐타로(山辺健太郎), 죽도문제의 역사적 고찰, 독도연구, 제10호, 2011.6.30., 영남대학교 독도연구소, pp.265-267.
67) 中井養三郞, 「事業經營槪要」(1911) 參照.
68) 中井養三郞, 上揭「事業經營槪要」 參照.

사실을 알고 있었다면 문제가 열강에 알려져 시끄러울 수 있기 때문에 「각하」 사유가 되기에 충분하다. 실제로 나카이 요사부로의 아래의 '죽도경영'에서는, 「… 내무 당국자는 이 시국에 제하여(일노개전 중) 한국영지의 의심이 있는 황막한 일개 불모의 암초를 수하여 환시의 제 외국에게 아국이 한국병탄의 야심 있는 것의 의심을 크게 하는 것은 이익이 극히 작은 데 반하여 사체는 결코 용이하지 않다. …」고 회상하여 당시 내무성 이노우에 서기관이 한국 땅이라고 의심하고 있는 사실이나 열강의 비난에 대하여 염려함을 진술하고 있다.[69]

『竹島經營

竹島ニ海驢ノ夥シク群集スルコトハ從來鬱陵島方面此漁者ノ周知スル所ナリシモ一朝其捕獲ヲ開始セバ忽チ散逸シ去ルコトナキカ捕獲スルモ用途販路アルカ要スルニ利益ノ全ク不明ニ屬スルガ爲メニ從來之レガ捕獲ヲ企フルモノナクシテ空シク放遺シアリタルナリ然レモ斯ク放遺セズ如何ニ有望ノ利源モ容易ニ開發セラルルノ期ナカルベク以テ爰ニ損害ヲ度外ニシテ斷然其捕獲ヲ試ミタルナリ而シテ其一箇有望ノ利源タルコトヲ事實ノ上ニ確カメ得タリ然レモ其レト同時ニ又タ忽チ諸方ヨリ多數ノ此獵者來集シ競爭濫獲至ラサル所ナク用途販路ハ未ダ充分講究セラレザル內其材料ハ將ニ絶滅シ去ラントスルニ至リタリ是レニ於テ如何ニセバ此弊害ヲ防ギテ利源ヲ永久ニ持續シ以テ本島ノ経營ヲ全フシ得ベキカ苦心慘憺タラザルヲ得ザリキ

本島ノ鬱陵島ヲ附屬シテ韓國ノ所領ナリト思ハルルヲ以テ將ニ統監府ニ就テ爲所アラントシ上京シテ種種劃策中時ノ水産局長牧朴眞氏ノ注意ニ由リテ必ラズシモ韓國領ニ屬セザルノ疑ヲ生ジ其調査ノ爲メ種種奔走ノ末時ノ水路部長肝付將軍斷定ニ賴リテ本島ノ全ク無所屬ナルコトヲ確カメタリ依テ経營上必要ナル理由ヲ具陳シテ本島ヲ本邦領土ニ

編入シ且フ貸付セラレンコトヲ內務外務農商務ノ三大臣ニ願出テ願書
ヲ內務省ニ提出シタルニ 內務當局者ハ此時局ニ際シ（日露開戰中） 韓
國領地ノ疑アル莫荒タル一箇不毛ノ岩礁ヲ收メテ環視ノ諸外國ニ我國
ガ韓國併呑ノ野心アルコトノ疑ヲ大ナラシムルハ利益ノ極メテ小ナル
ニ反シテ事體決シテ容易ナラズトヲ如何ニ陳辨スルモ願出ハ將ニ却下
セラレントシタリ斯クテ挫折スベキニアラザルヲ以テ直ニ外務省ニ走
リ時ノ政務局長山座円二郎氏ニ就キ大ニ論陳スル所アリタリ氏ハ時局
オレバコソ其領土編入ヲ急要トスルナリ望樓ヲ建築シ無線若クハ海底
電信ヲ設置セバ敵艦監視上極メテ屆竟ナラズヤ特ニ外交上內務ノ如キ
顧慮ヲ要スルコトナシ須ラク速カニ願書ヲ本省ニ回附セシムベレト意
氣軒昂タリ此ノ如クニシテ本島ハ竟ニ本邦領土ニ編入セラレタリ
明治三十八年二月二十二日其告示アルヤ本島經營權ノ獲得ニ就キ』[70]

『 죽도경영(竹島經營)

죽도에 해려가 많이 군집하는 것은 종래 울릉도 방면 어부의 주
지하는 바이지만, 하루 아침 그 포획을 개시하면 홀연히 산일해가
버리거나 포획해도 용도 판로의 있음을 요하므로 이익이 전혀 불명
에 속하였다. 이 때문에 종래 이의 포획을 기도하는 일이 없어서
헛되이 방유해 있었다. 그러나 이렇게 방유하지 않고 여하히 유망
의 이원도 용이하게 개발됨을 기해야 할 것이므로 이에 손해를 도
외시하고 단연 그 포획을 시도하게 되었다. 그리하여 그 일개 유망
의 이원이라는 것을 사실의 위에 확실하게 할 수 있었다. 그러나
이와 동시에 또한 홀연히 제방으로부터 다수의 잡이꾼들이 래집하
여 경쟁남획에 이르지 않는 바가 없고 용도 판로는 아직 충분히 강
구되지 않은 중에 그 재료는 장차 절멸해가려고 함에 이르렀다. 이
에 어떻게 하면 그 폐해를 방지하고 이원을 영구히 지속함으로써

---

70) 中井養三郎, 「事業經營槪要」(1911).

본도의 경영을 온전히 할까 고심참담하지 않을 수 없었다.

　본도가 울릉도에 부속하여 한국의 소령이라고 (本島ノ鬱陵島ヲ附屬シテ韓國ノ所領ナリト) 하는 생각을 갖고, 장차 통감부에 가서 할 바가 있지 않을까 하여 상경해서 여러 가지 획책중에, 당시의 수산국장 목박진씨의 주의로 말미암아 반드시는 한국령에 속하는 것이 아닐까 하는 의문이 생겨서, 그 조사를 위하여 여러 가지로 분주한 끝에, 당시의 수로국장 간부장군의 단정에 의뢰하여 본도가 전적으로 무소속인 것을 확신하게 되었다. 그리하여 경영상 필요한 이유를 구진해서 본도를 본방령토에 편입하고 또 대부해줄 것을 내무·외무·농상무의 삼대신에게 원출하여, 원서를 내무성에 제출했더니 내무 당국자는 이 시국에 제하여(일노개전중) 한국령지의 의심이 있는 황막한 일개 불모의 암초를 수하여 환시의 제 외국에게 아국이 한국병탄의 야심 있는 것의 의심을 크게 하는 것은 이익이 극히 작은 데 반하여 사체는 결코 용이하지 않다고 하여 여하히 진변해도 원출은 장차 각하되려고 하였다. 그리하여 좌절해서는 안 되기 때문에 곧바로 외무성으로 달려서 당시의 정무국장 야마자 엔지로 씨에게 가서 크게 논진한 바 있었다. 야마자씨는 「시국이야 말로 그 영토편입을 급요로 하고 있다. 망루를 건축해서 무선 또는 해저전신을 설치하면 적함 감시상 극히 좋지 않겠는가. 특히 외교상 내무와 같은 고려를 요하지 않는다.」 모름지기 속히 원서를 본성에 회부케 해야 한다고 의기가 헌앙되어 있었다(氏ハ時局ナレバコソ其領土編入ヲ急要トスルナリ望樓ヲ建築シ無線若クハ海底電信ヲ設置セバ敵艦監視上極メテ屈竟ナラズヤ特ニ外交上內務ノ如キ顧慮ヲ要スルコトナシ須ラク速カニ願書ヲ本省ニ回附セシムベシト意氣軒昂タリ). 이와 같이 해서 본도는 드디어 본방령토에 편입된 것이었다.

　명치삼십팔년 이월이십이일 그 고시가 있자 본도경영권에 취하였다.……」71)

나카이 요사부로는 다시 마키 나오마사 수산국장을 찾아가서 사정을 설명하였다. 이를 들은 마키 수산국장도 "외교상의 일이라면 도리가 없는 일"이라고 답했다. 낙심하던 중 때마침 이하라 노보루(井原昴) 시마네현 지사가 지방관회의에 출석하기 위해 상경 중이란 소식을 듣고, 수행해 온 시마네현 농상주임 후지타 유키토시(藤田幸年)를 숙소로 찾아갔다. 그도 같은 얘기였다. 그러나 포기하지 않고 동향 출신으로 귀족원의원인 구와타 구마조(桑田熊藏)[72] 법학박사를 찾아가서 상의하였다. 구와타는 야마자 국장의 법대 1년 후배이다. 구와타는 왜 야마자 엔지로 외무성 정무국장을 소개했을까. 다음과 같이 추정해 볼 수 있다.

당시 외무성 정무국장은 야마자 엔지로이다. 그가 외무성 정무국장이 된 것은 다음과 같다. 일본의 최고실력자 조슈군벌의 거두 야마가타 아리토모는 조슈군벌의 다음 서열인 카쓰라 타로에게 내각을 맡겨 총리에 추천하고, 내무성 대신에는 자신의 최고 측근인 요시카와 아키마사(芳川顯正)를, 농상무성 대신에는 자신의 측근 기요우라 케이고(淸浦奎吾)를 임명하였다. 카쓰라는 자신의 파트너로 외무성 외무대신에 고무라 쥬타로(小村壽太郎)를 임명하고, 고무라는 정무국장으로 야마자 엔지로(山座圓次郎)를 발탁하여 권력의 일

71) 신용하, 독도연구총서6, pp.272-275.
72) 쿠와타 구마조 (桑田 熊藏, 1868. 12. 30.(메이지 원년 11월 17일) - 1932. 12. 10.)는 일본의 법학자. 학위는 법학박사(노동법). 원래 귀족원의원. 공장법 실현을 위해 노력했다. 현재 돗토리현(鳥取県) 쿠라 요시시(倉吉市)에 지주 · 쿠와티 등십랑의 장남으로 태어났다. 메이지 26년 (1893년) 제국 대학 법과 대학(현 도쿄대법학부) 졸업하였다. 또한 대학원에 가서 노동문제를 전공한다. 유학에서 귀국 후 동지들과 함께 사회정책 학회를 일으키고 그 중심이 되어 활약했다. 다이쇼 9년(1920년) 중앙대교수, 1930년 중앙대 경제학과장, 귀족원의원 등을 역임하였다.

직선 라인 상에 있었다. 또한 야마자는 자신 휘하의 외무성 관리와 군부의 소장파 군인들을 모아서 호월을 조직하였는데, 호월회는 사쓰마파벌의 가와카미 소로쿠 계열이며, 중간에 조슈파벌의 고다마 겐타로가 협조하여 호월회가 막강한 힘을 가지고 있었고, 그 중심은 야마자이었다. 또한 그는 현양사 회원으로 현양사와 밀접한 관계를 맺고 있었으며, 흑룡회의 후원자 이기도 했다. 그 밖에 장인은 고무치 도모츠네로 대러동지회 회장이며, 7선의 하원의원에 당선된 정치인이다. 따라서 당시로서는 최고 권력의 핵심이므로, 법대후배인 구와타 구마조가 이를 몰랐을 리 없고, 적어도 내무성이 반대하여 안 된다고 했어도, 야마자 엔지로가 동의하면 '무주지' 영토편입은 쉽게 이뤄질 수 있다고 생각했을 수 있다. 이후 구와타의 생각대로 되었다는 점이 이를 증명해 준다.

구와타의 소개로 외무성 정무국장 야마자 엔지로(山座圓次郎)를 면회하여 그간의 경위와 여러 가지를 설명하면서 상의하였다.73) 도쿄법대를 수석으로 졸업한 야마자는 그 당시 온통 러일전쟁에 대한 승리만 생각하고 있었을 때이다.74)그 근거는 조슈군벌의 목표와 흑룡회의 목표는 같은 조선병합이었고, 이를 위해 러일전쟁에서 반드시 승리를 해야만 했다. 이를 위해 「영일 및 미일」간 동맹이 선행되어야 했다. 이를 반대한 측이 이토 히로부미였고, 이토를 반대하여 조슈군벌 및 흑룡회를 지지하여, 사쓰마군벌의 가와카미 소로구 계열의 군부 소장파와 해군의 소장파 군인 및 외무성에서 야마자를 따르는 무리를 모

---

73) 中井養三郎, 「事業經營槪要」(1911) ; 奧原福市, 「竹島及鬱陵島(1907)」참조.
74) 奧原福市, 竹島及鬱陵島, 1907; 吉岡吉典, 竹島とは何,か, 朝鮮史硏究月報, 創刊號, 1962.11., 獨島硏究 5號 收錄; 吉岡吉典, 再び竹島問題, 朝鮮史硏究月報, 1963年 4月號; 藤原隆夫, 竹島(= 獨島)問題の歷史學的一考察, 獨島硏究 第8號, 2010.6.30., 영남대학교 독도연구소, p.251 參照.

아서 호월회를 만든 것이 야마자국장이다. 또한 당시 조슈군벌의 거두 야마가타 아리토모는 그의 최측근 요시카와 아키마사를 카쓰라 내각 하에서 내무대신으로 임명하였고, 야마가타가 후원하는 조슈군벌의 다음 서열 카쓰라 타로에게 내각을 맡도록 하여 총리로 기용하였으며, 카쓰라는 고무라 주타로에게 외무대신을, 고무라는 야마자 엔지로를 발탁하여 외무성 정무국장에 기용하였으므로, 당시의 야마자는 조슈군벌과 사쓰마군벌 양측으로부터도 지지를 받고, 정부내각에서도 일직선상에서 지지를 받고 있었다. 실제로 그는 실무담당자로서 러일전쟁의 개전에서부터 종결까지 해결해야 하는 과제를 최일선에서 실제로 담당한 사람이다. 전쟁의 개전에 관한 선전포고문도 그가 작성하였고, 포츠머스조약도 고무라 외상을 보좌하여 완결한 이도 야마지이다.

또한 동해에 러시아 함대출몰과 전략적 지점이 독도라는 사실 및 국제법도 잘 알고 있었으므로, 몇 마디만 들으면 잘 알았을 것으로 추정된다. 즉, 앞서 한일간에 '소속이 불분명하다'는 사실과 수로지를 검토한 결과 당시 어느 나라도 위치발견만 했지 '영유선언(영토편입)이 없었다'는 말은 나카이에게 들었으나 사실 흑룡회의 한해통어지침이나 흑룡회에 영향을 받아 작성된 지학잡지를 통해서도 이미 알고 있었을 것이다. 그런 그가 영유권에 관한 중요한 내용을 읽지 않았다는 것은 오히려 이상하다. 또한 독도가 러일전쟁의 요충지라는 사실은 이미 러시아의 동해항로 확보를 방해하고자 마산 조차지 방해전략때 일본정부차원에서 세운 바가 있으므로, 독도에 대하여 어느 정도 중요성은 인식하고 있었던 것이다. 또한 평소 자신이 중심으로 만든 호월회의 해군 소장과 군인들인 아키야마 사네유키나 가미이즈미 도쿠야 등에게서 들어서 구체적으로, 러시아 함대 출몰상황 등에 대하여도 알았다고 본다. 그 근거는 첫째, 그가 나카이로부터 설명을 듣고 바로 '시국'얘기를 하면서 강행한 사실이나 둘째, 망루건설, 무선

또는 해저전선 설치, 적함감시 등을 운운한 사실에서 알 수 있다.[75]
여러 가지 이유로, 야마자는 해볼 만한 가치 있는 섬이라고 생각했을
게 분명하다.[76] 이는 법을 모르는 보통사람도 그 정도는 가능하기 때
문이다. 또한 나카이가 제출한 대하원에도 "그러나 본도의 소속부정
이어서"라는 말과 대하원 곳곳에 산재한 내용에서 알 수 있듯이, 상
당히 많은 법적인 지식을 배우고 들은 나카이가 이것을 야마자에게
얘기하지 않았을 리 없다. 내무성과는 반대로 외무성 정무국장 야마자
엔지로(山座圓次郎)는 이를 적극적으로 지지하였을 뿐만 아니라 외무
성 야마자 국장은 내무성이 우려하는 바와 같이 외교상의 고려는 할
필요가 없다고 확언하며, 속히 청원서를 외무성에 회부하라고 적극 독
려하였다. "…시국이야말로 그 영토편입을 급요로 하고 있다. 망루를
건축해서 무선 또는 해전전신을 설치하면 적함 감시상 극히 좋지 않
겠는가.[77] 특히 외교상 내무와 같은 것은 고려하지 않는다. …"[78]
라고 말했다. 곱씹어 보자, 대러전쟁에 고심하던 그가[79] 그 말을 듣
고 눈이 번쩍 뜨이지 않겠는가. 또한 내무성 지방국에서 말했던 '한
국의 영토일 수 있다'는 말, '한일간 외교문제로 비화될 수 있다'는
말, '한국 병탄 야욕에 대하여 국제사회가 비난할 수 있다'는 말에
대한 대응으로는 해군성에서 수로지를 확인하니 소속이 불명하고 영

---

75) 中井養三郎, 前揭「事業經營槪要」參照.
76) 藤原隆夫, 竹島(= 獨島)問題の歷史學的一考察, 獨島研究 第8號, 2010.6.30., 영남대학교 독도연구소, p.242:竹島問題補遺, 國際法講義, 國際法槪論, 國際關係論, 竹島はどちらのものか, 下條正夫 參照.
77) 실제로 나카이가 독도에 상륙한 일주일 후 군함 하시다테(橋立)함이 독도에 망루를 건설할 수 있는지 여부를 조사하였다(戰時日誌 軍艦橋立, 明治 38(1905)年 6月 15日, 防衛研究所所藏 參照).
78) 中井養三郎, 「事業經營槪要」(1911) 참조.
79) 얼마나 야마자가 러일전쟁에 강박관념을 갖고 있었는가는 대러개전을 하지 않는다고 이토수상을 암살해야 한다고 공연히 떠들고 다니며, 개전을 촉구하기 위해 비밀결사 호월회를 조직하고, 흑룡회에 각종 지원을 하여 개전에 대비 지도를 만드는 등의 일에서 쉽게 알 수 있다. 상세한 사항은 뒷부분, 「흑룡회」, 「호월회」에서 근거를 제시하여 서술하고 있으므로 참조하기 바란다.

유선언이 지금껏 없다는 것이고, 그 정도면 국제법상 무주물 선점이론의 대상이 되는 '무주지'가 성립되어, 열강의 한국병탄의 야욕에 대한 항의를 잠재울 법적인 근거가 충분하다고 본 것이다.

내무성 이노우에의 3가지 반대사유에 대한 외무성 야마자의 판단		
한일외교 문제고려	국제사회 비난여론	러일전쟁 상황고려
한일간 외교문제는 법적인 문제로 차츰 거증하면서 해결하고, 종국에는 한일병합 되면 문제도 없어진다고 생각함	국제사회의 영토탈취에 대한 비난은 국제법에 근거하여 편입했다는 주장으로 대응할 수 있다고 본 것임	오히려 러일전쟁의 승리에 도움이 된다면, 국가의 미래가 걸린 문제로, 무엇이든 수용가능하다고 생각함

위와 같은 이유로 국제사회가 영토탈취에 대하여 비난하더라도 국제법에 근거하여 편입했다는 논리를 만들어 내어 대응하려 하였다. 또한 당시 일본국내 분위기를 고려했을 때 러일전쟁의 승리만 가져올 수 있다면 한일간 외교문제는 그다지 중요하지 않다고 본 것이다. 한일간 외교문제는 법적인 문제로 차츰 거증하면서 따져 가면 된다고 생각했다. 또한 러일전쟁이라는 국운이 걸려 있는 일본으로서는 조선 따위는 안중에도 없었고, 전쟁만 승리로 이끌 수 있다면 차후에 발생되는 문제들은 조선을 병합하면 모든 문제가 해결될 수 있다고 생각했다. 그러나 중요한 사실은 흑룡회를 비롯한 관료들이 인위적으로 조작한 법적인 근거를 가지고 독도를 편입했다는 사실이다.

　　『 특히 삼국간섭 후 조선에서의 러시시아 세력 확대에 대단히
　　민감하게 반응하면서 조선과 이권개발협정을 하는 것에 일본 정부

및 민간이 총동원되어 이에 대한 대책을 강구한 것으로 보인다. 러시아는 1899년 5월 5일 거제도 및 마산포를 확보하면 블라디보스톡에서 대한해협에 이르는 제해권 확보 및 부동항 확보가 가능하다는 목적 하에 마산에 토지 10만평을 측량하고 동양기선주식회사라는 표본을 세워두고 겉으로는 민간어업회사를 위장했다.[80] 일본은 이를 방지하기 위해 부산영사에게 지령을 내려 서둘러 조선정부와 거제도 조차지 교섭에 착수하여 하야시곤스케(林權助)공사는 육해군 및 아오키(靑木)외상을 만나 거제도를 25년간 25만원에 일본인 어업조합명의로 조차할 것을 결정하였다.[81]특히 1903년 3월에서 5월 이후의 일본의 분위기는 대러 개전에 대한 일본국내 분위기는 극에 달했던 점이나 그 중심에 야마자를 중심으로 하는 호월회가 있었던 점 등을 감안하면 독도편입의 문제는 일본 측으로서는 그다지 큰 문제는 아니었다고 본다.』

이렇게 해서 1905년 러일전쟁에 대비하기 위해 급거 일본해군의 요망 하에 외무성 야마자 국장(山座局長)의 요청으로 각의 결정을 하여 일본영토로 훗날 편입되었다.[82] 야마자 국장이 독도편입에 대하여 적극적임에 따라 내무성의 이노우에 서기관도 적극적으로 영토편입을 추진하게 된다. 그가 그럴 수밖에 없는 이유는 첫째, 당시 일본국내의 정부와 국민들의 분위기는 내무성이 반대할 분위기가 아니었다. 즉, 1903년 이후 대러개전 준비로 온 일본이 분주하고, 하루 빨리 개전하도록 촉구하고 있었기 때문이다. 두 번째, 야마자의 외무성과 군부, 정부와 유착된 재야의 흑룡회, 현양사 중심의 대러동지회 등이 러일전쟁의 승리를 원하고 또한 조선병합을 원했기

---

80) 김수희, 앞의 논문, p.117 참조.
81) 임산무덕, 근대일한관계사연구, 동경대학출판부, 1987, pp.67-72.
82) 藤原隆夫, 前揭 竹島(= 獨島)問題の歷史學的一考察, 註釋 53) 參照.

때문이다. 셋째, 제일 큰 이유 중의 하나는 당시 조슈군벌의 거두 야마가타 아리토모는 그의 최측근 요시카와 아키마사를 카쓰라 내각 하에서 내무대신으로 임명하고 있었고, 그가 후원하는 조슈군벌의 2인자 카쓰라 타로에게 내각을 맡도록 하여 총리로 기용하고, 카쓰라는 고무라 주타로에게 외무대신을, 고무라는 야마자 엔지로를 발탁하여 외무성 정무국장에 기용하였으므로, 당시의 야마자는 조슈군벌 및 사쓰마군벌, 정부내각으로부터 지지를 받는 핵심 중 핵심으로 실세였다. 이에 따라 주무부처인 내무성은 해군수로부와 외무성, 농상무성 등 관련 중앙부처와 적극 협력하고, 섬의 명칭을 정하기 위해 시마네현의 의견을 묻는 공문을 발송하였다.[83] 시마네현은 다시 오키도사(島司)에 내려 보냈다. 오키도사는 1904년 11월 30일 자로, 다음과 같이 회신했다.

『 이번 달 15일자 제1073호에 의한 도서 소속 등의 안건에 대하여 조회를 마친 후 우리 영토로 편입함에 있어 오키도의 소관에 속하도록 하더라도 아무런 지장이 없으며, 원래 조선의 동쪽 해상에 송죽양도(松竹兩島)가 있었다고 전해오는데, 땔감을 구하는 업자가 왕래하는 울릉도가 실은 마쓰시마(松島)로써…울릉도가 마쓰시마라면 이번의 새로운 섬을 두고 따로 다케시마(竹島)에 해당하는 섬이 없으므로 그 명칭은 다케시마(竹島)가 적당하다고 봅니다. …위와 같이 회신합니다.[84]』

한편, 일본에서는 독도에 대하여 '마쓰시마(松島)'[85]라 칭하며, 오

83) 島根叢書, p.157; 김정균, 앞의 논문, p. 12; 예영준, 앞의 책, pp.47-52 참조.
84) 島根叢書, pp.157-158; 김정균, 앞의 논문, p. 12; 예영준, 앞의 책, pp.47-52 참조.
85) 齊藤豊仙, 隱州視聽合記(1667) ; 「에도(江戶)초기부터 明治初期(1868)까지

던 중 1880년경 까지 사용하였다.[86] 일본에서 독도에 대하여 다케시마 '竹島'[87] 라 칭한 것은 1905년 2월 22일 도근현 고시 제40호 기록 이후부터이며, 현재의 공식명칭이다. 이전까지는 다케시마(竹島)는 울릉도의 명칭이었다[88] 가 19세기중엽 아르고노트(竹島)가 가공의 섬으로 실존하지 않는 것이 확실해진 1860년대 이후부터는 서양의 해도와 지도에서 사라졌다.[89] 그 후 1905년 독도의 명칭으로 새롭게 나타난 것이다.

『 18세기 후반부터 서세동점의 시기에 서양 선박들이 동해에 들어오게 되는데, 1787년(정조11년) 프랑스의 이름있는 항해가 Jean Francois Galaupe de la Perouse[90] 대령이 2척의 범선 (Boussole 호 및 Astrolabe호), 즉, 군함을 이끌고 제주도와 울릉도 해안을 측정하던 중 5월 27일 동해에서 자기들 지도에도 없는 섬 울릉도를 발견하고, 이 섬을 최초로 발견한 Boussole 호에

어느 정도 일관되게 울릉도를 竹島로, 독도를 松島로 사용하였다」(오키노시마, 2005년 7월호 참조 ; 秋岡武次郎, "日本海西南の松島と竹島", 「社會地理」第27號, (1948,8) ; 김영구 "한일간독도영유권 문제의 평화적 해결방안". 독도연구보전협회, 독도연구총서③, p.236

86) 1876년 武藤平學이 「松島開拓之議」를 일본외무성에 제출할 때 울릉도의 명칭을 松島로 호칭한 것으로 봐서 이 때부터 獨島의 명칭은 竹島 또는 리앙꾸르도로 불린 것 같다(김영구, 앞의 논문, P.236).

87) 도근현 고시 제40호, 1905년 2월 22일

88) 齊滕豊仙, 隱州視聽合記(1667) 참조

89) 이진명, "독도지리상의 재발견", 삼인, 2005. p.71 참조.

90) 장-프랑소아 드 라페루즈(1741-1788)백작, 프랑스 해군제독, 탐험가이며, 1741년 남프랑스 알비(Albi) 근처의 귀오(Guo) 성에서 태어나 1788년초에 오스트레일리아 북부 뉴칼레도니아 근방의 바니코로(Vanikro, 솔로몬군도) 섬 근처에서 실종되었다. 귀족 신분으로 인도식민지에 근무하던 프랑스인 하급관리의 딸과 결혼했으며, 자녀는 없다. 그는 「라페르즈의 세계탐험기」(Voyage de La Perouse autour du monde) 1791년 4월 22일 프랑스 국왕 루이 16세의 명에 따라 출판했다. 밀레 - 뮈로(Milet-Mureau, L.A.)가 본문을 작성하고, 1797년 프랑스 국립인쇄소가 출판했다. 본문 전4권, 대형 지도첩 1권이 딸려 있다 지도첩에는 한국관련 사항이 8점이 있다(이진명, 앞의 책, p.40).

동승한 프랑스 육군사관 학교 교수 Lepaute Dagelet[91])의 이름을 따서 울릉도에 다줄레島(Dagelet Island)[92])라 이름을 부치고, 그 옆에 있는 죽서도에 붓솔(Boussole Rock)이라는 이름을 부쳤다.[93]) 2년 뒤 영국의 탐험가 James Colnett는 1789년 Argonaut호를 이끌고 대한해협을 거쳐 동해로 진입하였다. 그는 계속 북서진하다가 울릉도를 발견하였는데, 자신의 배의 이름을 따서 아르고노트섬(Argonaut)로 이름지었다.

그러나 James Colnett이 섬의 경위도를 잘못 측정하여 서구의 지도에는 Dagelete와 Argonaute의 두 섬이 존재[94])하는 것으로 나타나게 되었다.경위도상에서는 아르고노트가 다즐레보다 더 서쪽에 위치했다. 그러던 것이 1840년 나카사끼 출신 독일 의사이며, 아마추어 지도작성가 였던 Philipp Franz von Siebold 박사가 동해에 2개의 섬이 존재한다는 사실에 착안, 두섬 중 하나는 울릉도이고 하나는 독도라는 사실을 알고, 그 중 Argonaute가 서쪽에 있으므로 竹島(Takeshima)를, 나머지 하나는 松島(Matsushima)가 되었다고 한다. 즉, 일본 지도를 만들면서 울릉도(당시 일본이름으로 Takeshima, 즉 竹島)를 Argonaute로, 독도(당시 일본 이름으로 Matsushima, 즉 松島)를 Dagelete로 기재하였다. 1849년 1월 27일(철종 1년) 프랑스 포경선 리앙꾸르

---

91) Dagelet는 수학자, 천문학자이다.
92) 울릉도는 다줄레(Dagelet)라는 이름으로 1950년대 말까지 서양의 해도와 지도에 표기되어 왔다 그 뒤로 서양의 지도와 해도에서 울릉도를 가리키는 명칭은 하나 같이 'Ullung-do'로 통일되었다(이진명, 앞의 책, 삼인, 2005, p.27).
93) 신용하, "조선왕조의 독도영유와 일본제국주의의 독도침략 – 독도영유에 대한 실종적 일연구", 독도연구보전협회(독도연구총서 ⑩), 2003, p.147 ; 김영구, 앞의 논문(독도연구총서 ③), 1998, p.237 ; 김명기, 독도강의, 대한민국영토연구총서Ⅳ, 독도조사연구학회·책과사람들, 서울:2007, p.18 참조
94) 브뤼에(Brue, A.H), 1821, 중국 및 일본전도에는 울릉도 위치에 Argonaut가 독도위치에 Dagelet가 있다(한국신문방송인클럽, 독도는 우리 땅, 2005, p.356). 그 외에 모냉(Monin, C.V.), 1837, 중국 및 일본지도에 기록되어 있다.

(Le baleinier Liancourt)호[95])가 독도를 발견[96])하고 선박의 이름을 따서 독도(우산도)에다 리앙꾸르암(Liancourt Rocks)[97])이라는 이름을 부쳤다. 이렇게 해서 동해상에 두 섬이 세 개의 섬이 되었다. 즉, 제일 서쪽에 아르고노트(다케시마), 중간에 다즐레(마쓰시마), 제일동쪽에 리앙쿠르(현재의 독도)가 각각 존재하게 되었다. 리앙쿠르(현재의 독도)를 제외하면 사실상 울릉도는 아르고노트와 다즐레 두 개의 섬이 된 것이다. 이 같은 사실은 1811년에 간행된 영국의 Arrow-Smith의 「조선과 일본도」에도 보인다.[98]) 그 후[99]) James Colnett의 오류[100])가 서양에 널리 알려져 아르

95) 프랑스 르 아브르(Le Havre) 항에 선적을 두고, 1847년 10월 25일 건조된 리앙꾸르호는 361톤급(선원 37명)이며, 1852년 8월 14일 오호츠크해에서 좌초되어 매각되었다. 선장 갈로르트 드 수자 일명 장로페즈(Galorte de Souza ; Jean Lopes),는 1804년 포르투갈의 아소르(Acores) 섬에서 출생, 프랑스 르 아브르항으로 와서 1830년부터 작살 담당 섬원으로 출발하여 1838년 프랑스 국적을 취득하고, 1840년에 선장이 되었다. 1855년 은퇴하여 1883년 사망했다.
선주 제레미아 윈슬루(Jeremiah Winslow ; 1781-1858)이다. 윈슬루는 미국 태생으로 1817년 르아브르항에 정착하여 당대 프랑스 최대의 포경선 선주이며, 1821년 프랑스에 귀화했다.
96) 로페즈선장은 귀항일은 1850년 4월 19일 해군성 소속해양경찰 당국에 항해일지를 보고하고, 해군성 당국은 일지 중 독도발견 내용을 대단히 중요시하여 「수로지」(1850년판, 1851년 발간)에 싣고, 역시 1851년에 발간한 해도에도 독도를 '리앙쿠르 바위섬'이란 이름으로 정확한 좌표에 올렸다(이진명, 앞의 책, p.59). 이로써 독도의 위치와 서양명칭이 근대적이고 과학적인 해도와 지도에 역사상 최초로 확정되었다(앞의 책 p.59).
97) 1946년 1월 29일의 "SCAPIN 제677호" 제3항 ; 1947년 3월 20일 대일 평화조약 제1차 미국초안 및 8월 5일 제2차 미국초안 ; 1948년 1월 2일 대일평화조약 제3차 미국초안 ; 1949년 10월 13일 대일평화조약 제4차 미국초안 및 11월 2일 제5차 미국초안 등
98) 1811년에 간행된 영국의 애로-스미스(Arrow Smith)의 「조선과 일본도」는 두 개의 울릉도를 각각 아르고노트 섬, 다줄레 섬으로 그린 대표적인 지도이다(川上健三, 「竹島の歷史 地理的 硏究」 1966, p.11 ; 호사카유지, "근대일본의 독도인식-지도와 수로지를 통한 분석", 제5회 정기 독도연구 콜로키움(2010.3.3.), 동북아역사재단, p.27 참조.). 그 외에도 1856년 페리제독의 「일본원정기」 삽입도에도 보인다(호사카유지, 앞의 논문, p.30 지도2-1 참조).
99) 서양인들이 측량한 독도가 서양지도에 처음으로 등장한 연도는 1856년 페리제독이 「일본원정기」에 삽입된 지도로 알려져 있으며, 이 지도에는 독도가

고노트 섬, 다줄레 섬, 리앙쿠르 락스(호넷락스) 등 3섬이 그려진 지도가 등장하였다.101) 그러던 중 빨라다호는 1854년 4월 20일부터 5월 11일 사이에 조선 동해안의 북위 35.30도 지역에서부터 북위 42.30도, 동경 131.10도 지역까지 약 600마일의 해안을 조사하였으며, 빨라다(ПАЛЛАДА)호 기록에 의하면, "「다지레트도(울릉도)」는 바스토크호가 북위 37.22도, 동경 130.56도에서 관측하였는데, 둘레 20마일 크기의 원형모양이고 해안은 협소하여 거의 접근할 수가 없었다. 다지레트도 최고봉의 높이는 2.100피트이다. 아르고 나프트섬은 존재하고 있었는가 의심스럽기만하다. 그 섬은 보이지 않는다.102) "따라서 해당 경위도에서 Argonaute를 찾을 수 없게 되자103) 1872년쯤부터 Argonaute는 존재하지 않는 섬으로 판단하여 제외시킨 지도가 등장하기 시작했고, 서양의 지도에는 자동으로 Argonaute란 섬은 없어지고 Dagelete만 남아서

'H. M. Sb. Hornet 1856'로 표기되어 있다(호사카유지, 앞의 논문, p.30 및 지도 2-1 페리제독의 「일본원정기」 삽입도 참조).

100) Colnett 오류는 경위측정의 잘못으로 두 개의 울릉도(Argonaut와 Dagelet)가 존재하는 것으로 착각 된 것을 말한다. 이는 Siebold가 1832년 일본지도를 만들면서 주기(註記)를 달아 Colnett를 Broughton[1797년 화태(樺太) 서해안으로부터 한국의 동해안을 탐사한 영국군함 Providence호가 해군 중령 부로우톤(William Robert Broughton)의 지휘하에 조선의 동해안을 탐사하고서는 지위관의 이름을 따서 영흥만에다 브로우톤만(Broughton Bay)라고 지명했다]으로 잘못 적었는데, 이를 秋岡武次郎이 "日本海西南の松島と竹島", 「社會地理」第27號(1948.8)에 Siebold의 잘못을 발견하지 못하고 인용하여, 그대로 일본 외무성 각서(1962년 7월 13일자 日本側覺書, 日語, pp.242-44 ; 英語. pp.260-262)에 인용한 잘못이 있다(김영구, 앞의 논문, 독도연구총서③, p.238).

101) 이같은 경향은 1894년 정도까지 이어졌다(川上健三, 앞의 연구, 참조 ; 호사카유지, 앞의 논문, p.30 참조).

102) 한국신문방송인 클럽 앞의 책, p.402.

103) 빨라다(ПАЛЛАДА)호 기록에 의하면, 「다지레트도(울릉도)」는 바스토크호가 북위 37.22도, 동경 130.56도에서 관측하였는데, 둘레 20마일 크기의 원형모양이고 해안은 협소하여 거의 접근할 수가 없었다. 다지레트도 최고봉의 높이는 2.100피트이다. 아르고 나프트섬은 존재하고 있었는가 의심스럽기만하다. 그 섬은 보이지 않는다(한국신문방송인 클럽 앞의 책, p.402).

사용되었다.104) 즉, 「아르고노트 = 다케시마」는 사라지고, 「다
즐레 = 마쓰시마 = 울릉도」만 남았다. 결국 「마쓰시마 = 울릉
도」와 「리앙쿠르 = 독도」만 남게된 것이다. 일본정부도 1880
년 아마기함(天城艦)을 파견하여 마쓰시마는 울릉도이고, 독도는
리앙쿠르 섬이라는 사실을 확인했다.105) 이렇게 해서 「마쓰시마
= 울릉도」와 「리앙쿠르 = 독도」만 남았다가. 1904년 11월
30일자로 회신에서 시마네현 오키도사가 「회답에서 원래 조선의
동쪽 해상에 송죽양도(松竹兩島)가 있었다고 전해오는데, 땔감을
구하는 업자가 왕래하는 울릉도가 실은 마쓰시마(松島)로써…울릉
<u>도가 마쓰시마라면 이번의 새로운 섬을 두고 따로 다케시마(竹島)</u>
<u>에 해당하는 섬이 없으므로 그 명칭은 다케시마(竹島)가 적당하다</u>
<u>고 봅니다</u>」라고 회신하여, 이후에는 리앙쿠르는 다케시마가 되어
편입되면서 그대로 사용되었다.」106)

 이러한 과정을 거쳐 내무성은 1905년 1월 10일 러일개전에 대한
강경파 우익인 조슈군벌의 일인자 야마가타 아리토모의 측근, 내무대
신 요시카와 아키마사(芳川顯正)107) 명의로, 호월회의 야마자가 숭배
하는 강경파 조슈군벌의 2인자 총리대신 가쓰라 타로(桂太郞)108)에

---

104) 일본 외무성 홈페이지, "竹島の問題"(다케시마 문제의 개요) ; 1962년 7월
    13일자 일본측 각서, 일어. pp.242~44 ; 영어. 260~262 참조.
105) 김수희, 앞의 논문, p.130;예영준, 앞의 책, p.50 참조.
106) 島根叢書, pp.157- 158; 김정균, 앞의 논문, p.12; 예영준, 앞의 책,
    pp.47- 52 참조.
107)//ja.wikipedia.org/wiki/:芳川顯正 參照: 요시카와 아키마사(芳川顯正,
    1842. 1. 21. - 1920. 1. 10.)는 일본의 관료, 정치인으로, 도쿠시마현(德島
    県) 요시노시 출신이며, 백작이다. 관료시대는 조슈번의 파벌의 후원이 없어
    고생하지만, 은행제도의 확립에 공헌하였다. 야마가타 아리토모에 인정받아 정
    계에 진출했다. 도쿄지사(제8대), 귀족원의원. 법무장관(제6대), 문교부장관(제
    6 대, 제7대, 제11대), 내무부 장관(제12.16.23대), 체신장관(제9.12 대), 추밀
    원 부의장(제4대)을 역임했다(부록참조).
108) 가쓰라 타로(桂太郞, 1848.1.4. - 1913.10.10.))는 일본의 11대 총리

게 「무인도 소속에 관한 건」이란 비밀공문을 보내 각의 개최를 요청했다.109) 가쓰라는 자서전에서 자신과 고무라 쥬타로(小村 壽太郎)110)는 러일문제의 해결은 무력 밖에 없다고 처음부터 각오하고 있었다고 말하고 있다.111) 이는 카쓰라를 비롯한 조슈군벌의 생각이었고, 카쓰라가 고구라를, 고무라는 야마자를 발탁하였으므로, 이들 셋은 생각이 같을 수밖에는 없었다고 본다. 카쓰라와 고무라는 러일전쟁 때는 일본의 독도편입 과정에 관여하여 내각결정에 참여하고, 한일병합 때는 역시 한일병합에도 관계한 인물들이다. 카쓰라는 조슈(長州) 파벌의 야마가타 아리토모 다음 서열로서 야마가타의 조슈파벌의 지지를 받아 세 번에 걸친 내각을 구성하게 된다. 가쓰라는 고무라가 사망한 것을 제외하고는 외무성의 파트너로서 고무라를 중용하였다. 히버드법대를 졸업하고 대심원 판사로 있던 그가 외무성으로 전출되어 있을 때, 독서광인 그를 발탁한 사람은 무쓰무네미쓰(陸奧宗光)이다.112)

『 三七秘乙第三三七號ノ內 無人島所屬二關スル件

北緯三十七度九分三十秒東經百三十一度五十五分隱岐島ヲ距ル西北

(1901.6.2.~1906.1.7),와 13대총리(1908.7.14.~1911.8.30), 15대총리(1912.12.21~1913.2.20)을 지낸 인물이다. 청일전쟁 후 조슈군벌의 야마가타 아리토모 다음의 2인자이다. 이토와 대립관계에 있었으며, 러일전쟁 개전을 촉구했던 많은 우익과 야마자가 중심이 된 호월회가 지지한 인물이다(부록참조).

109) 公文類聚(제29편 권1), 「リアンコ島 領土編入을 위한 閣議 要請」, 1905. 1. 10 ; 신용하, 독도연구총서6, pp.277-278.

110) //ja.wikipedia.org/wiki/:小村壽太郎 參照 : 고무라쥬타로(小村壽太郎,1855.10.26. - 1911. 11.26.)는 메이지시대 외교관이며, 정치가, 외무대신, 귀족원의원 등을 지냈고, 후작이다(부록참조).

111) 『桂太郎自伝』(宇野俊一校注, 平凡社東洋文庫, 1993年) 參照:「桂は自伝で、自分と小村とは日露問題の解決は武力によるしかないと最初から覚悟していたと語っている」

112) //ja.wikipedia.org/wiki/:小村壽太郎 參照(부록 고무라 쥬타로 참조).

八十五浬ニ在ル無人島ハ他國ニ於テ之ヲ占領シタリト認ムヘキ形迹ナ
ク、一昨三十六年本邦人中井養三郎ナル者ニ於テ漁舍ヲ構ヘ、人夫ヲ
移シ獵具ヲ備ヘテ海驢獵ニ着手シ今回領土編入並ニ貸下ヲ出願セシ
所、此際所屬及島名ヲ確定スルノ必要アルヲ以テ、該島ヲ竹島ト名ケ
自今島根縣所屬隱岐島司ノ所管ト爲サントス.
右閣議ヲ請フ.

明治三十八年一月十日
內務大臣子爵 芳川顯正
內閣總理大臣伯爵 桂 太郎 殿』113)

『 37비을제337호의 내 무인도소속에 관한 건

북위 37도 9분 30초 동경 131도 55분. 은기도로부터 거하기 서
북으로 85리에 있는 무인도는 타국이 이를 점령했다고 인정할 형
적이 없다. 지난 (명치) 36년 우리나라 사람 중정양삼랑이란 자가
어사를 만들고 엽구를 갖추어서 해려잡이에 착수하고, 이번에 영토
편입 및 대하원을 출원했는 바, 이 때에 소속 및 도명을 확정할 필
요가 있으므로, 해도를 죽도라고 이름하고 지금부터는 도근현 소속
은기도사의 소관으로 하려고 한다.
우 각의를 청함.

明治 38년 1월 10일
내무대신 자작 芳川顯正
내각총리대신 백작 桂 太郎 귀하』114)

가쓰라 총리는 1905년 1월 28일 각료가 11명 참석한 내각회의에
서, 「별지 내무대신 청의의 무인도 소속에 관한 건을 심사해 보니,

---

113) 公文類聚(제29편 권1), 「リアンコ島 領土編入을 위한 閣議 要請」, 1905.
  1. 10
114) 신용하, 독도연구총서6, pp.277-278.

북위 37도 09분 30초, 동경 131도 55분, 오키도에서 서북 쪽으로 85리에 있는 이 무인도(소속불명)는 타국이 점령했다고 인정할만한 형적이 없고(영유선언 가능), 재작년 메이지 36년(1903년) 우리나라 사람 나카이란 자가 漁舍를 짓고 인부를 이주시키고 사냥도구를 갖추고 강치잡이에 착수하여(권원근거) 이번에 영토편입 및 대여를 신청한 바(영유선언의 근거), … 국제법상 점령한 사실이 있는 것으로 인정(실효적 점유인정)되며, 이것을 우리나라 소속으로 하고 시마네현 소속 오키도사의 소관으로 함이 무리 없는 일이라고 생각하여 청의대로 각의 결정이 성립되었음을 인정한다.115)」라고, 독도(리앙꾸르島)를 일본영토로 편입한다는 각의결정을 하였다. 처음 일본흑룡회가 한해통이지침에서 '무인도'라고 하여 '무주물'의도를 드러내고, 이는 지학잡가 '소속불명과 영유선언 부존재'를 조작하고, 조작된 내용을 근거로 농상무성은 「소속불명」을, 해군성은 「영유선언을 주장」하고, 결국 무주물 선점의 대상이 되는 '무주지'가 된 한국영토 독도는 최종적으로 나카이 요사부로가 제출한 '리양코도 영토편입 및 대하원'과 '내각회의 결정건'으로 나타나고 있다. 따라서 일본흑룡회의 '무주지'조작은 '리양코도 영토편입 및 대하원'과 '내각회의 결정건'에 결정적으로 영향을 미쳤을 뿐만 아니라 흑룡회가 의도한 대로 통과된 것이다.

『 明治三十八年一月二十八日閣議決定

別紙內務大臣請議無人島所屬ニ關スル件ヲ審議スルニ、右ハ北緯三十七度九分三十秒東經百三十一度五十五分隱岐島ヲ距ル西北八十五浬ニ在ル無人島ハ他國ニ於テ之ヲ占領シタリト認ムヘキ形迹ナク、一昨三

115) 公文類聚(제29편 권1), 「リアンコ島 領土編入을 대한 日本閣議決定」, 1905. 1. 28; 신용하, 독도연구총서6, pp.280-281 ; 예영준, 앞의 책, pp.53-54 참조.

十六年本邦人中井養三郎ナル者ニ於テ漁舍ヲ構へ、人夫ヲ移シ獵具ヲ
備ヘテ海驢獵ニ着手シ今回領土編入竝ニ貸下ヲ出願セシ所、此際所屬
及島名ヲ確定スルノ必要アルヲ以テ、該島ヲ竹島ト名ケ自今島根縣所
屬隱岐島司ノ所管ト爲サントスト謂フニ在リ、依テ審査スルニ明治三
十六年以來中井養三郎ナル者該島ニ移住シ漁業ニ從事セルコトハ關係
書類ニ依リ明ナル所ナルハ國際法上占領ノ事實アルモノト認メ、之ヲ
本邦所屬トシ島根縣所屬隱岐島司ノ所管ト爲シ差支無之儀ト思考ス依
テ請議ノ通閣議決定相成可然ト認ム』116)

『 명치 38년 1월 28일 각의결정

별지 내무대신 청의 무인도소속에 관한 건을 심사해보니, 북위 37
도 9분 30초, 동경 131도 55분, 은기도를 거하기 서북으로 85리
에 있는 이 무인도는 타국이 이를 점유했다고 인정할 형적이 없다.
지난 (명치) 36년 우리나라 사람 중정양삼랑이란 자가 어사를 만
들고, 인부를 데리고가 렵구를 갖추어서 해려잡이에 착수하고, 이
번에 영령토편입 및 대하를 출원했는 바, 이 때에 소속 및 도명을
확정할 필요가 있으므로, 해도를 죽도라고 이름하고 이제부터는 도
근현 소속 은기도사의 소관으로 하려고 하는데 있다. 이를 심사하
니 명치 36년 이래 중정양삼랑이란 자가 해도에 이주하고 어업에
종사한 것은 관계서류에 의하여 밝혀지며, '국제법상 점령의 사실
이 있는 것이라고 인정'하여 이를 본방소속으로 하고 도근현소속
은기도사의 소관으로 함이 '무리없는 건'이라 사고하여 청의대로
각의결정이 성립되었음을 인정한다.』117)

여기서 이전까지는 국제법에 대한 언급이 없었는데, 각의결정에

---

116)　公文類聚(제29편 권1),「リアンコ島 領土編入을 대한 日本閣議決定」,
　　　1905. 1. 28; 신용하, 독도연구총서6, p.280.
117) 신용하, 독도연구총서6, p.281.

서는 「국제법 언급」을 하고 있다. 즉, 국제법상의 가능 여부를 나름대로 검토하여 일본의 영토로 하여도 「무리없는 것」이라고 생각했다118)고 말하고 있는 것이다. 일본의 국제법학회 및 그 기관지는 정부에 대하여 국제법적 지식을 공급하는 역할을 하였으며, 일본정부가 국제정치의 장에서 동원하는 국제법적 논리의 원천이었다고 할 수 있다.119) 내무성은 1905년 2월 15일자 훈령 제87호를 시마네현에 내려 보내 독도 영토편입 사실을 관내에 고시하라고 지시했다.120) 즉, 이는 내무성을 거쳐 島根縣에 '管內告示'하도록 훈령되었다.

『 內務大臣訓令(1905. 2. 15.)

訓第八七號

北緯三十七度九分三十秒東經百三十一度五十五分隱岐島ヲ距ル西北八十五浬二在ル島嶼ヲ竹島ト稱シ自今其所屬隱岐島司ノ所管トス　此旨管內二告示セラルベシ

右訓令ス

明治三十八年　二月十五日

內務大臣　芳 川 顯 正

島根縣知事　松永武吉殿』121)

_____

118) 명치 38년 1월 28일 각의결정 참조.

119) 1906년에 창설된 미국 국제법학회보다 무려 9년이나 앞서 1897년 창설된 일본 국제법학회는 서양의 국제법적 논리에 밀려 불평등조약을 강요당한 일본정부의 필요성에 의하여 만들어졌고, 국제법학회의 연구주제를 역시 당시의 일본정부의 국제법적 관심사를 그대로 반영하고 있다. 초기의 일본국제법학회는 관변 단체이며, 기관지에 실린 연구내용 역시 정부의 국제법적 지식 수요에 부응하기 위한 것이었다. 학회지 「국제법잡지」는 1902년 창간되었으며, 창간호부터 9권까지는 한국침탈 관련 논문이 집중 게재되어 있고, 11권부터는 「국제법외교잡지」로 이름이 바뀌었다(박배근, 한일간 역사현안의 국제법적 재조명, 일본 국제법학회지에 나타난 한국침탈 관련 연구의 내용과 동향, - 보호국논쟁을 중심으로 -, 동북아역사재단, 2009, pp.217-219 참조).

120) 明治政府, 『內務大臣訓令』, 「竹島編入에 대한 日本內務大臣訓令」 1905. 2. 15.

『 내무대신 훈령, 훈제87호

북위 37도9분30초,[122] 동경 131도 55분,[123] 은기도를 거하기 서북으로 85해리에 있는 도서를 죽도라고 칭하고 지금부터는 그 소속을 은기도사의 소관으로 한다. 이 뜻을 관내에 고시토록 하라.

右 訓令함.

明治 38년 2월 15일

內務大臣 芳 川 顯 正

島根縣知事 松永武吉殿』[124]

島根縣은 1905년 2월 22일 縣告示 제40호로 리앙꾸르島(獨島)를 '竹島'로 명명하여 隱岐島司의 소관으로 한다는 것을 현청 관내에 고시하였다.[125]

『 島根縣告示第40號

北緯三十七度九分三十秒東經百三十一度五十五分隱岐島ヲ距ル西北 八十五浬二在ル島嶼ヲ竹島ト稱シ自今本　　　縣所屬隱岐島司ノ所管 ト定メラル

明治三十八年 二月二十二日

---

121) 明治政府, 上揭『內務大臣訓令』.; 신용하, 독도연구총서6, p.283.
122) 현재의 위도좌표와 다소 차이가 있다. 현재의 위도는 동도가 『북위 37도 14분 26.8초』이고, 서도가 『북위 37도 14분 30.6초』이다(김명기, 독도강의 (표준 독도국민교범), 대한민국 영토연구 총서Ⅳ, 서울:2007, 독도조사연구학회·책과사람들, p.22; 독도총서, 2008, 경상북도, p.23; 아름다운 섬, 독도 그리고 울릉도, 독도아카데미·독도박물관, 2008, p.7; 독도 올바로 알기, 경상북도, p.5).
123) 현재의 경도좌표와 다소 차이가 있다. 현재의 경도는 동도가 『동경 131도 52분 10.4초』이고, 서도가 『동경 131도 51분 54.6초』이다(위의 주석 114) 참조).
124) 신용하, 독도연구총서6, pp.283-284.
125)『島根縣告示 第40號』,『竹島編入에 대한 島根縣告示 第40號』, 1905. 2. 22.

『 島根縣知事 松永武吉』126)

『 도근현고시 제40호

북위 37도 9분 30초,127) 동경 131도 55분,128) 은기도를 거하기 서북으로 85해리에 있는 섬을 죽도라고 칭하고, 지금 이후부터는 본현 소속의 은기도사의 소관으로 정한다.

명치 38년 2월 22일

島根縣知事 松永武吉』129)

이는 1905년 2월 22일 시마네현 서무과가 현청에서 현지사의 이름으로 독도를 시마네현에 편입하고 隱岐島司의 소관으로 정한다고 한 내용을 다시 시마네현 내의 산하 기관에 훈령을 하였다.130)

『 島根縣庶第十一號

北緯三十七度九分三十秒東經百三十一度五十五分隱岐島ヲ距ル西北八十五浬二在ル島嶼ヲ竹島ト稱シ自今本縣所屬隱岐島司ノ所管ト定メラレ候條此旨心得フシ

右訓令ス

明治三十八年 二月二二日

島根縣知事 松永武吉』131)

『 도근현서 제11호(1905. 2. 22)

북위 37도 9분 30초,132) 동경 131도 55분,133) 은기도를 거하기

---

126) 『島根縣告示 第40號』, 上揭, ; 신용하, 독도연구총서6, pp.284-285.
127) 앞의 주석 120) 참조.
128) 앞의 주석 121) 참조.
129) 신용하, 독도연구총서6, pp.284-285.
130) 島根縣知事訓令. 島根縣庶第11號. 1905. 2. 22.
131) 島根縣知事訓令. 上揭 第11號. ; 신용하, 독도연구총서6, p.288.
132) 앞의 주석 120) 참조.
133) 앞의 주석 121) 참조.

서북으로 85해리에 있는 섬을 죽도라고 칭하고 지금 이후부터는
본현 소속의 은기도사의 소관으로 정하니 이 뜻을 심득할 것.
우 훈령함.

明治 38년 2월 22일
島根縣知事 松永武吉』[134)

이제까지의 사안을 정리해 보면 다음과 같다. 나카이 요사부로가
1904년 9월 29일 일본정부의 내무성·외무성·농상무성에 「리양코
섬 영토편입 및 대하원」을 제출하고, 내무성 이노우에 서기관이 「각
하」처분을 하자, 동향 출신 귀족원의원인 구와타 구마조(야마자의 법
대 1년 후배)의 소개로 야마자 엔지로 외무성 정무국장을 만나고, 엔
지로의 「강행」으로, 재진행되어 내무성은 해군성 수로부와 외무성,
농상무성 등과 적극 협력하여 섬의 명칭을 정하기 위해 시마네현에
공문을 발송하고, 시마네현은 다시 오키도사에게 내려 보냈다. 오키도
사는 1904년 11월 30일 자로 명칭은 「다케시마」하는 것이 적당하
다고 회신하였다. 내무성은 1905년 1월 10일 내무대신 요시카와 아
키마사 명의로 「무인도 소속에 관한 건」으로 각의 개최를 요청하였
고, 카쓰라 총리는 1905년 1월 28일 각료 11명이 참석한 내각회의에
서 「국제법상 점령한 사실이 있는 것으로 인정」하여 각의 결정을
하였다. 내무성은 1905년 2월 15일자 훈령 제87호를 시마네현에 내
려 편입사실을 「관내고시」하라고 지시하고, 시마네현은 같은 해 2
월 22일 현고시 제40호로 「다케시마」로 명명하여 고시하였다. 이는
당일날 시마네현 서무과가 현지사 명의로 산하기관에 훈령하여 시행
되었다.

---

134) 신용하, 독도연구총서6, p.288.

Ⅲ. 소결

독도의 편입경위는, 먼저 흑룡회의 구즈우 슈스케가 국제법상 무주물 선점의 대상이 되는 '무주지'로 조작하기 위해 한해통어지침을 탈고하여 한국영토 독도가 '소속불명'이라고 말하고, 제국신문에 게재하였다. 이를 지학잡지가 인용하여 한국영토 독도가 '소속불명일 뿐만 아니라 영유선언이 없는 섬'이라고 말하였다. 이러한 독도에 대한 애매모호한 영토인식은 일본 내에 널리 퍼졌고 이는 후에 관료들에게도 영향을 미쳤다.

다음으로, 한국영토로 생각한 나카이 요사부로가 조선영토 입대하원을 신청하려고 도쿄 통감부로 향하였다. 농상무성 수산국장 마키 나오마사를 찾은 바, 이미 흑룡회의 한해통어지침이나 지학잡지에 의해 영향을 받은 마키국장은 독도의 '소속불명'에 대하여 해군성 수로부에 가서 알아볼 것을 권했다. 이에 따라 해군성 수로부장 기모쓰키 가네유키를 찾은 나카이는, 이번에는 기모쓰키로부터 독도가 '소속불명일 뿐 아니라 영유선언(영토편입)'이 된 바, 없으니 임대하원을 제출할 것이 아니라 영유선언(영토편입)에 필요한 영토편입 대하원을 제출하라고 권유하였다. 그의 말에 확신은 얻은 나카이는 내무성 이노우에 서기관에게 영토편입 대하원을 제출하였다. 그러나 이노우에 서기관은 '조선영토의 의심'과 '한일 외교문제', '한국병탄에 대한 국제사회의 비난'을 우려하여 각하한다는 통보를 하였다. 이에 고향사람의 소개의 당시의 실세인 외무성 야마자 엔지로 국장을 찾아가서 상의하니 야마자국장은 내무성은 신경쓰지 말고 영토편입 대하원을 외무성에 제출하라고 말한다. 이렇게 하여 속행된 영토편입은 야마자의 주도하에 시마네현에 편입에 대한 의견을 묻게 되고, 시마네현은 오키도 소관으로 편입하는 데 문제가 없으며, 지명은 다케시마가 좋겠다고 회신해 왔다. 이에 일본국제법학회와 국제법학자의 충분한 검토를 거쳐 조슈군벌 야마가타의 측근 내무대신 요시카와 아키마사 명의로 내각회의에 회부되고, 조슈군벌의 2인자 카쓰라 총리 주도하에 편입 결정되어 내무성 훈령을 거쳐 시마네현 제40호로 현고시로 일본영토에 편입되었다. 따라서 한국영토 독도에 대해 국제법상 무주물 선점의 대상이 되는 '무주지'로 일본흑룡회가 인위적으로 조작하여 제공함으로써, 이를 근거로 나카이 요사부로는 '리앙코도 영토편입 및 대하원'에 이를 반영하였고, 내각은 '내각회의 결정건'으로 이를 반영하여, 최종적으로 일본은 한국영토 독도를 일본영토에 편입하였다.

제3절 나카이 요사부로의 일대기 및 대하원 제출동기

Ⅰ. 서언

독도의 영유권과 관련, 나카이 요사부로는 일본의 영토편입에 대한 대하원을 제출한 사람으로서 그 과정만큼이나 그가 어떤 사람이며, 영해에 대한 인식은 어떠했는지, 왜 그와 같은 경위에 이르게 되었는지 살펴보는 것은 중요한 의의를 가진다. 이는 한국의 영토로 인정되던 독도를 일본이 편입한 원인을 합리적으로 파악하고 이해할 수 있기 때문이다. 또한 그렇게 함으로써 일본의 역사적 권원 주장이나 무주물에 의한 영토편입 주장에 대하여 한국이 대응논리를 펼칠 수 있기 때문이다. 따라서 나카이 요사부로가 제출한 이력서를 중심으로 그의 일대기를 살펴보고, 다음으로 나카이 요사부로의 대하원과 사업경영개요를 중심으로 제출동기와 영해인식을 살펴보고자 한다.

Ⅱ. 일대기

나카이 요사부로(中井養三郎; 1864~1934)[135]로는 1864년 1월

---

135) 나카이 요사부로가 1910년 시마네현에 제출한 履歷書 및 奧原碧雲『竹島経営者中井養三郎氏立志伝』個人蔵 明治39（1906）年 자료를 참고한 것이다(신용하, 독도영유권 자료의 탐구(제3권), 독도연구총서7, 독도연구본전협회(2000), pp.224-231; 예영준, 앞의 책, pp.27-31 ;

27일 돗토리현(鳥取縣) 도하쿠군(東伯郡)에서 평범한 농가의 3남으로 태어났다. 나카이의 생가는 돗토리현(鳥取縣) 쿠라요시(倉吉)이다. 부친은 양조업과 농사를 겸했다. 고향에서 소학교를 졸업(1878)하고, 1879년 인근의 큰 도시인 시마네현(島根縣) 마쓰에시(松江市)로 가서 당시 그 일대에 이름이 널리 알려진 한학자 우치무라 유스케(內村友輔)의 相長學舍에서 문화생으로서 한학을 배웠다. 나카이는 한학에 더욱 정진하기 위해 1884년 도쿄 코우지마치의 사문학(斯文學)으로 유학을 갔으나 다음해 사업을 하고자 스스로 학업을 접고 인생행로를 바꾸었다. 나카이는 23세 되던 해에 한학책을 접으면서 다음과 같은 한시를 낭송했다고 한다.

'사람이 가는 곳곳이 청산인데, 어찌 고향에만 뼈를 묻을 소냐 (人間到處有靑山, 埋骨何限故鄕也)'

도쿄 유학 중 누군가의 권유로 학교를 그만두고 1886년 오가사와라(小笠原島)제도를 둘러보고 왔다. 당시 오가사와라에서는 일본인들이 근대적 어업기술을 사용해 고래와 다랑어 등을 잡고 있었다. 1887년 나카이는 이어서 호주를 시찰하려는 계획을 세웠으나 이 계획은 얼마 지나지 않아 허사가 되었다. 수천 엔의 많은 비용을 들여 나가사키(長崎)에서 배를 타려다 사기꾼의 꾀임에 빠져 돈을 날려 버렸기 때문이다. 잠시 실의에 빠져 있던 나카이는 1890년 나가사키에서 동생과 함께 잠수기 어업회사를 만들어 잠수장비를 착용하고 바다속에 들어가 어패류를 잡아 올리는 어업을 하였다. 이 잠수기 어업은 공기는 배 위에 있는 산소통과 연결한 호스를 통해 공급받는 방식이다. 당시로서는 첨단어업에 속하였다. 당시 일본의 잠수기 어선들은 제주도

---

http://ja.wikipedia.org/wiki/參照).

인근 어장으로 들어와 해산물을 대량 채취해 가기도 하였다. 나카이가 처음 진출한 어장은 러시아의 블라디보스톡이었으며, 1891년과 1892년 그는 잠수기 4대로 해삼 5,000근을 잡아 올려 3,000엔의 소득을 올렸다. 그러나 이것도 잠시 다른 어부들에게 경쟁에서 밀렸고, 설상가상으로 러시아 정부가 어장 보호를 이유로 1893년 잠수기 어업을 전면 금지시켜 중단할 수 밖에 없었다. 궁여지책으로 나카이는 남은 장비를 수습하여 1893년 한국의 경상도, 전라도 등 한반도 연해 어장으로 옮겨왔서, 잠수기를 사용하여 물개잡이와 전복따기 어업에 종사했다. 그러나 이도 변변한 소득을 올리지 못해 결국 일본 시마네현 오키섬(隱岐島) 사이고쵸(西鄕町)으로 돌아왔다. 그 후 1895년과 1902년 사이에 독도와 가까운 오키섬을 근거지로 하는 산인 지방 근해와 울릉도, 독도 연해를 왕래하며 잠수기 어업을 계속했다. 나카이가 독도를 알게 된 것은 빌린 돈을 갚기 위해 친족에게서 빌린 거금을 도둑맞아 실의에 빠져 귀항했던 30세 때이다. 강치가 독도에 모인다는 사실을 알고 1903년 5월 고하라 군조(중사급)가 직접대장이 되어 나카이를 데리고 가서 독도에 일장기를 세워두고, 독도에 어부 10여 명 정도 데리고 가 움막을 짓고 본격적인 강치잡이에 착수하게 되면서 알게 되었다.[136)

    1903(메이지 36)년 하쿠슈 도하쿠군 고가모무라(伯州東伯郡 小鴨村) 나카이 요자부로(中井養三郎)씨 (현 오키국 사이고(西鄕) 거주)가 리양코도의 강치포획을 기획하자 동향사람 고하라(小原)

---

136) 奧原碧雲『竹島経営者中井養三郎氏立志伝』個人藏　明治３９(1906), p.27 ; 中井養三郎, 履歷書, 竹島資料 7, 島根縣立圖書館所藏; 島根縣敎育界, 島根縣史, 1923, p.691;다케시마 뉴스(죽도)10호(2006.10.20), 다케시마 리포트 제1부 파도를 넘어①, "오두막 건설, 영토편입의 근거 -수산가의 도전-"나카이의 먼 친척 하시모토 이세코(78세); 독도본부, 연구자료총서5, "현토·다케시마를 지키는 모임", 우리영토(2008), p.202.

육군보병 군조(軍曹)가 대찬성 하여 궐연히 일어나 스스로 대장이 되어 폭 8척 길이 4간(7.2m, 정도)의 어선에 올라 일본해의 풍랑을 헤치고 시마타니 곤조(島谷權藏) 이하 장부 7명을 이끌고 리양코도에 상륙하여 처음으로 일장기를 바위 위에 세운 것은 메이지 36년 5월 어느 날의 일이었다. 우연히 도젠(島前)의 이시바시 마쓰타로 부하의 어부도 도항하여 함께 포획에 종사했으나 준비부족으로 목적을 달성하지 못하였다. 다음 해의 어기를 기다리며 대 발전을 기약하고 귀항하기로 하였다.[137]

이 시기는 '러일전쟁을 해야 한다'는 소장파 등의 주장으로 국내가 시끄럽고, 전쟁이 임박한 시기여서 가죽 값, 아교의 원료, 기름 값이 치솟고 있어서 나카이는 독도의 강치를 잡아 여기에 편승하여 돈을 벌 생각을 갖고 있었다.[138]

『그리하여 가죽을 소금으로 절이면 쇠가죽 대용으로써 용도가 아주 많으며 신선한 지방으로부터 채취하는 기름은 품질과 가격 모두 고래기름에 뒤떨어지지 않고, 그 찌꺼기는 충분히 짜면 아교의 원료가 되는 것을 얻을 수 있다. 고기는 가루로 만들면 뼈와 함께 귀중한 비료가 된다는 것을 얻을 수 있다.』[139]

---

137) 위의 주석 ; 박병섭, 한말의 울릉도 어업과 독도영유권 문제, 독도연구, 제8호,2010.6.30., 영남대학교 독도연구소, p.185 참조.
138) 堀和生, 1905年 日本の竹島領土編入, 朝鮮史硏究會論文集 24號, p.110.
139) 中井養三郎, リャンコ島領土編入並ニ貸下願 참조; 그는 실제로 명치 39년 강치를 잡아 해마유를 만들어 하관시에서 개최한 제2회 관서 구주 부현연합수산공진회에서 3등상을 받고, 명치43년 명고주시에서 개최된 부현연합 공진회에서 죽도어렵합자회사가 해마건육비료를 출품하여 4등상을 받았다. 명치43년 영국 런던에서 개최된 일영박람회에서 죽도어렵합자회사가 출품한 해마가죽에 붙인 제포로 은상을 받기도 했다(中井養三郎 履歷書(島廳へ提出セル);신용하, 앞의 독도연구총서7, pp.224-227 참조).

어느 정도 확신이 들자 8월 중순에는 음식과 음료수 외에 작업이 가능한 오두막을 지을 수 있는 자재를 실은 범선으로 독도로 항해했다. 거친 파도에 하룻밤을 시달리고 독도에 도착해 평지를 찾아 오두막을 짓고 음료수를 확보하고 작업장소를 설치했다. 그러나 실제 그가 독도에 가서 많은 수확을 노렸으나 총기나 화약 등의 장비 부족으로 첫해는 그다지 좋은 수익을 거두지 못했다. 그가 관청에 보고한 수익은 849엔 13전이었다. 이에 반해 나카이보다 늦게 도착한 어민 하시오카 도모지로(橋岡友次郎)의 일행 7명은 1,960엔의 수익을 올렸다. 이듬해인 1904년에는 아예 잠수기 어업은 폐업신고를 내고 강치잡이에만 전념했다. 1904년 4월 1일 독도로 출발은 했으나 강치잡이가 이른 시기여서 허탕을 치고 오키섬으로 돌아왔다가 한 달 위인 5월 초 다시 독도에 갔다. 그러나 그때는 다른 경쟁자들인 하시오카와 이구치류타(井口龍太), 가토 시게조(加藤重藏) 등 오키 출신의 어부와 야마구치현(山口縣) 출신인 이와사키(岩崎)도 울릉도 어민을 데리고 와서 강치잡이를 하고 있었다. 이에 대해 시마네현 현지(縣誌)는 "1904년 각 방면에서 경쟁적으로 남획하여 여러 가지 폐해가 발생했다"고 기록하고 있다. 1904년 나카이는 동료 17명이 강지잡이를 하여 2,723엔을 벌었고, 하시오카는 11명이 강치잡이를 하여 4,235엔을 벌었으므로 상대적으로 나카이는 좋은 수익을 올린 것은 아니었다. 결국 이에 대한 타개책이 배타적으로 강치잡이를 할 수 있는 어업허가이었고 이를 위해 '대하원'을 신청한 것으로 보인다. 1905년 2월 독도편입 이후 1905년 6월 5일자로 나카이, 하시오카, 이구치, 가토 쥬조(加藤重藏) 등 4인의 공동출원으로 시마네현에 허가신청 및 허가를 받았다. 일찍이 나카이는 일본정부에 '리앙코도 영토편입 및 대하원'을 제출하여 독도를 일본영토로 편입하는 계기는 만들었으나, 강치잡이는 그의 바람대로 독점사업이 되지 않았다. 나카이는 시마네현

의 지도에 따라 공동경영을 위한 「다케시마 어렵합자회사(竹島漁獵
合資會社)」를 설립하였다. 그는 이 회사의 모선을 타고 6월 8일 독
도에 상륙하였다. 이때 단속경찰도 함께 상륙했다고 한다. 그 결과 실
망하여 낭패하여 나카이의 어사(漁舍)와 수렵도구를 합자회사에 팔아
넘기고 철수했다고 한다.140)이후 회사는 1911년까지 강치잡이를 하
지만 그 포획량이 줄어서 1910년 이후에는 쿠릴(치시마)열도에서도
강치잡이를 시작했다.141)

강치잡이는 1954년(昭和29년)5월 마지막 조업이 이뤄졌고, 마지
막 조업자는 야와타 가츠요시씨이다.142)

『 中井養三郎 履歷書(島廳へ提出セル)

履歷書

本籍地 島根縣周吉郡 西鄉町 六字西町字指向 二十三番地

平民 漁業 中井養三郎

元治 元年 正月 二十七日生

元 鳥取縣 東伯郡 小鴨村 大字中河原村

平民農 亡 甚六 三男分家

第一學歷

一 明治五年 鳥取縣 久米郡 下田中村 小學校(現今ノ東伯郡上灘村)

二入學ス

一 明治十一年 同校ニ於テ小學全科ヲ卒業ス

---

140) 박병섭, 한말의 울릉도 어업과 독도영유권 문제, 독도연구, 제8
호,2010.6.30., 영남대학교 독도연구소, p.193.

141) 박병섭, 위의 논문, pp.194-195 참조.

142) 다케시마 뉴스(죽도)10호(2006.10.20), 앞의 자료 "오두막 건설, 영토편입
의 근거 -수산가의 도전-"; 독도본부, 연구자료총서5, 앞의 자료,
pp.201-202.

一 明治十二年 島根縣 松江市 西茶町 內村右輔ノ相長學舍ニ入リ漢
學ツ修ム
一 明治十三年 相長學舍塾長ニ任セラル
一 明治十七年 相長學舍ヲ辭シ東京 麹町區 寶田町 斯文黌ニ入リ漢
學ツ修ム
一 明治十八年 實業ニ志シ斯文黌ヲ辭ス

第二 事業
一 明治十九年 視察ノタメ小笠原島ニ渡航ス
一 明治二十年 濠州渡航ヲ企テ發程ニ臨ミテ頓折果タサズ。長崎縣
西彼○郡松島村ニ流浪ス
一 明治二十三年 潛水器漁業ニ着手ス
一 明治二十四年二十五年 露領浦斯德附近ニ於テ潛水器ヲ使用シテ海
鼠漁業ニ從事ス
一 明治二十六年 潛水器使用シテ我カ筑前,對馬,朝鮮慶尙,全羅ノ沿
海ニ於テ海鼠若クハ鮑ヲ歷漁ス
一 明治二十七年以來 潛水器ヲ使用シ鳥取島根兩縣下沿海ニ於テ鮑若
ク海鼠ツ歷漁ス
一 明治三十一年 隱岐水産組合ノ委託ヲ受ケ巾着網漁業試驗ニ從事ス
一 明治三十三年 鳥取縣西伯郡御來屋町有志者ト組合ヒ同縣水産試驗
場ノ委託ヲ受ケ鮪流繩漁業ヲ試ム
一 明治三十六年 能登半島ニ於テ潛水器ツ使用シ海鼠漁業ヲ試ム
　　　　　　此年始メテ「リヤンコールド」列岩ニ於テ海馬獵ヲ試ム
一 明治三十七年 一切潛水器漁業ヲ廢シ專ラ海馬獵ニ從事ス
此年「リヤヲコールド」列岩ヲ本邦領土ニ編入セラレシコトヲ內務,外
務,農商務三大臣ニ願ヒ出ツ
一 明治三十八年 「リヤンコールド」列岩ハ本邦フ領土ニ歸シ隱岐島司
所管ニ屬シ竹島ト命名セラル

竹島海鼠合資會社ヲ組織シテ其事務ヲ執行シ以テ今日ニ至レリ
一 明治四十年 島根縣視察員一行ニ隨ヒ露領浦鹽斯德ニ往復ス
一 明治四十一年 北海道千島國新知島外八島ニ於テ總地積拾貳万八千
百八拾四坪有料使用ノ許可ヲ北海道廳根室至廳ニ願出テ許可ヲ受ク
一 明治四十二年 隱岐水産組合ノ委託ヲ受ケ日本型漁船ニ石油發動機
ヲ置付ケ之ガ漁業上ノ試驗ヲ行ヒ以テ今日ニ至レリ

第三 賞罰
一 明治二十九年神戶市ニ開催セラレタル水産博覽會ニ於テ海蔘製調
ニ對レ二等賞ヲ受ク
一 明治三十一年 鳥取縣東伯郡御來屋町火災フ際燒出米ヲナシタルハ
特志ナリトシテ木杯一箇ヲ下賜セラル
一 明治三十年 西鄉町火災ノ際燒出米ヲ寄付シタルハ殊勝ナリトシ
木杯一箇ヲ下賜セラル
一 明治三十九年下關市ニ於テ開催セラレタル第二回關西九州府縣聯
合水産共進會ニ於テ竹島漁獵合資會社ノ出品ニ係ル海馬油ニ對シ三等
賞ヲ受ク
一 明治四十三年 名古屋市ニ於テ開催セラレタル府縣聯合共進會ニ於
テ竹島漁獵合資會社ノ出品ニ係ル海馬乾肉肥料ニ對シ四等賞ヲ受ク
一 明治四十三年 英國倫敦ニ於テ開催セラレタル日英博覽會ニ於テ
竹島漁獵合資會社ノ出品ニ係ル海馬皮付屬手提鞄ニ對シ銀賞ヲ受ク
一曾ラ處罰セラレタル事ナシ』143)

『 나카이 요사부로가 도청(島廳)에 제출한 이력서
본적지: 도근현 주길군 서향정 육자서정자지향 23번지(島根縣 周
吉郡 西鄉町 六字西町字指向 23番地)

---
143) 신용하, 앞의 독도연구총서7, pp.224-227 참조.

평민 어업 나카이 요사부로(中井養三郎)

元治 원년 정월 27일생

元 鳥取縣 東伯郡 小鴨村 大字中河原村

평민 농업 사망한 甚六의 3남으로 분가

제1 학력

하나. 명치 5년 도취현(조취현) 구미부(구미군) 하전중촌(하전중촌) 소학교(현재의   동백군 상탄촌)에 입학.

하나. 명치 11년 같은 학교에서 전 과목을 졸업.

하나. 명치 12년 도근현 송강시 서다정 우치무라 유스케의 상장학사에 들어가 한학을 배움.

하나. 명치 13년 상장학사 숙장에 임명됨.

하나. 명치 17년 상장학사를 그만두고 동경 국정구 보전정 사문횡에 들어가서 한학을   배움.

하나. 명치 18년 실업에 뜻을 두고 사문횡을 그만둠.

제2 사업

하나. 명치 19년 시찰을 위해 오가사와라 제도(소립원도)에 도항함.

하나. 명치 20년 호주 도항을 기획했다가 발정에 임하여 좌절되어 장기현 서피군 송 도촌에 유랑

하나. 명치 23년 잠수기 어업에 착수함.

하나. 명치 24년, 25년 러시아령 블라디보스톡 부근에서 잠수기를 사용하여 해서 어 업에 종사함.

하나. 명치 26년 잠수기를 사용해서 우리 축전, 대마, 조선의 경상, 전라연해에서 해 서 혹은 포를 럭어함.

하나. 명치 27년이래 잠수기를 사용해서 조취, 도근 두 현의 연해에서 포 혹은 해서 를 럭어함.

하나. 명치 31년　은기 수산조합의 위탁을 받아 건착망 어업시험에 종사함.

하나. 명치 33년　조취현 서백군 어래옥정에 뜻있는 자와 조합하여 조취현 수산시험장의 위탁을 받아 다랑어 류승 어업을 시험함.

하나. 명치 36년　능등 반도에서 잠수기를 사용해서 해서어업을 시험함.

이해 처음으로 '리앙코르드' 열암에서 해마 사냥을 시험함.

하나. 명치 37년　일체의 잠수기 어업을 폐지하고 전적으로 해마 사냥에 종사함.

이해 '리앙코르드' 열암을 우리나라 영토로 편입하는 일을 내무, 외무, 농상무 3대신에게 신청함.

하나. 명치 38년　'리앙코르드' 열암은 우리나라의 영토가 되었으며 은기도사 소관이 되어 죽도라고 명명함.

죽도어렵합자회사를 조직하여 그 사무를 행하여 오늘에 이름.

하나. 명치 40년　도근현 시찰원 일행을 따라 러시아령 블라디보스톡을 왕복함.

하나. 명치 41년　북해도 천도국 신지도 외 8도에서 총 땅의 면적 128,184평을 유료로 사용할 허가를 북해도청 근실지청에 신청하여 허가받음.

하나일. 명치 42년　은기수산조합의 위탁을 받아 일본형 어선에 석유 발동기를 설치하고 어업상의 시험을 행하여 오늘에 이름.

제3 상벌

하나. 명치 29년　신호시에서 개최된 수산박람회에서 해삼 제조에 대해 2등상을 받음.

하나. 명치 31년　조취현 동백군 어래옥정에서 화재가 났을 때 소출미를 만든 것은 특지라 하여 목배 하나를 하사받음.

하나. 명치 30년　서향정에 화재가 났을 때 소출미를 기부한 것은 매우 기특한 일이라 하여 목배 하나를 하사받음.

하나. 명치 39년 하관시에서 개최된 제2회 관서 구주 부현연합수산공진회에서 죽도어렵합자회사가 출품한 해마유에 대해 3등상을 받음.

하나. 명치 43년 명고옥시에서 개최된 부현 연합 공진회에서 죽도어렵합자회사가 출품한 해마건육비료에 대해 4등상을 받음.

하나. 명치 43년 영국 런던에서 개최된 일영 박람회에서 죽도어렵합자회사가 출품한 해마 가죽에 붙은 제포에 대해 은상을 받음.

하나. 일찍이 처벌받은 일이 없음.』[144]

주변 사람들이 말하는 나카이 요사부로는 다음과 같다.

　　『나카이의 생가는 돗토리현 쿠라요시(倉吉)이다. 나카이는 마쓰에시의 한학(漢學)학원인 相長學舍에서 공부하고, 학원장을 지낸 후 동경 코우지마치의 사문학(斯文學)에서 한학을 배운 학자였다. 그러나 "다년간 심혈을 기울여 공부했던 한학은 향후 사회에서 대활약하기 위해 사용하기에는 너무 쓸모가 없다"며, 1886년 23세 때 실업가를 목표로 당시에는 드물었던 잠수기구를 사용한 어업연구를 시작한다. (나카이의 먼 친척인 하시모토에 의하면 그는) "50년 앞을 앞을 내다보고 있었던" 아이디어맨이었다. 사업은 몇 번이나 실패했지만, 나카이는 좌절할 때마다 저명한 가문으로 알려진 생가의 도움을 받았다. 둘째 딸인 카이고 미츠는 "아버지가 집(생가)에 가면 친족들이 돌을 던진 적도 있었다. 빈곤함도 많이 겪었다"고 회상한다.』[145]

---

144) 中井養三郎, 履歷書, 竹島資料 7, 島根縣立圖書館所藏;신용하, 앞의 독도연구총서7, pp228-230 참조.

145) 다케시마 뉴스(죽도)10호(2006.10.20), 앞의 자료 "오두막 건설, 영토편입의 근거 -수산가의 도전-"나카이의 먼 친척 하시모토 이세코(78세); 독도본

III. 대하원 제출 동기 및 영해인식

1. 제출동기

나카이가 시마네현과 인연을 맺은 것은 1879년 시마네현(島根縣) 마쓰에시(松江市)로 가서 한학을 배우면서 부터이다. 이후 1893년 한국의 경상도, 전라도 등 연해어장에서 잠수기로 물개잡이와 전복따기를 하였으나 변변한 소득이 없어 시마네현 오키섬으로 돌아왔다. 나카이가 독도를 알게 된 것은 빌린 돈을 갚기 위해 친족에게 빌린 거금을 도둑맞으면서 이를 만회하려고 방안을 모색 중 당시 준 전시상황으로 가죽값과 기름값이 치솟고 있는 상황에서, 독도에는 강치가 많으므로, 이를 잡아 팔면 빌린 돈도 갚고, 또 돈도 벌 수 있다는 생각에서, 정부로부터 허가를 받으면 배타적으로 어렵행위를 할 수 있다는 생각에서 이다. 여기에 착안하여 대하원을 제출한 것으로 추정된다. 즉, 1904년 나카이는 동료 17명과 함께 강치잡이를 하여 2,723엔을 벌었고, 하시오카는 11명으로, 강치잡이를 하여 4,235엔을 벌었으므로 상대적으로 나카이는 좋은 수익을 올린 것은 아니었다. 결국 이에 대한 타개책이 배타적으로 강치잡이를 할 수 있는 어업허가이었고, 이를 위해 '대하원'을 신청하게 된 동기로 보인다.

부, 연구자료총서5, 앞의 자료, p.202.

2. 나카이 요사부로의 영해인식

　　나카이 요사부로의 영해인식은 이권확보를 목표로 독도가 한국영토라는 인식에서 출발하였다. 즉, 1904년(明治 37년) 9월 29일 내무·외무·농상무대신 앞으로 올린「리양코도 영토 편입 및 대하원」에 의하면, 「…그러나 이 섬의 영토 소속이 결정되지 않는다면 훗날 외국의 방해에 직면하는 등 예측하지 못하는 일이 발생하더라도 확실한 보호를 받을 수 없는 사정이 되어 이 섬 경영에 자금을 투입하고도 위험한 일이 있을 수 있다. …」146)와 1911년 나카이 요사부로, 사업경영개요에 의하면, 「…본도가 울릉도에 부속하여 한국의 소령이라고 (本島ノ鬱陵島ヲ附屬シテ韓國ノ所領ナリト) 하는 생각을 갖고, 장차 통감부에 가서 할 바가 있지 않을까 하여 상경해서 여러 가지 획책중에, 당시의 수산국장 목박진씨의 주의로 말미암아…」라고 하여 한국영토로 인식하고 있었던 것으로 생각된다. 이에 대하여 나카이는 "영토와 영해의 의의를 항상 역설했다"는 증언147)이 있다. 즉, "영토편입을 열심히 했던 건 사업을 위해서만 아니었다"고 증언148)하지만 이는 편입 과정에서 배운 지식으로 추정된다.

　　반증으로 처음 그가 인식하고 있었던 것은, 그가 제출한 '사업경영개요'에서 보듯, "리양꼬를 조선의 영토라고 믿고"149)있었는데, 대하원에서는 '영토 소속'이나 '외국의 방해'라는 용어를 사용하고 있다. 이는 이미 관련 부서를 경유하면서 국제법적인 지식을 갖춘

---

146) 신용하, 독도연구총서6, pp.272-276.
147) 다케시마 뉴스(죽도)10호(2006.10.20), 앞의 자료, "오두막 건설, 영토편입의 근거 -수산가의 도전-"나카이의 먼 친척 하시모토 이세코(78세); 독도본부, 연구자료총서5, 앞의 자료, p.201.
148) 위의 주석 참조.
149) 奧原福市, 「竹島及鬱陵島(1907)」參照 ; 신용하, 독도연구총서6, pp.266-268 참조.

것으로 볼 수 있다. 비록 대하원보다 사업경영개요가 후에 나왔으나 그 과정전말을 본인이 기록한 내용으로 봐서, 여러 가지 관련 정황이나 출판물에 의할 때 사업경영개요에서 한 그의 내용은 사실인 것 같다. 영토편입과 관련 없던 나카이가 편입 이후 4명이 공동으로 설립한 '다케시마어렵합자회사'의 공동경영자인 하시오카(橋岡忠重)는 오키지청(隱岐支廳)에 재차 출어허가를 요청하면서 제출한 '탄원서'에 다음과 같이 적고 있다. 「무국적의 무인도였던 다케시마가 편입된건 우리 선조들이 목숨을 걸고 조업하고, 물려받아 사랑해 왔기 때문에 가능했던 일로, 매우 의미가 깊은 섬입니다.…」[150] 여기서 '무국적'이나 '무인도' 등의 법적인 용어를 사용한 것은 편입 전의 나카이의 인식과는 거리가 멀고 편입과정에서 많은 법적 지식을 갖춘 나카이의 영향을 받은 것으로 추정된다. 따라서 나카이 등이 '영토소속', '외국의 방해', '무국적', '무인도' 등의 내용을 주장한 것으로 봐서 처음에는 독도가 한국의 영토로 인식하고 있었으나 대하원을 제출하는 과정에서 각 부처를 돌면서 국제법적 지식을 쌓은 것으로 보이고, 또한 영토편입에 대한 평가, 예컨대 무인도 영토편입이나, 무국적의 영토편입 등도 후에 그 의의를 찾은 것으로 쉽게 추정해 볼 수 있다.

---

150) 다케시마 뉴스(죽도)10호(2006.10.20), 앞의 자료, "오두막 건설, 영토편입의 근거 -수산가의 도전-"; 독도본부, 연구자료총서5, 앞의 자료, pp.201-202.

Ⅳ. 소결

먼저, 나카이 요사부로가 시마네현과 인연을 갖고 있은 사실, 또 그가 일본영토 편입 직전에 독도와 가까운 오키섬에서 어로활동을 하고 있은 사실 등에서 오키섬과 독도, 울릉도를 생활근거지로 하여 어로활동에 종사하는 평범한 어부라는 사실을 말해 주고 있다.

다음으로 제출동기는 나카이 요사부로에 대한 관련 자료를 통하여 그의 삶이 대하원 제출 직전 경제적으로 어려웠음을 알 수 있었다. 즉, 나카이가 독도를 알게 된 것은 빌린 돈을 갚기 위해 친족에게 빌린 거금을 도둑맞으면서 이를 만회하려고 방안을 모색 하던 중 당시의 일본국내 상황이 물가가 치솟는 준 전시상황임을 이용하여, 독도에 많은 강치를 잡아 가죽과 아교의 원료, 기름 등을 만들어 팔면 경제적으로 빚을 갚고 많은 이윤을 취할 수 있다는 생각과, 정부로부터 허가를 받으면 배타적으로 강치잡이를 할 수 있다는 단순한 동기에서 출발한 것으로 보인다.

셋째, 나카이의 영해에 대한 인식은 그가 제출한 사업경영개요에서 보듯, 처음에는 한국의 영토로 인식하고 있었으며, 대하원을 제출하는 과정에서 각 부처를 돌면서 국제법적 지식을 쌓은 것으로 보인다. 즉, 그가 제출한 「리양코도 영토편입 및 대하원」에 한국영토 독도에 대해 국제법상 무주물 선점의 대상이 되는 '무주지'를 의도하는 '소속불명'이나 '영유선언(영토편입)'의 불가피성을 역설한 내용에 잘 나타나 있다고 본다. 또한 그는 후에 단순한 동기에서 시작한 대하원 신청행위를 '영토편입'이라는 큰 의의를 부여하려고 하였다.

제4절 결언

먼저, 일본의 독도에 대한 영토편입 과정에서 흑룡회의 국제법상 무주물 선점의 대상이 되는 '무주지' 조작과 관련하여, 농상무성 수산국장 마키나오마사가 '한국령이 아닐 수 있다(소속불명)'고, 말한 이유는 1900년 11월 3일 탈고하여 1903년 출판된 부산 양산박(현양사의 천우협 전신) 출신으로 흑룡회 회원(헌정회 당원)인 쿠즈우 슈스케(葛生修亮)이 편찬한 '한해통어지침(韓海通漁指針)'과 1901년의 지학잡지에서 영향을 받아 말한 것이다. 통어지침의 서문은 자신이 작성해 주었다. 또한 해군성수로부장 기모쓰키 가네유키(肝付兼行)는 '섬의 소속에 불분명하다(소속불명)'고 말하고, '영유선언에 관한 영토편입'을 권유하였다. 여기서 '일본영토 편입'에 대한 말은 흑룡회의 한해통어지침에 영향을 받은 지학잡지와 조선수로지의 영향을 받은 것이다. 따라서 <u>독도편입을 강행한 사람은 흑룡회를 물심양면으로 후원한 야마자 국장이지만 편입가능성을 법적으로 권유한 사람은 흑룡회의 영향을 받은 기모쓰키 해군성수로부장이다.</u> 즉, 일본영토 편입에 대한 생각은 그의 머리에서 나온 것이다. 그가 이처럼 말한 이유와 근거는 일본 해군수로부가 제작한 '조선수로지'에서 찾아야 한다. 흑룡회의 영향을 받은 지학잡지와 비슷한 조선수로지는, "불함선 리앙쿠르가 처음으로 이를 발견하여 호칭을 그 선명에서 취하고…호넬열암이라 명명했음…미합중국 수로부 고시 제43호에 의하면 해당섬의 위치는 …"등으로만 기록되어 있어 탐험이나 발견 또는 측량과의 유관기사에서 어느 나라도 영유선언을 한 바 없음을 비로소 확인하고, " …일본령으로 편입하여야 할 것임…"라고 말한 내용에서 그는 해당 섬의 ' 탐험이나 발견 또는 측량'은 각국의 여러 수로지에서 보

이지만 어느 나라도 당시 관행상 행해졌던 국제법상 무주물 선점의 대상이 되는 '무주지'의 '발견이나 탐험자의 영유선언'은 하지 않았으므로, 편입 즉 영유선언이 가능하다고 본 것이다.

외무성 정무국장 야마자 엔지로는 그 당시 온통 러일전쟁에 대한 승리만 생각하고 있었을 때이다. 그는 내무성이 제기한 '한국영토의 의심, 한일외교마찰, 한국병탄에 대한 국제사회의 비난'에 대하여는 영토편입의 충분한 법적 근거가 있으므로 이를 무마할 수 있다고 생각했다. 그는 흑룡회가 인위적으로 조작한 법적 근거에 기초하여 절차를 강행하여 종국에는 독도를 일본영토에 편입시켰다. 따라서 일본의 무주물 선점에 의한 독도의 영토편입에는 흑룡회가 인위적으로 조작한 국제법상 무주물 선점의 대상이 되는 '무주지' 정보가 영향을 미쳤다.

다음으로, 평범한 어민인 나카이 요사부로가 독도를 한국영토로 인식하면서 일본 도쿄의 중앙정부에 제출한 이유는 1889년 도쿄부 교바시쿠의 세토 구치간지가 울릉도에 건조장 설립원을 도쿄부 통감부에 제출한 선례를 참조한 것으로 보인다. 그가 살고 있는 오키섬은 당시 많은 어업인들이 울릉도나 독도로 몰려가는 과정에서 이 지역과 가까운 오키도를 경유함으로 인하여 다른 어부 누구에게 그가 절차나 허가원에 대한 사정을 들었거나 지방현에 문의를 하여 어떤 힌트를 받았거나 그 밖의 사정에 의해 어느 정도 알게 된 것으로 보인다. 나카이 요사부로는 그 무렵 1893년경 한국에서 일본 시마네현 오키섬 사이고쵸로 돌아와서 독도 주변에서 계속 잠수기 영업을 하고 있었다. 또한 그는 울릉도나 독도에 가려는 선박 등이 일본에서 제일 가까운 섬인 오키섬을 출발지로 이용하였다고 그는 '사업경영개요'에서 진술하고 있다. 이처럼 무작정 나카이가 도쿄에 가서 허가원을 제출하려고 한 것은 아니다. 이런 연유로 나카이는 자신의 '사업경영개요'에서 말하는 것처럼 도쿄에 가면 가능할 것으로 생각했으나, 그러나 실제 허가가 가능한 것은 '통상장정'이나 '통어장정'에 의해 '어업만' 가능했지만 그는 시설임대도 가능한 것으로 착오를 일으킨 것 같다. 따라서 나카이는 전문지식을 갖춘 사람이 아니며, 배타적 어업권을 확보하기 위한 평범한 어민에 불가하다. 또한 제출동기는 나카이 요사부로에 대한 관련 자료를 통하여 그의 삶이 대하원 제출 직전 경제적으로 어려웠음을 알 수 있었다. 즉, 나카이가 독도를 알게 된 것은 빌린 돈을 갚기 위해 친족에게 빌린 거금을 도둑맞으면서 이를 만회하려고 방안을 모색 하던 중 당시의 일본국내 상황이 물가가 치솟는 준 전시상황임을 이용하여, 독도에 많은 강치를 잡아 가죽과 아교의 원료, 기름 등을 만들어 팔면 경제적으로 빚을 갚고 많은 이윤을 취할 수 있다는 생각과, 정부로부터 허가를 받으면 배타적으로 강치잡이를 할 수 있다는 단순한 동기에서 출발한 것으로 보인다. 그의 영해에 대한 인식은 그가 제출한 사업경영개요에서 보듯, 처음에는 한국의 영토로 인식하고 있었으며, 대하원을 제출하는 과정에서 각 부처를 돌면서 국제법적 지식을 쌓은 것으로 보인다. 즉, 그가 제출한 「리양코도 영토편입 및 대하원」에 한국영토 독도에 대해 '소속불명'이나 '영유선언(영토편입)'의 불가피성을 역설한 내용에 잘 나타나 있다고 본다. 또한 그는 후에 단순한 동기에서 시작한 대하원 신청행위를 '영토편입'이라는 큰 의의를 부여하려고 하였다.

제3장 일본흑룡회와 일본호월회

차 례

제1절 서설

일본 근대 우익사상의 목표는 최종적으로 조선병합을 목표로 하고 있었다. 일본우익들은 조선병합이라는 최종목표를 이루는 과정에서 러일전쟁에 활용하기 위해 독도를 먼저 일본영토에 편입하였다. 여기서의 편입과정에는 일본우익의 핵심인사들이 직간접으로 관여하고 있으며, 우익사상의 가장 핵심이 되는 단체가 현양사와 흑룡회이다. 현양사는 일본우익 사상의 실제적인 원류라 해도 과언이 아니며, 흑룡회는 현양사와 일체가 되는 현양사의 후신이다. 그러나 실제상 이 두 단체는 연합군이 해산할 때까지 병존하여 존속하고 있었다. 일본우익은 조선병합이라는 최종목표를 위해서는 이미 조선에 대하여 종주권을 갖고 있는 청나라와 전쟁은 불가피하였고, 청일전쟁에서 모종의 역할분담을 하고자 설립한 단체가 현양사의 외곽조직인 조선에서의 천우협이다. 천우협은 청일전쟁의 촉발을 목적으로 한 한시적인 단체이다. 따라서 청일전쟁이 촉발되자 천우협은 소기의 목적을 달성하여 그 역할을 다하였으므로, 천우협은 자연해산되었다. 청일전쟁에서 승리한 일본은 조선에서의 우월적 지위를 확보하고 전쟁배상의 혜택을 기대했으나 청나라가 물러간 공간을 이번에는 러시아가 차지하여 일본의 승리에 대한 혜택은 순식간에 무너졌다. 러시아가 주동이 된 3국간섭에 의하여 일본의 기대가 한 순간 무너져 일본인들은 허탈감과 함께 러시아에 대한 적대감에 쌓여 있었다. 이 과정에서 발생된 단체가 흑룡회와 호월회이다. 흑룡회의 최종목표는 조선병합과 만주복속에 있었다. 흑룡회는 최종목표를 위해 러일이 전쟁이 불가피하다고 보고 러일전쟁에 대비하여 군부내 우익들과 손잡고 러시아 내륙 곳곳에 대한 정탐을 하기에 이르고, 그들이 제공한 정보는 러일전쟁 때 일본을 승

리로 이끈 원동력이 되었다. 또한 그들은 직접 군과 합동으로 러일전
쟁을 치르기도 했다.

흑룡회의 회원들의 기여는 이루말할 수 없을 만큼 많다. 러일전쟁
후에도 흑룡회는 최종목표인 조선병합을 위하여 한국에 일진회를 만
들어 이들을 종용하여 함께 조선병합을 위해 활동하여, 종국에는 조선
병합을 하기에 이르렀다. 또한 앞서의 러일전쟁을 위해 러일개전에
미온적인 정부에 대하여 강경한 보수우익의 목소리를 전달하고 개전
을 이끌어 내기 위해 외무성과 군부의 소장군인들은 호월회를 설립하
였다. 조선에서의 천우협이 청일전쟁의 개전을 위해 창설된 한시적 존
재였다면, 러일전쟁의 개전을 위해 한시적으로 존재한 단체는 호월회
이다. 따라서 호월회는 러일개전과 함께 자연소멸되었다.

한편, 3국 간섭 후 러시아에 대한 일본의 적개심은 이루말할 수 없
었는데, 러일전쟁을 위해 전 일본은 일체가 되어 총력을 다하여 러일
개전의 준비를 하고 있었다. 이 과정에서 동해에서 러시아함대 출현과
정보파악을 위해 전략적 지점인 독도를 필요에 의해 일본영토에 편입
하였다. 편입과정에는 일본우익 사상의 핵심인물 들이 관여했고, 그들
은 현양사나 흑룡회 등과 직간접으로 관련을 맺고 있는 인물들이다.

따라서 독도의 일본영토 편입과정에 관계한 우익핵심 인물들의 사
상을 살펴보기 위해 제3장에서는 '제2절 일본우익 사상의 배경'을
살펴보고, '제3절 일본현양사', '제4절 천우협', '제5절 일본흑
룡회', '제6절 일본호월회'를 차례로 살펴 보고자 한다.

특히 제5절 흑룡회는 구즈우 슈스케가 한해통어지침을 만들어 지학
잡지에 영향을 주었다. 한해통어지침에는 한국영토 독도에 대한 '소
속불명(무인도)'을, 지학잡지는 '소속불명과 영유선언 부존재'에 대
하여 언급하고 있다. 이같은 요소는 국제법상 무주물 선점의 대상이

되는 '무주지'이다. 일본흑룡회가 의도적으로 조작하여 제공한 '무주지' 개념은 농무성이나 해군성, 외무성 관리들에게도 영향을 주었다. 또한 일본흑룡회가 인위적으로 조작한 무주물 선점의 대상이 되는 '무주지'는 이후 러일전쟁 과정에서 직접적으로 정부 관료들에게 영향을 줌으로써 독도에 대한 일본의 영토편입의 결과를 발생시켰다. 또한 편입과정에는 우익세력으로서, 현양사의 회원이면서 흑룡회의 후원자인 야마자 엔지로 외무성 정무국장이 관련되어 있다. 그는 러일개전을 촉구하기 위하여 호월회를 만들었다. 3국 간섭 후 러시아에 대한 일본의 적개심은 이루말할 수 없었는데, 러일전쟁을 위해 전 일본은 일체가 되어 총력을 다하여 러일개전의 준비를 하고 있었다. 이때 러일개전을 직접적으로 촉구하기 위하여 야마자는 호월회를 만들었고, 동해에서 러시아함대 출현과 정보파악을 위해 전략적 전초기지로 활용하기 위해 내무성에서 영토편입에 반대하는 세 가지 이유를 야마자는 묵살하였다. 이처럼 야마자는 독도의 일본영토 편입에 적극적이었다. 여기서 보듯이 일본의 독도 편입과정에는 일본흑룡회가 '무주지' 개념을 인위적으로 조작하여 선도적 역할을 하였고, 뒤이은 일본우익 사상의 핵심인물들이 관여했다. 또한 우익들은 현양사나 흑룡회 등과 직간접으로 관련을 맺고 있는 인물들이다.

따라서 독도의 일본영토 편입과정에 영향을 미친 일본우익 세력을 차례로 살펴보고자 한다.

제2절 일본현양사 및 일본흑룡회의 사상적 배경

Ⅰ. 서언

일본우익들은 조선병합이라는 최종목표를 이루는 과정에서 러일전쟁에 활용하기 위해 독도를 먼저 일본영토에 편입하였다. 여기서의 편입과정에는 일본우익의 핵심인사들이 직간접으로 관여하고 있으며, 우익사상의 가장 핵심이 되는 단체가 현양사와 흑룡회이다. 여기서의 현양사나 흑룡회는 그 이전의 사상에 영향을 받아 성립된 것이다. 즉, 막부말기의 해방론자들에 의해 제기된 이상론적인 해외웅비론과 조선침략론이 메이지 유신을 거치면서 여과되어 '이상론'이 '현실론'으로 바뀌었고, 이는 곧 일본 우익사상의 현실적 '뿌리'라 할 수 있는 아시아패권론과 맹주론, 아시아주의로 발전하였다. 이후 한중일이 연대해야 한다는 아시아연대론으로 발전하고, 청불전쟁에서 중국이 참패하자 아시아의 실상을 제대로 파악한 일본은 일본중심의 탈아론(맹주론)으로 발전하여 한국과 중국을 이용하는 개념으로 발전하였다. 결국에는 대아시아주의와 대동아공영권론을 표방하면서 조선흡수병탄론으로 발전하였다. 여기서의 대아시아주의가 바로 현양사와 흑룡회의 사상이며, 이 단체들의 조선흡수병탄론은 조선병합이 최종목표이며, 조선병합과정에서 러일전쟁은 피할 수 없는 과제였다. 그 과정에서 독도가 일본영토로 편입되었고, 우익핵심 인물들이 관여하였다. 따라서 우익사상의 원류를 제대로 알기 위해서는 조선흡수병탄론의 그 사상적 배경을 살펴 볼 필요가 있으므로, 이를 검토하고자 한다.

Ⅱ. 일본흑룡회와 우익사상의 배경

1. 유신혁명전

봉건시대 일본에서의 외국에 대한 인식은 중국과 조선 그 외에 류큐(琉球, 오키나와), 천축(天竺) 정도였다. 이러한 인식은 메이지시대가 되고 나서 일거에 확대되었다. 이와 같은 인식은 서력동점(西力東漸)에 의해 유럽은 선진적·침략적 국가이고, 아시아는 반침략적 피해국가라는 위기감 속에서 유신혁명으로 이어 졌다.151)

2. 정한론

정한론은 협의로는 1873년 메이지정부의 조선침략론을 말하고 광의로는 일반적 의미의 조선침략론을 말한다. 이는 19세기 일본의 대외인식의 기본 틀을 구성하고 있다.152) 막부 말기 하야시 시헤이(林子平)153)·사토 노부히로(佐藤信淵)154)·요시다 쇼인(吉田松陰)155)·가츠 가이슈(勝海舟)156)등 해방론자들에 의해 제기된 해외웅비론157)과

---

151) 서광덕·백지운 번역, 다케우치 요시미, 일본과 아시아, 소명출판사(2006), p.208.

152) 박영재, 일본근대사의 성격, 오늘의 일본을 해부한다, 한길사(1987), p.25.

153) //ja.wikipedia.org/wiki/:林子平 참조:하야시 시헤이(林子平, 1738. 8. 6. - 1793. 7. 28.)는 칸세이 세 기인 중 한명(寛政の三奇人)이다. 그는 『三国通覧図説』, 『海国兵談』을 저술하였다(부록참조).

154) //ja.wikipedia.org/wiki/:佐藤信淵 참조:사토 노부히로(佐藤信淵, 1769. 7. 18. - 1850. 2. 17.)는 막부시대 후기의 절대주의적 사상가 이며, 경제학자이다. 저서로, 『種樹園法』, 『物価余論簽書』, 『経済要録』, 『経済要録』, 『内洋経緯記』, 『天地鎔造化育論』, 『致富小記』등이 있다(부록참조).

155) //ja.wikipedia.org/wiki/:吉田松陰 참조:요시다 쇼인 (吉田松陰, 1830.9.20 - 1859.)는 일본의 조슈 무사, 사상가, 교육자, 일반적으로 메이지 유신의 정신적 지도자 · 이론가로 알려져 있다(부록참조).

156) //ja.wikipedia.org/wiki/:勝海舟 참조: 가츠 가이슈(勝海舟, 1823.3.12. - 1899.1.21.)는 에도시대 말기의 무사, 메이지 초기의 정치가. 위계훈등은 정2위 훈일등 백작. 야마오카 철주(山岡鉄舟), 고교니주(高橋泥舟)와 함께 "에도

조선침략론158)은 메이지유신 후에는 '정한론'으로 발전하였다. 정한
론은 다시 아시아패권론, 맹주론, 아시아주의로 발전하였다.

『《정한론159)》

(1) 정한론의 발원

메이지혁명이 끝난 직후인 1868년 12월 14일 참여(參與) 키도 타
카요시(木戸孝允)는 보상(輔相) 이와꾸라 토모미(岩倉具視)에게 조
선원정을 해야 한다는 의견을 말하고, 계속 군무관(軍務官:兵部大
輔)인 오오무라 마스지로오(大村益次郎) 등과 구체적인 계획을 추
진했다. 내란이 끝나 정부가 그 유지에 힘이 겨워진 각 번의 병사
를 외국 침략에 투입하여 그 힘을 약화시켜 천황정부의 권위를 강
화하려는 정책에서 나온 것이 정한론이다. 여기서 키도(木戸) 등의
정한계획은 그 이전에 이미 시작된 것160)으로 본다.

(2) 경과

정한계획은 1869년과 1870년에도 계속 키도 등에 의해 추진되었
다. 1871년 일본정부는 청국과 수호통상(修好通商) 조약을 맺었는
데, 그 목적의 하나는 조선이 상국(上國)으로 여기고 있는 청국과

막부 말기의 세 배"라고 칭한다(부록참조).
157) 막부 말기부터 유신 후기 사이에 대외발전과 해외웅비의 사상이다(서광덕외
, 앞의 책, p.248).
158) 조선침략론은 메이지유신 후 조선의 국서접수 거부사건을 둘러싸고 1873년
사이고 타카모리[西郷隆盛]·이타가키 다이스케[板垣退助]에 의해 본격적으로
제기되었다.
159) 서광덕 외, 앞의 책, pp.92-95 참조.大久保利通や長州藩の木戸孝允 (桂小五
郎) と並び、「維新の三傑」と称される。維新の十傑の1人でもある。
160) 국서가 조선의 부산 가까이에 있는 대일관계의 관청에 전달된 것은 1868년
12월 19일이어서 정한계획은 그보다 훨씬 전에 시작된 것으로 본다(서광덕외,
앞의 책, p.92).

대등한 조약을 맺음으로써 일본도 조선의 상위(上位)에 있다고 주
장하기 위한 것이었다.

폐번치현(廢藩置縣) 뒤 이와꾸라(岩倉) 대사(大使) 등이 유럽과 미
국에 나가 없는 동안에 각항(各藩) 사족병(무사출신 군인)의 해산
을 비롯 사족을 무시하는 개혁이 잇달아 진행되므로 사족들의 불만
이 고조되고 근위부대의 반란이 먼저 터질지도 모를 정세에 직면하
게 되었다. 이와 함께 사이고오 다카모리(西鄕隆盛)161)와 이따가
끼(板垣)는 내란을 바라는 마음을 밖으로 돌리고자 하는 전략에서
대만이나 조선을 침략하려고 했다.

(3) 정한 실행논의

이 무렵 1873년 5월 조선 부산의 지방관리가 일본인의 밀무역을
단속하겠다는 포고를 내렸다. 이에 그 저의 속에 일본을 얕잡아 보
는 글귀가 들어있다고 하여 정한론이 갑자기 강하게 논의되었다.
사이고오가 8월 3일에 산죠오(三條) 태정대신(太政大臣)에게 보낸
편지 속에는 다음과 같은 내용이 있다. 「조선에 관한 그 일에 관
하여 유신 시초부터 계획을 추진한 이후 이미 5,6년이나 경과하였
습니다. 그런데 이에 대해서는 시초부터 사실상 친목을 목적으로
한 것은 아니었으며, 그 일을 위해 미리 정해놓은 방책이 있어 꾸
몄던 것, 그러므로 지금 조선의 일본 모욕의 일이 일어난 이 기회
에 지금까지 참아오신 것도 꼭 이날이 오기를 기다려 왔기 때문의
일」이라고 했다. 사이고오는 먼저 조선에 문죄(問罪)의 사절을 보
내고, 그렇게 하면 조선정부가 필시 그 사절을 폭살(爆殺)할 것이

---

161)//ja.wikipedia.org/wiki/:西鄕隆盛   참조:사이고오   다카모리(西鄕隆
盛,1828.1.23. - 1877.9.24.)는 일본의 무사(사쓰마번사), 군인, 정치가. 사츠
마의 동지, 오쿠보 도시미치(大久保利通)와 조슈번의 기도 다카요시(木戸孝允)
(카츠라 코고로:桂小五郎)와 더불어, "유신의 삼걸"라고 불렸다. 유신의 10대
중 한 사람이다(부록참조).

므로 그 때를 기다려 조선에 군대를 보내 침공한다. 그 계획의 사절에는 자신을 임명해 주도록 요청했다. 그렇게 하면 자기가 반드시 전쟁이 일어나도록 하겠다는 것이었다. 이에 각의(閣議)는 사이고오의 주장을 채택하여 그를 한국파견 사절로 임명하기로 결정한 다음, 천황의 재가도 받아 두었다. 사이고 다카모리(西鄕隆盛)는 1869년 ~ 71년에 기도(木戶) 등의 정한론에 반대하며 내치를 주장하였는데, 그의 노선이 바뀐 것은 기도·오쿠보·오쿠마 시게노부(大隈重信) 등 중앙관료 정치에 반대하여 정한론을 주장했다. 그러나 오쿠보(大久保)·기도(木戶)·이와쿠라(岩倉)가 5월 하순 외국에서 돌아와 내치를 이유로 정한론을 강하게 비판하며, 10월 사이고오의 사절파견을 번복했다. 마침내 사이고오파로 하여금 정한론과 함께 정사(情死)케 만들었다.』

3. 아시아연대론

*아시아주의*는 발생론적으로 메이지유신혁명 이후 팽창주의 뱃속에서 그 하나의 결실로서 태어난 것이다.[162] 아시아연대론은 1881년 주로 민권파인 자유당이 중심이 된 사상으로, 혼자 힘으로 강대한 서방의 세력에 대항하기보다는 가까운 여러 나라, 즉 일본·중국·조선 삼국이 연합해야 한다는 주장(우에키 에모리·타루이 토모키치·오오이 켄타로오)이다. 즉, 집단안보체제 구상론이다.[163] 이 시기의 흥아론(興亞論), 아시아주의, 제휴론 등이 같은 이론이다. 처음에는 자국이 당연히 그 속에 포함되었지만 차츰 일본을 제외하고 자국을 초월적인 입장에 놓고서 아시아를 말하는 것으로 변화된다. 여기에는 그

---

162) 서곽덕, 앞의 책, p.237.
163) 박영재, 앞의 책, p.101.

안에 일본맹주론이 잠재되어 있다. 흥아사상의 한 전형으로서 타루이 토오키치(樽井藤吉)164)의 『대동합방론』(1893년 간행)을 들 수 있다. 타루이의 주장은 일본과 조선이 대등하게 합방하여 이름을 대동 (大東)이라 하고 이 대동국이 중추가 되어 중국 및 기타 여러 나라와 연합하여 서방의 침략을 막아내자는 것이다. 이는 후에 대아시아주의 (현양사＝흑룡회)에 영향을 미친다.165)또한 아시아연대론은 대륙낭인 활동의 사상적 핵심을 이루고 있을 뿐만 아니라 많은 영향을 미쳤 다.166)

　　1884년 자유당 해체 후에는 아시아연대론이 국권론(내정간섭 및 침 략론, 대아시아주의)으로 이어진다. 기본적으로는 흥아론이나 아시아 주의, 연대론은 탈아론과 외견상으로는 이데올로기의 형태를 달리하면 서도 서로 보강하여 아시아침략을 정당화하였다.167)

4. 탈아론

흥아론과 대립각을 세웠던 후쿠자와 유키치(福澤諭吉)168)의 『탈 아론(脫亞論)』(1885년 발표) 대표적이다. 1885년 3월 16일자 자신

---

164)//ja.wikipedia.org/wiki/:樽井藤吉 참조: 타루이토오키치(樽井藤吉, 1850. 5. 25. - 1922. 10. 25.)는 야마토국의 재목상의 차남으로 태어났다. 1873년 에 상경 해 히라타파(平田派)의 이노우에 뢰圀(井上賴圀)에게 국학을 배웠다. 메이지 15년 (1882년) 일본에서 처음으로 사회당의 이름을 딴 "동양사회당"을 결성하였다. 그러나 결성 후 1개월만에 해산명령을 받고 1년의 징역형에 처해 졌다. 출옥 후 그는 겐요샤(현양사)의 히라오카 코타로(平岡浩太郎)와 친구가 된다(부록참조).

165) 서광덕 외, 앞의 책, pp.208-209 참조.

166) 한상일, 아시아 연대와 일본제국주의- 대륙낭인과 대륙팽창, 도서출판 오름 (2002), p.26.

167) 山田昭次, 自由民權期における興亞論と脫亞論-アジア主義の形成をめぐって, 朝鮮史研究會論文集(6집), 1969. 參照.

168)　//ja.wikipedia.org/wiki/:福澤諭吉　참조:후쿠자와　유키치(福澤諭吉, 1835. 1. 10. - 1901. 2. 3.)는 일본 개화기의 계몽사상가, 교육가, 저술가이 다(부록참조).

이 경영하는 일본의 「시사신보(時事新報)」의 사설을 통해, 일본의 서구문명화와 '탈아'(脫亞), 즉 아시아 탈피를 부르짖으며, 8월 13일 자에 "조선 인민을 위해서 그 나라의 멸망을 축하한다"라는 제목의 기사를 싣기도 했다. 후쿠자와는 날카롭게 현실정치에 입각하여 아시아 연대는 묘연하다고 생각했다. 그래서 일본 내정의 문명화와 함께 대외적으로는 중국이나 조선과의 연대를 끊고 서양과 같은 문명국과 같이 하며, 중국이나 조선에 대한 교섭에서도 서양제국의 방법으로 해야 한다는 이론이다. 「…우리 일본의 국토는 아시아의 동쪽에 있으나 그 국민의 정신은 진작부터 아시아의 고루함을 벗어나 서양문명으로 옮겨가고 있었다. 그러나 불행한 자들은 이웃의 나라들로서 하나는 지나(支那, 중국을 낮추어 부름)이며 다른 하나는 조선이다. …」169) 후쿠자는 일본이 뒤떨어진 이웃 여러 나라를 뿌리치고 혼자서 곧장 문명을 받아들여야만 한다고 주장했다. 즉, 「우리나라가 인접국의 개명을 기다려서 함께 아시아를 일으켜 세울 여유는 없다. …우리는 진심으로 동방의 악우를 사절한다.…」170) 말로 대표된다. 그는 영국이나 프랑스는 개화된 문명국으로, 일본은 반개화된 국가로, 중국과 조선은 야만인 미개국으로 평가하였다.

그의 한국관의 변화상을 보면 1875년 개항 시에는 '소야만국', 1982년 임오군란 때는 '내정간섭론', 1894년 동학운동 때에는 동학농민군의 진압과 대청개전(對淸開戰)을 주창하면서 '조선보호국론'을 제기하였다. 이와 같이 그는 부국강병론자이자 국권론자, 침략주의자였다.171) 탈아론은 식민사학의 정체성이론에 영향을 주었다.

---

169) 福澤諭吉, 脫亞論, 1885, 참조 ; 서광덕 외, 앞의 책, p.270-273 참조.
170) 서광덕 외, 앞의 책, p.209 참조.
171) 初瀨龍平, 脫亞論 再考, 近代日本とアジア-文化の交流と摩擦, 東京大學出版會(1984), p.39.

5. 일본흑룡회와 대아시아주의

  흥아사상을 주장하는 타루이토오키치(樽井藤吉)의 『대동합방론
(大東合邦論)』(1893년 간행)은 발전하여 대아시아주의에 영향을 주
었고, 이는 쇼와(昭和)시대에 대동아공영권론(大東亞共榮圈論)으로 한
층 발전하였다.

『 일찍부터 그는 일한 양국을 연방제로 결합시키는 것이 동아의
정세를 안정시키기 위한 최상의 정책이라는 신념을 가지고 있었다.
이에 식자들을 설득하기 위해 저술작업에 착수하여, 18년 오오사카
감옥에 투옥되기 이전에 이미 그 초고를 완성하였으나 투옥되던 당
시 분실했다. 그 후 거듭 착수하여 약 10년간의 고심스런 연구 끝
에 메이지 26년 『대동합방론』이라는 제목의 책을 세상에 내놓았
다. 전문이 한문으로 되어 있는 것을 보면 그는 분명 독서 대상으
로서 조선인들을 염두에 두고 있었던 것 같다. 이 책은 당시 상당
수 식자들의 반향을 일으켰다. 훗날 통감정치가 전개되고 우치다
료오헤이가 이토오통감의 베일 뒤에서 암약하던 당시, 우치다와 일
진회의 회장 이용구사이에서는 이 책에서 주장한 대동합방의 이상
에 대한 동의가 이루어져 마침내 일한 합방의 단서를 열기에 이르
렀다. 토오키치가 『대동합방론』 저술에 착수하고 이것을 한문으로
쓰기 위해 한문실력을 연마하느라 겪었던 고심스런 상황은 이루 말
할 수 없었다고 전해지지만, 한갓 책 한 권이 양국 합방의 기연을
이루는 역할을 했다 하니 그의 고생은 보상을 받고도 남음이 있다
할 만한다.』[172]

---

172) 黑龍會, 東亞先覺志士紀傳(全三卷) 下卷, 原書房, 1966, pp.281-283 參照 ;
  서광덕, 앞의 책, pp.262-265.

이는 삼국간섭이 직접동기가 된 것으로, 후일 조선침략과정에서 침략성을 은폐하는 이론적 무기가 되었다는 점에서 결국은 일본의 '조선흡수·병탄론(倂呑論)'에 불과하였다.173) 당시 현양사(玄洋社)·흑룡회(黑龍會)를 중심으로 하는 대아시아주의자들은 모든 보편적 가치와 기준을 배제한 채 세계를 동양과 서양으로 양분하고, 동양은 순수·평화·피해자로, 서양은 방종·타락·착취자·침략자로 상징화하였다. 이에 일본은 동양을 지키기 위한 맹주로서의 사명감에 의해 전쟁에 나섰다는 것이다.174)여기서의 타루이의 창견을 계승한 사람은 우치다 료오헤이(뒤에 설명하는 흑룡회 설립과 야마자에게 영향준 것으로 추정됨)이다. 우치다는 천우협을 통해 (일진회의) 이용구와 결합했다. 이용구는 「대동합방론」의 취지에 기반한 합방을 조건으로 하여 우치다와 협력했으며, 동학당의 후신인 농민조직 일진회를 가동하여 청원운동을 일으켰다. 그리고 자신이 일본정부에게 배반당한 것을 안 뒤, 작위를 거절하고 울분을 참지 못하고 수마(須磨, 코오베시 소재)에서 죽었다.175)

대아시아주의를 단적으로 소개하면 다음과 같다.

『 구미 열강의 아시아 침략에 저항하기 위해 아시아의 제민족들이 일본을 맹주로 하여 단결하자는 주장이다. 아시아연대론 자체는 일본의 독립 문제와 관련되어 있고 메이지 초년부터 주창되어 왔으나 어쨌든 자유민권론자의 주장 속에서도 가지각색의 차이를 드러내면서 전개되었다. 이를테면 우에키 에모리는 그의 민권론을 지탱하던 자유평등의 원리를 국제 관계에까지 적용시켜 아시아 제민족의 저항을 정당화하는 동시에, 그 저항을 위해서 아시아의 제민족

173) 旗田巍, 大東合邦論と樽井藤吉 參照.
174) 박영재, 앞의 일본근대사의 성격, p.26.
175) 黑龍會, 日韓合邦秘史(上·下), 1930 參照.

이 완전히 평등한 입장에서 연대하지 않으면 안 된다고 말하고 나아가 그 입장을 추진하여 일종의 유토피아적 세계정권론을 내거는 데까지 이르렀다. 그러나 그보다 더 유력했던 것은 타루이 토오키치나 오오이 켄타로오의 주장이었다. 그들은 구미열강에 대항하기 위해서 아시아 제 국가가 각자 국내의 민주화를 추진하면서 함께 연대할 필요가 있으며, 일본은 민중화라는 점에서 한 발 앞서 있으므로 다른 아시아 나라들의 민주화를 위해 원조의 손길을 내미는 것을 일본 민족의 사명으로 삼아야 한다고 주장했다.

이윽고 메이지 20년대에 들어서면 자유민권운동이 퇴조하고, 천황제국가기구가 확립되며, 청나라에 대비하여 군비를 확장하는 분위기 속에서, 이러한 민권론자들의 아시아 연대론을 기반으로 대아시아주의가 고개를 들기 시작했다. '유색인종으로서 구미인에 대항하기 위해서는 군국의 설비가 필요하다. 특히 동양의 신흥국가로서 발흥하고 있는 우리나라 장래 동양의 맹주가 되려는 포부를 안고 있는 시대에, 군국주의자들의 주장은 그 어느 때보다도 시운을 얻고 있다'라면서 현양사가 민권론을 버리고 국권주의로의 전향을 표명한 것이 바로 1887(메이지 20)년이었다. 이렇게 하여 대아시아주의는 일본이 같은 피압박민족인 것처럼 주장하기도 하고 동문동종이라는 표제를 내걸기도 했으며 동양문명은 정신적이고 서양문명은 물질적이라 하기도 하고 또 아시아 제민족과의 연대를 호소하기도 했으나, 실상을 보면 차츰 그것은 메이지정부의 대륙침략정책을 은폐하는 역할을 하고 있었다. 1900(메이지 33)년 설립된 흑룡회의 강령에서 보이는 것처럼, 그 뒤 대아시아주의는 천황주의를 비롯한 수많은 우익 단체의 주요한 표어로 간택되어 만주와 몽골탈취를 기도하는 국가정책에 기여했다(26년 상하이에서 그리고 27년에는 나가사키에서 대아시아주의자의 동방민족대회가 열리기도 했다). 중국의 혁명 세력 중에서는 이에 대한 비판의 목소리가 끊이지 않았다. 중국혁명동맹회 기관지 『민보』는 그 육대주의중 하나로서 중일양국의 국민적 연합을 지지하되, 연합 양국의 대등한 관계를 주장하면서 일본의 흡수주의(즉, 대아시아주의)를 맹렬히 비난했다. 마침내 1919년 「대아시아주의와 신아시아주의」 1권 2호 수록)라는 논문에서 리따자오는 '대아시아주의'를 중국 침략을 의도하는 은어라며 배척했다. 그는 아시아 제민족의 해방과 평등한 연합에 의한 아시아 대연방의 결성을 주장하고 유럽 연방, 미국 연방과 어깨를 나란히 하는 세계연방을 구성하되, 우리는 신아시아주의로써 거기에 대응해야 한다고 말했다. 쑨원은 24년말, 코오베 강연에서 '우리들은 아시아를 선두로 한 전세계 피압박민족과 제휴하여 패도문화위에 선 열강들에게 저항하고자 한다. 일본은 세계문화 속에서 서방 패도의 주구 노릇을 하겠는가 아니면 동방왕조의 성을 구축하겠는가'하는 선택을 촉구함으로써 대아시아주의로 치장한 일본의 제국주의에 대해 가차없는 비판을 가했다.』 176)

6. 식민사관

일본의 침략과 지배를 합리화하기 위한 이론이다. 여기에는 타율성론177)과 정체성론178)이 그 핵을 이루고 있으며, 미지나 쇼에이179)

---

176) 野原四郎, アジア歴史辞典, 平凡社, 1959~1962, 大アジア主義 參照 ; 서광덕 외, 앞의 책, pp.233-235 참조.
177) 타율성론(他律性論)은 한국사 안의 자율적이고 독립적인 부분은 최대한 줄이고, 타율적이고 종속적 역사만을 강조한 것이다. 한민족은 자율적인 역사를 이루어내지 못하고 외세에게 지배와 영향을 받음으로써 발전을 이룩해 왔다는 주장이다(ko.wikipedia.org/wiki/ 참조).
178) 정체성론(停滯性論)한국은 역사적으로 많은 사회적, 정치적 변동을 겪었음에도 불구하고 사회질서나 경제가 전혀 발전하지 못했으며 근대로의 발전에 필요한 봉건사회가 이룩되지 못하여 근대 초기에 이르기까지 고대사회 수준에 머물러 있었다는 주장이다(ko.wikipedia.org/wiki/ 참조).
179) 미지나 쇼에이(三品彰英)는 그의 『조선사개설』 서문에서 "한국은 몽고족의 주의주의적·정복적 지배와 한족(漢族)의 주지주의적·형식적 지배를 벗어나 일본의 주정주의적·애호적 지배를 받는 지금이 가장 다행스러운 시기라고 한

가 대표된다. 이는 1930년대 이르러 일선동조론(日鮮同祖論)180)으로 발전하여 황민화정책, 일선동화정책, 식민지시혜론 등을 주장한다.

Ⅲ. 소결

1873년 메이지 정부의 조선침략론은 아시아패권론과 맹주론, 아시아주의로 발전하였고, 이는 후에 타루이 토오키치의 「대동합방론」에 영향을 받아 대아시아주의로 한 층 발전하였다. 대아시아주의의 사상적 배경으로 발생된 단체가 현양사와 흑룡회이고 이들의 목표는 '조선병합'이었다. 이들의 우익사상은 조선병합이라는 최종목표를 이루는 과정에서 독도를 일본영토에 편입하였고, 여기에 편승한 인물들은 대아시아주의에 사상적 기반을 두고 있다. 그 예 중의 하나가 러일전쟁 과정에서 독도의 일본영토 편입에 직접관여한 인물인 야마자 엔지로이다. 그는 현양사 회원이며, 대표적인 우익주의자들의 모임인 호월회의 중심회원이었을 뿐 아니라 흑룡회를 적극 후원한 인물이다. 또한 내무대신 요시카와 아키마사는 조슈군벌의 거두 야마가타의 최측

다.

180) 일선동조론이란 한민족은 일본인에게서 갈라진 민족이기 때문에 일본이 한국을 보호하고 도와야 한다는 주장이다. '일한동조론'(日韓同祖論), '동조동근론'(同祖同根論)이라고도 한다. 이 주장으로 인해 일제의 한일합방을 일본의 한국을 위한 배려와 도움인 것으로 꾸몄다. 이 이론은 1930년대 일제가 내세운 내선일체 사상의 근거가 되었으며 일본 제국에 의한 조선의 식민지 침탈과 동화정책, 황국신민화, 민족말살정책 정당화에 이용되었으며, 일선동조론에 만주·몽골을 '동족'에 끌어들인 '대아시아주의(大亞細亞主義)'는 일제의 만주, 중국침략을 정당화하는 '대동아공영권'의 근거로 이용되었다 (ko.wikipedia.org/wiki/ 참조).

근으로서 내무성을 통할하여 시마네현에 질의하고 내각회의에 회부 및 내각결정 후 제반 실무절차를 행한 내무성 수반이며, 또 대표적인 조슈군벌의 우익주의자인 카츠라 타로 역시 내각수반으로써 편입결정을 이끌어 낸 인물이다. 따라서 대아시아주의자들이 독도의 편입을 강력하게 주장하거나 관여한 행위는 단순히 '영토편입'만을 목적으로 한 것이 아니라 최종목표인 '조선병합'이라는 대과제를 염두에 둔 행위로서, 러일전쟁의 승리라는 작은 목표의 수단으로써 이뤄진 행위이다.

제3절 일본현양사

Ⅰ. 서언

정한논쟁(征韓論爭) 후 사이고오 다카모리(西鄕隆盛)와 그 측근자들의 실패로부터 교훈을 얻은 차세대 팽창론자들이 후쿠오카 출신의 현양사 창립멤버들이다. 이들은 새로운 반항기술을 개발하고 침략선전을 고도로 발전시켜 마침내 사이고오의 사후 20년 뒤에 팽창정책의 목표에 도달하였다. 이렇게 탄생된 단체가 현양사이다. 이들의 사상적 기반은 대아시아주의이나. 현양사의 설립쥐지는 대륙진줄을 실현하는 것이고, 목표는 일본제국의 국제적 위신을 높이고 대륙으로 그 영토를 팽창하는 것이다. 현양사는 근대 일본사에 나타난 국권주의 단체로서 극단적 국가주의의 효시를 이루고 있다. 현양사는 천황을 위해 목숨을 바치는 충신의 단결이고, 군국주의자의 단결이다. 현대 일본의 국민주의 단체 중 다수가 직·간접적으로 현양사의 계통을 잇고 있다는 점에서 근대는 물론이고 현대의 우익사상의 사실상의 뿌리라 할 수 있다. 따라서 관료나 지사들 중 특별히 우익단체에 소속되지 않은 인물들도 실제로는 현양사의 대아시아주의 사상이나 대동아공영권론 사상에 많은 영향을 받은 것이라고 간주해도 지나침이 없다. 독도에 대한 일본영토 편입은 일본 우익주의자들의 복합적인 작품이라고 볼 때 우익사상을 논하면서 현양사를 파악하지 않고는 말할 수 없다. 따라서 현양사를 살펴보고자 한다.

Ⅱ. 의의 및 설립취지

현양사(玄洋社, 1881~1946)[181]의 명칭은 현해탄(玄海灘)의 파도를 넘어 멀리 아시아 대륙으로 진출하겠다는 포부의 표명이며, 현양사는 대다수 국가주의 단체의 중심 슬로건 중 하나인 대아시아주의를 표방하는 최초의 유력한 실체 단체라고 할 수 있다.[182] 현양사의 전신은 향양사(向洋社)이다.[183] 향양사는 흑룡회를 설립한 우치다 료헤이의 삼촌이자 현양사 초대 사장을 지낸 히라오카 코오타로(平岡浩太郎)가 사이고오 다카모리의 세이난(西南)전쟁에 참여 후 도쿄의 감옥에 일년 형을 선고받아 투옥되고, 출옥 후 1878년(메이지 11년) 12월 하코다 로쿠스케(箱田六輔), 도야마 미쓰루(頭山滿), 신도키 헤이타(進藤喜平太) 등과 함께 조직한 단체이다. 향양사는 외무성 정무국장 야마자 엔지로가 교육받은 곳으로 독도와도 관련이 있는 단체이며, 3년 후 1881년 현양사로 개명하였다. 현양사의 설립취지는 대륙진출을 실현하는 것이다.[184] 현양사의 목표는 일본제국의 국제적 위신

---

181) http://ja.wikipedia.org/wiki/%E7%8E%84%E6%B4%8B%E7%A4%BE:「当時の在野の多くの政治結社と同じく、欧米諸国の植民地主義に席捲された世界の中で、人民の権利を守るためには、まず国権の強化こそが必要であると主張した。また、対外的にはアジア各国の独立を支援し、それらの国々との同盟によって西洋列国と対抗する大アジア主義を構想した。明治から敗戦までの間、政財界に多大な影響力を持っていたとされる。日本の敗戦に伴い1946年（昭和21年）、GHQは「日本の国家主義と帝国主義のうちで最も気違いじみた一派」として解散させた。」「당시 재야의 많은 정치결사와 마찬가지로 서구의 식민주의에 석권한 세계속에서 인민의 권리를 지키기 위해 먼저 국권의 강화야말로 필요하다고 주장했다. 또한 대외적으로는 아시아 각국의 독립을 지원하고 이들 국가와의 동맹에 의해 서양열국과 맞서는 대아시아를 구상했다. 메이지부터 패전까지 정재계에 상당한 영향력을 가지고 있었다고 한다. 일본의 패전에 따라 1946 년 (昭和 21 년), GHQ는 "일본의 국가주의와 제국주의 중 가장 이상한 단체"로 해산시켰다.」

182) 木下半治, 日本國家主義運動史, 1939 參照.

183) 부록:히라오카 코오타로(平岡浩太郎) 참조.

을 높이고 대륙으로 그 영토를 팽창하는 것이다.

현양사는 설립시 헌칙삼장(憲則三章)의, 「…민권신장론자의 단결이고,…」에서 보듯이 민권론에서 출발하였으나, 1887년(明治 20년) 국권론으로 전향을 표명하였다.[185]

『…이윽고 메이지 20년대에 들어서면 자유민권운동이 퇴조하고, 천황제국가기구가 확립되며, 청나라에 대비하여 군비를 확장하는 분위기 속에서 이러한 민권론자들의 아시아 연대론을 기반으로 대아시아주의가 고개를 들기 시작했다. '유색인종으로서 구미인에 대항하기 위해서는 군국의 설비가 필요하다. 특히 동양의 신흥국가로서 발흥하고 있는 우리나라가 <u>장래 동양의 맹주가 되려는</u> 포부를 안고 있는 시대에, 군국주의자들의 주장은 그 어느 때보다도 시운을 얻고 있다'라면서 현양사(玄洋社)가 민권론을 버리고 국권주의로의 전향을 표명한 것이 바로 1887년(明治20)년이었다. …』[186]

1890년대 후반부로 접어들면서 국권과 민권의 차이가 점차 확실히 드러나게 되자 현양사는 민권과의 결별을 확실히 했다.[187]

『…민권신장론을 배격하고 국권주의의 강화를 제창한다. 민권을 신장하는 것은 대단히 좋은 일이다. 그러나 분별없이 민권만을 주장하고 국권이 쇠퇴하는 것을 개의치 않는다면, 국욕(國辱)은 어떻게 극복할 수 있겠는가? …현양사는 이와 같은 민권론자들과 완전히 결별할 것을 선언한다.』[188]

---

184) 앞의 주석 180) 참조.
185) 野原四郎, 前揭 アジア歷史辭典, 參照 ; 서광덕외, 앞의 책, pp.233-235 참조.
186) 위의 주석 참조.
187) 한상일, 앞의 아시아 연대와 일본제국주의, p.80.

이에 대하여 현양사는 다음과 같이 합리화하고 있다.[189)

『 현양사는 그 헌칙을 기준으로 삼고 황실을 존대하며 본국을 애
중하는 동시에 인민의 권리 고수를 표방하고 민권신장과 국회 개설
운동을 위해 동분서주하였으나, 그 뜨거운 의기는 당시 천하의 지
사들의 우러름을 받을 만하여 우리 후쿠오카현으로 하여금 코오치,
후쿠야마 두현과 함께 헌정 발양의 땅이라는 자부심을 획득케 하였
다. 그러던 것이 신도키헤이타 현양사장 때에 이르러서는, 시세의
추이와 국가의 대사가 민권론자로서 가장 명예롭던 현양사로 하여
금 그 근본이 되는 주의를 바꾸게 하는 지경에 이르렀다. 만약 그
당시 하코다가 살아 있었더라면 현양사의 국권론으로의 변신은 어
쩌면 거부당해, 두 영수간에 알력다툼이 생겼을지 모르는 일이다.
애시당초 국가의 대사라는 것이 무엇이던가.

당시 여러 외국이 우리나라를 대하기를 마치 어린아이 대하듯 하
되 특히 인접한 대국이 우리를 대하는 태도는 불손하기 짝이 없으
니 분노를 참기 어렵노라. 귀향길에서도 그들은 나가사키 항구에
진을 풀고 수병은 민가의 처녀를 욕보이고 나가사키 경찰의 순찰을
막는다는 명목으로 수병대와 경찰서에 진입하여 난동을 부렸다. 정
부는 제독을 파견하여 그들과 교섭케 했으나 청국은 끝까지 우리를
모욕하고 협상은 요령을 얻지 못한 채 종지부를 찍었다. 이를 전해
들은 우리 국민의 청국에 대한 적개심은 갈수록 극렬해져 마침내
극한의 상황에 이르렀다. 특히 현양사원들은 그러한 국욕의 소식을
듣고 모두 비분강개해 마지않았다. 그리하여 곧 민권신장론을 버리
고 국권주의로 변신하기에 이른 것이다. 민권의 신장도 크게는 옳

188) 玄洋社社史編纂會, 玄洋社社史, 東京:玄洋社社史編纂會, 1917, p.408.
189) 서광덕 외, 앞의 책, pp.251-252.

은 것이나, 헛되이 민권을 주장하여 국권의 성쇠를 돌보지 못한다
면 국욕은 어찌되는가. 일본제국의 원기를 제대로 유지하고자 한다
면 군국주의에 의거하지 않을 수 없고 또 국권을 크게 신장하지 않
을 수 없으니, 그리하여 마침내 종전의 민권론을 헌신짝처럼 버리
게 된 것이다.』

현양사가 민권론에서 출발하였으나 국권론으로의 서슴없는 전향은
시대적 배경이 크게 작용하였다. 특히 조선에서의 청일관계가 크게 작
용하였다.

III. 성립배경 및 성립

1. 성립배경

정한논쟁(征韓論爭) 후 사이고오 다카모리(西鄕隆盛)와 그 측근자
들의 실패로부터 교훈을 얻은 차세대 팽창론자들이 후쿠오카 출신의
현양사 창립멤버들이다. 이들은 새로운 반항기술을 개발하고 침략선전
을 고도로 발전시켜 마침내 사이고오의 사후 20년 뒤에 팽창정책의
목표에 도달하였다. 특히 그 상층부는 1870년대의 사족의 반정부 운
동에 가담했던 사람들이며,[190] 성립되던 당초부터 정치사상면에서 전
제지배와 식민지 제국의 건설에 극도로 공감했던 자들이다. 이들은 사
이고오의 시대였다면 불충한 반역자였으나 성립 당시 초애국단체로서
합법적인 활동을 하고 있었다. 이들 단체(현양사=흑룡회)는 후에 조
선과 만주를 러시아로부터 보호한다는 명목하에 해당 지역에서 민간
첩보행위와 정치음모를 일삼았다. 또한 이들 단체는 일청 · 일로 두 전

---

190) 한상일, 앞의 아시아 연대와 일본제국주의, p.79.

쟁과 조선 문제, 그 중에서도 특히 일한 합병문제, 그리고 만주지배 등에 대해 이른바 민간지사로서 적지 않은 활약을 하였다. 그렇지만 그 활동의 대부분이 막후공작이었기 때문에 정식 기록으로 남아 있지 않다. 따라서 이들은 모두 당시에 메이지 신정부에 대해 불만을 품고 있었으며, 메이지 신정부에 대하여는 공식적이든 형식적이든 협력하기를 원치 않았다.191)

『 정한논쟁은 일본의 역사 속에서 하나의 커다란 산을 이루고 있었다. 이 논쟁은 메이지 6년 정부의 분열, 나아가 사이고오, 이타카키, 소에지마, 에토오등 다수 관리들의 사직으로 이어졌으며, 사족들의 반항도 산발적이긴 했지만 역시 격렬했다. 이처럼 주전파 패배의 직접적 결과로서 그 후 2년 간 무장반란이 몇 차렌가 조직되었다. 그런 정한론은 결국 내란과 사이고오의 죽음 그리고 팽창론자들의 일시적 패배로 종결되었다. 그러나 그들의 패배에도 불구하고 외정의 주장은 그 후로도 여러 해 동안 일본 극우반대파에 의해 채택되었다. 사이고오와 그 측근자들의 실패로부터 교훈을 얻은 차세대 팽창론자들, 예를 들면 후쿠오카의 현양사 창립멤버들은 새로운 반항기술을 개발하고 침략선전을 고도로 발전시켜 마침내 사이고오의 사후 20년 뒤 팽창정책의 목표에 도달했던 것이다. 일본의 문무 관료 기구, 특히 그 상층부는 성립되던 당초부터 정치사상면에서 전제지배와 식민지 제국의 건설에 극도로 공감했던 자들이었다. 그래서 사이고오의 시대였다면 불충한 반역적 반대파였을 현양사, 흑룡회 혹은 그들의 무수한 분파들이 지금은 하나같이 초애국 단체로서 합법적 활동을 할 수 있게 되었다. 사이고오 사후의 시대에 이르자, 그들은 이미 어떤 특별한 의미에서 '폐하의 반대파'가 되었던 것이다. 이들 단체는 참으로 훌륭하게도 조선을 중국의

191) 서광덕 외, 앞의 책, pp.294-301 참조.

학정으로부터, 만주를 러시아의 야심으로부터 '해방'시킨다는 명목하에 해당 지역에서 민간 첩보 행위와 정치 음모를 일삼았으며, 동시에 국내에서도 마찬가지로 뛰어난 정책, 이를테면 제국주의정책에 비판적인 자유주의 학자·저술가를 협박하고 노동조합을 파괴·어용화하며 팽창정책의 선전에 거액의 보조금을 교부하는 일 등으로 미친 듯 설쳐대었다. 이러한 활동은 모두 직위가 높으신 관료들의 마음에 공명하는 바가 없었다면 불가능한 일이다. 그러나 관료는 그 성격상 그저 동감의 의사 정도를 표명할 뿐이므로, 스스로 공익옹호자임을 자처하는 이 반동 단체는 정치가의 의식적 각성을 촉구하거나 혹은 자신의 충언에 귀기울이지 않는 정치가들을 협박할 준비까지 단단히 하고 있었다. 사이고오의 정신적 자손들이 반대 단체의 요구를 외부로부터 정부 당국에 전달하는 전도체의 작용을 한 것과 정반대로 그의 혈연자들은 정부의 내부에서 안으로부터 반동 단체에게 그때 그때의 정책을 숙지시켜 그 정책을 보급시키거나 혹은 적어도 반동 단체의 세력권 내에서 호평을 얻고자 했던 것이다.』[192]

2. 성립

현양사는 서남전쟁을 전후하여 후쿠오카에서 활동하고 있었던 여러 반체제파 국권주의 집단을 하나로 통합한 것이고, 또한 코오치와 후쿠야마 두 파로 갈라져 있던 후쿠오카의 국권론자들을 하나로 모은 것이다.[193]

---

192) E. H. Norman, The Genyosha : A Study in the Origins of Japanese Imperialism, *Pacific Affairs,* Vol. Ⅹ Ⅴ Ⅱ, No.3(Sept. 1944) pp.261-284 ; 서광덕 외, 앞의 책, pp.299-300.

193) 玄洋社史編纂會, 玄洋社史, pp.103-106 ; 西尾陽太郎, 九州における近代の思想狀況, 高橋正雄 編, 日本近代化と九州, 平凡社, 1972, pp.102-136;

도야마 미쓰루, 하코다 로쿠스케(箱田六輔), 신도 기헤이타이 등과 함
께 히라오카 코오타로가 1881년 2월 결성하였고, 연합국에 의하여
1946년 해산되었다.

Ⅳ. 성격 및 특징

1. 성격

현양사는 근대 일본사에 나타난 국권주의 단체로서 극단적 국가
주의의 효시를 이루고 있다.[194] 현양사는 천황을 위해 목숨을 바치는
충신의 단결이고, 군국주의자의 단결이다. 이 단체의 성격은 단체의
헌칙삼장(憲則三章)에 잘나타나 있다.

『 현양사는 우국지사의 단결이고, 애국지사의 단결이고, 천황을
위해 목숨을 바치는 충신의 단결이고, 민권신장론자의 단결이고,
또한 군국주의자의 단결이다. 천금을 가볍게 아는 의기(義氣), 천
하를 짊어질 기상, 비분강개의 뜨거운 피 이 모든 것이 하나로 모
여 현양사가 태어났다.
생각건대 지난날의 찬란한 역사를 돌이켜 보는 것은 국민의 원기를
불러일으키고 국민의 원기가 떨쳐 일어남은 또한 찬란한 국사를 드
러내는 것이다. 우리가 이 단체를 결성하는 목적은 이와 같은 민족
적 사명을 실현하기 위함이다.[195]

한상일, 앞의 아시아 연대와 일본제국주의, p.79.
194) E. H. Norman, The Genyosha, pp.261-284 ; 한상일, 앞의 책, p.78.
195) 玄洋社社史編纂會, 玄洋社社史, p.3 ;한상일, 앞의 아시아 연대와 일본제국
주의, pp.79-80.

제1조, 황실을 공경하고 높이 떠받들 것.

제2조, 나라를 사랑하고 귀중하게 여길 것.

제3조, 인민의 권리를 고수할 것.』[196]

2. 특징

첫째, 현대 일본의 국민주의 단체 중 다수가 직·간접적으로 현양사의 계통을 잇고 있는 점이다.

둘째, 현양사의 창립자 중 하나인 토오야마 미쓰루가 제3자로서는 상상하기 어려울 정도의 신뢰를 오늘날 국가주의 단체 사이에서 얻고 있고, 또 은연중에 원로급 존재가 되어 있다는 점이다.

V. 현양사와 흑룡회의 관계

현양사와 흑룡회는 조직으로는 별개였지만 그 인적 구성면에서 보나 사상면에서 보나 자매관계, 아니 친자관계에 있었으므로 양자를 일체로 다룬다 해도 이상할 것이 없다. 현양사는 흑룡회로, 흑룡회는 대일본생산당(大日本生産黨, 1931년 결성)으로 이어진다.

VI. 조직 및 구성원(회원 총수 630 명, 2005년 5월 14일 기준)[197]

196) 玄洋社社史編纂會, 玄洋社社史, p.225 ; 한상일, 앞의 아시아 연대와 일본제국주의, pp.79-80.

197) 현양사 홈페이지:www5e.biglobe.ne.jp/~isitaki/page045.html.

현양사 사장직은 처음에는 히라오카 코오타로(平岡浩太郎, 우치다 료헤이 숙부)198)가 맡았으나 후에 하코다 로쿠스케(箱田六輔, 현양사의 핵심인물)로 바뀌었고, 하코다가 죽은 뒤 다시 신도 기헤이타이(進藤喜平太)로 바뀌었다. 스기야마 시게마루(杉山茂丸), 오오 (大原義剛), 후쿠모토 마코토(福本誠),우치다 료고로(內田良五郎, 우치다 료오헤이 아버지), 신도키 헤이타로오(進藤喜平太, 신도 카즈마의 아버지), 쓰키나리 코우타로(月成功太郎), 스에나가 준이치로(末永純一郎)、타케이(武井忍助)、코가 소헤이(古賀壯兵衛)、마도노 한스케(的野半介)、쓰키나리 료고로(月成勳)199)、코다마(兒玉晉松)들이 창립에 참여하고, 신문「복룡신보(福陵新報)」을 창간하였으며, 협객 요시다 이소키치(吉田磯吉)와「이륙신보(二六新報)」의 주필(主筆) 스즈키(鈴木天眼) 등이 구성원으로 참가했다.

토오야마 미쓰루(頭山滿, 아명 : 乙次郎)200)도 창립자 중 하나였으나 처음부터 두각을 나타내지는 못하였다. 그러다 그의 명성이 높아지면서 현양사하면 토오야마 미쓰루를 떠올릴 만큼 일체화가 되었다. 쇼오와 시기로 들어오면서 그는 우익측 원로로 신격화되어 경찰권도 미

198) //ja.wikipedia.org/wiki/:平岡浩太郎 참조: 히라오카 코오타로오(平岡浩太郎, 우치다 료헤이 숙부, 1851.7.21. - 1906.10.24.)는 일본의 정치단체 겐요샤(현양사) 초대사장으로 흑룡회의 정회원은 아니지만 적극적 후원자이며, 자유민권운동가 이다. 동생 평강상차랑(平岡常次郎)은 흑룡회 회원이다(부록참조).
199) //ja.wikipedia.org/wiki/:月成勳 참조:쓰키나리 이사오(月成勳,1860.11.14.-1935.12.16.)는 후쿠오카현 출신으로, 메이지 - 쇼와시대 전기의 사업가. 미천광(梶川光)의 형이며, 향양의숙의 학생에서 겐요샤 회원이되었다(부록참조).
200) //ja.wikipedia.org/wiki/:頭山滿 참조:토오야마 미쓰루(頭山滿, 1855.5.27. - 1944.10.5., 아명 : 乙次郎)는 메이지부터 쇼와 전기에 걸친 활동한 아시아주의자의 거두로, 겐요샤의 총수를 역임했다. 겐요샤는 일본의 민간민족주의 운동의 선구자적 존재이며, 이후 애국주의 단체와 우익단체의 길을 열었다(부록참조).

치지 못하는 치외법권의 왕국을 형성하였다. 우치다 료오헤이(內田良平)는 히라오카 코오타로오의 조카로서, 현양사의 젊은 층 중에서는 일찍부터 자립하였다. 현양사의 구성원들은 후쿠오카 출신의 하급무사들로서 막부 말기의 존왕양이(尊王攘夷)운동에 참여했거나, 1870년대의 사족의 반정부 운동에 가담했던 사람들로 구성되었다.201)

1. 역대사장

제1대 히라오카 코오타로(平岡浩太郎), 제2대 신도 기헤이타이(進藤喜平太), 제3대 아베 다케지로(阿部武三郎), 제4대 하코다 로쿠스케(箱田六輔), 제5대 進藤喜平太(再任), 제6대 기따지마 아츠시(喜多嶋淳), 제7대 쓰키나리 이사오(月成勳), 제8대 미화작차랑(美和作次郎), 제9대 요시다 고꾸라(吉田庚), 제10대 신도 카즈마(進藤一馬)

2. 주요인물

카와카미(川上音二郎), 스나전(須永元), 스기야마(杉山茂丸), 테라사카(寺田榮) (하토야마 유키오의 증조부), 아카시 모토지로(明石元二郎), 나카노 세이고(中野正剛), 오가타(緒方竹虎), 月成功太郎, 나카무라(中村天風), 우치다 료헤이(內田良平), 來島恒喜, 히로타 코우키(廣田弘毅), 오노小野(미키:三木)隆助, 호리카와 키치죠우이치로(堀川辰吉郎)(손문의 신해혁명을 원조), 야마자 엔지로(山座圓次郎)202)

---

201) 한상일, 앞의 아시아 연대와 일본제국주의, p.79.
202) 야마자가 현양사의 정식 회원이었는지 여부에 대해서는 견해 나뉜다(예영준, 앞의 책, pp.152-153). 그러나 현양사 홈페이지의 회원 명부에서는 이를 게재하고 있다(앞의 주석 195) 참조; http://webcache.googleusercontent.com/search?q=cache: 2RLNtn5jWgwJ:).

3. 구성원의 특성[203]

첫째, 현양사가 성립되기 이전부터 존재해 오던 파벌주의가 그 이후에도 상당 기간 계속 남아있었기 때문에 통합된 단일지도체제로 움직이는 데는 현실적으로 많은 문제가 있었다.

둘째, 현양사에는 도야마, 히라오카, 하코다, 신도 등과 같이 개성이 강한 지도자들이 많이 있었다. 그러므로 구성원들은 단체보다도 몇몇 개인에게 더욱 충성을 바쳤다. 이러한 현상은 결국 그 단체의 정책과 행동을 통괄할 수 있는 강력한 지도자가 출현할 수 없는 중요한 원인이 되었다.[204]

셋째, 전통적인 사회에서 태어나 성장하고 교육받은 회원들은 스스로를 건설적인 계획자나 사상가가 아니고 막부 말기의 지사의 후예로 자처했다.[205] 그러므로 그들에게는 조직적인 활동이나 이성적인 판단보다는, 오히려 비조직적이고 감정적인 자유분방한 성격이 강했다.

넷째, 현양사는 아직 대륙팽창주의를 구체화할 수 있는 정치적·경제적 기반을 갖추지 못하였다.

다섯째, 당시 일본이 처해 있던 상황은 그들이 대륙팽창을 위하여 보다 적극적인 행동을 추진할 수 있는 여건을 구비하지 못하고 있었다. 그러므로 당시의 정치 지도자들에게는 근대화의 적극적인 추진과 불평등 조약의 개정문제가 더 시급한 과제였다.

---

203) 한상일, 앞의 아시아 연대와 일본제국주의, p.82.
204) *see* Norman, "The Genyosha," pp.268-269.
205) Jansen, Sakamoto Ryoma and the Meiji Restoration, pp.99-100

Ⅶ. 현양사의 활동

1. 현양사의 기본노선과 활동의 특성

현양사와 흑룡회의 활동시기는 실질적으로 메이지 시기(1868~1912)에 실질적인 활동을 하였다.[206] 그 이후에는 거의 정지한 상태이다.

현양사의 기본노선과 활동의 특성은 외향적이기 보다는 내향적이며, 조직적이기 보다는 비조직적이고 계획성이 부족했다.[207] 또한 주로 정부의 외교정책을 주시했고, 국내문제와 국내정치에 관여했으며, 관료와 군부의 보수세력과 긴밀한 유대관계를 유지했다. 그러나 국외문제 또한 소홀히 한 것은 아니었다.

2. 현양사의 활동

제2차대전 전이나 전쟁 시기에 걸쳐서 군부 · 관료 · 재벌, 정치권에 막강한 영향력을 가지고 있었으며, 청일전쟁, 러일전쟁, 또 제1차 세계대전, 그리고 제2차 세계대전 및 일본과 관련된 수많은 전쟁에서 정보수집과 숨은 공작에 관계해왔다. 또한 아시아주의 하에 중국의 손문과 조선의 김옥균을 비롯해 당시 구미제국의 식민지하에 있던 이슬람 지도자 등 많은 아시아 각국의 독립운동가들을 적극 지원했다. 현양사의 사칙(社則) 조항은 「제1조, 황실을 공경하고 높이 떠받들 것. 제2조, 나라를 사랑하고 귀중하게 여길 것. 제3조, 인민의 권리를 고수할 것」이었다.

당시 사쓰마(薩摩) 조슈(長州)번의 파벌정부를 타파하기 위해 의회

---

206) 서광덕 외, 앞의 책, p.295.
207) 한상일, 앞의 아시아 연대와 일본제국주의, p.81.

의 개설을 요구한 유력정치 세력 중 하나는 오늘 "우익"이라고 불리는 현양사 등 민간결사였다. 그러나 이러한 세력이 의회개설 후 정부와 일체가 되어 선거방해로 돌아섰다. 즉, 1892년 내무대신 시나가와 야지로(品川彌二郎), 육군대신 다카시마 모토노스케(高島之助), 해군대신 가바야마 스케노리(樺山姿紀)가 이끄는 강경파는 국권신장을 위해 동양진출을 꾀하고, 이에 반해 농상무대신 무쓰 무네미쓰(陸奧宗光), 체신대신 고토 쇼지로(後藤象二郎) 등의 온건파는 번벌(藩閥) 체제의 종식을 위해 정상적인 선거를 바라고 있었다.208) 그러나 정부는 강경노선을 지지했다. 그 이유는 당시의 의회가 군벌정치를 끝내고 의회정치를 내걸고, 군사 예산삭감을 요구하면서 청국과의 전쟁을 주저하고 있었기 때문이었다. 현양사의 히라오카와 도야마는 수상 마츠가타로부터 후쿠오카의 선거책임자인 야스바 야스카즈(安揚保和)를 통하여 총선거에서 친정부 단체의 후보자를 도와 줄 것을 요청받았다. 이에 마쓰가타 내각의 군비확장론과 현양사의 대외국위 선양론이 일치하여 선거지원을 결정했다.209) 선거는 힘과 폭력이 난무했고 승리했다.

또 다른 현양사가 관련된 유명한 사건으로는 1889년(明治 22년)의 오쿠마 시게노부(大隈重信) 폭살 미수사건이다. 당시 외무장관이었던 오쿠마는 일본 막부가 맺은 불평등조약의 개정을 도모했고, 그 개정안은 관계 각국에 상당히 타협적이었다. 이에 대해 국민적 반대 운동이 곧 전국적으로 발생했다. 하지만 강직한 오오쿠마는 결코 자신의 방안을 굽히지 않았다. 때문에 현양사의 회원 쿠루시마 쓰네키(來島恒喜)가 오오쿠마에 폭탄을 투척하고 자신도 그 자리에서 목을 베어 자결했다. 쿠루시마(來島)가 던진 폭탄은 과격 자유민권 운동가 오이켄타

208) 玄洋社社史編纂會, 玄洋社社史, pp.416-417.
209) 玄洋社社史編纂會, 玄洋社社史, p.419.

로(大井憲太郎)가 제공한 것으로 알려졌다. 오오쿠마는 오른발을 잃으면서도 또한 자기의견을 관철하고자 결의했지만, 정부는 정책을 바꿨고 오쿠마는 사직하여 타협적 개정안은 보류되었다.

현양사가 내건 유명한 슬로건은 '대아시아주의'(손문 고베 연설에 어원이 있다고 한다)이다. 그들은 조선의 친일 개화 운동가 김옥균과 박영효, 중국의 쑨원과 황싱, 인도의 독립운동가 스브하스 찬드라 보스(Subhas Chandra Bose), 독립전쟁을 하는 필리핀 에밀리오 아귀날도(Emillio Aguinaldo)에게 무기와 의병을 보내려했다.210) 특히, 한국에서 동학봉기가 격화될 때 청일전쟁을 유도하기 위한 특수 조직을 만들어 한국에 파견하여 실상을 정탐하면서 활동케 하기도 했다.211)

1901년(명치 34년)에, 우치다 료헤이 등이 흑룡회(현양사의 해외 공작을 담당)을 설립하고 보다 다양한 활동이 전개했다.212)

3. 신문발간

복릉신보(福陵新報)를 1887년(明治 20년) 8월부터 발행했다. 이것은 1898년 (明治 31년)에 「큐슈일보」로 바뀌었고, 1942년 소화 17년(昭和 17년)에는 신문통제에 따라 「후쿠오카 일일신문」에 합병되어 「서일본신문」이 되어 현재에 이르고 있다.

---

210) 한상일, 1910 일본의 한국병탄, 도서출판 기파랑, 2010, p.54.
211) 한상일, 위의 주석 참조.
212) http://ja.wikipedia.org/wiki/%E7%8E%84%E6%B4%8B%E7%A4%BE.

Ⅷ. 현양사의 활동결과

대내적 측면에서 현양사의 주요 업적은 처음에는 민권운동을 벌이다가 후에 국권론으로 산뜻하게 변신하여 제2회 선거에서 마쓰카타(松方) 내각으로부터 자금을 받아 이당(吏黨, 民黨의 상대어) 측에서 민당(民黨)에 대해 피비린내 나는 탄압을 자행한 점이다. 조약개정 문제 때는 시종 이노우에(井上)・오오쿠마(大隈)에 반대하고 결국은 오오쿠마수상을 저격한 쿠루시마 쓰네키(來島恒喜)를 사내에서 배출한 점 등이다.213)

대외적으로는 정한론의 전통을 이어받아 대외강경책으로 일관한 점을 들 수 있다. 이는 흑룡회로 계승되었으며, 흑룡회는214) 조선, 만몽(滿蒙) 나아가 중국대륙 침략을 선취하는 일에 전념했다.

---

213) 서광덕 외, 앞의 책, pp.296-297.
214) 이 때는 이미 국책이 제국주의의 방향으로 확정된 뒤였다.

IX. 소결

정한논쟁(征韓論爭) 후 사이고오 다카모리(西鄕隆盛)와 그 측근자들의 실패로부터 교훈을 얻은 차세대 팽창론자들이 후쿠오카 출신의 현양사 창립멤버들이다. 이들은 새로운 반항기술을 개발하고 침략선전을 고도로 발전시켜 마침내 사이고오의 사후 20년 뒤에 팽창정책의 목표에 도달하였다. 이렇게 탄생된 단체가 현양사이다. 이들의 사상적 기반은 대아시아주의이며, 후에 대동아공영권론으로 바뀌었다. 현양사의 설립취지는 대륙진출을 실현하는 것이고, 목표는 일본제국의 국제적 위신을 높이고 대륙으로 그 영토를 팽창하는 것이다. 현양사는 근대 일본사에 나타난 국권주의 단체로서 극단적 국가주의의 효시를 이루고 있다. 현양사는 천황을 위해 목숨을 바치는 충신의 단결이고, 군국주의자의 단결이다. 현대 일본의 국민주의 단체 중 다수가 직·간접적으로 현양사의 계통을 잇고 있다는 점에서 근대는 물론이고 현대의 우익사상의 사실상의 뿌리라 할 수 있다. 따라서 관료나 지사들 중 특별히 우익단체에 소속되지 않은 인물도 실제로는 현양사의 대아시아주의나 대동아공영권론에 영향을 받은 것이라고 간주해도 지나침이 없다.

현양사의 창립자 중 하나인 도야마 미쓰루는가 제3자로서는 상상하기 어려울 정도의 신뢰를 오늘날 국가주의 단체 사이에서 얻고 있고, 또 은연중에 원로급 존재가 되어 있다는 점이나 외무성 정무국장 야마자 엔지로가 현양사의 회원인 점을 감안할 때 현양사의 우익사상은 사실상 많은 일본의 관료들의 머리속 깊이 자리잡고 있다고 본다. 또한 현양사는 제2차대전 전이나 전쟁 시기에 걸쳐서 군부·관료·재벌, 정치권에 막강한 영향력을 가지고 있었으며, 청일전쟁, 러일전쟁,

또 제1차 세계대전, 그리고 제2차 세계대전, 그 밖에 일본과 관련된 수많은 전쟁에서 정보수집 및 숨은 공작에 관계해왔다. 따라서 현양사가 독도의 일본영토 편입에 어떤 작용을 했는가는 일부 회원의 직접적인 관여를 제외하고서도 우익의 형성과 우익들에게 사상적 영향을 미쳐서 관련자들이 합동으로 편입의 전반적인 밑그림을 그리는데 큰 역할을 했다고 볼 수 있다.

제4절 일본천우협(天佑俠, 덴유코, 1894.6~1894.9)

Ⅰ. 서언

천우협은 겐요사(玄洋社)의 한시적인 외곽조직으로 운영되는 행동
단체이다. 천우협의 목적은 동학봉기로 혼란한 한국의 상황을 이용하
여 청나라와 전쟁을 유발하고, 조선에 대한 청국우위의 상황을 타파하
여 조선을 교두보로 일본이 대륙으로 진출할 수 있는 결정적인 계기
와 명분을 만들어 내는 것이었다. 천우협은 현양사를 시작으로 흑룡회
로 가는 과정에서 발생된 단체이다. 따라서 일본의 독도편입과 직접적
으로 관련된 단체는 아니나 천우협의 전신인 부산 오자키 법률사무소
를 외무성 정무국장 야마자 엔지로가 후원했고, 법률사무소 출신 구즈
우 슈스케는 독도에 대한 일본영토 편입 전 조선의 전지역을 돌며 조
선 연해 어장의 지형과 지리, 해리와 기후, 중요수산물 등을 조사하여
한해통어지침을 저술하여 일본인의 한국해에서의 어업에 영향을 주었
을 뿐만 아니라 독도편입에 직접 관계된 마키 수산국장에게도 한국영
토 독도에 대하여 '소속불명'으로 영향을 준 인물이다. 또한 천우협
에 관여한 인물 대부분이 흑룡회에 가입했고, 이들의 일부는 을미사변
을 일으킨 인물이며, 후에 일진회를 조종하여 종국에는 한일병합을 이
끌어낸 인물이다. 따라서 한국과 직접 관련을 맺고 있는 일본우익 단
체 천우협을 살펴 볼 필요가 있다.

Ⅱ. 단체의 성격 및 목적

천우협은 겐요사(玄洋社)의 한시적인 외곽조직으로 운영되는 행동단체이다. 목적은 동학봉기로 혼란한 한국의 상황을 이용하여 청나라와 전쟁을 유발하고, 조선에 대한 청국우위의 상황을 타파하여[215] 조선을 교두보로 일본이 대륙으로 진출할 수 있는 결정적인 계기와 명분을 만들어 내는 것이었다.[216] 동학란이 일어나자 각 지역을 두루 돌아다니면서 민심을 조사하고 당시의 정세를 분석한 결과, 일본이 한국문제에 본격적으로 개입할 좋은 기회라고 판단했다.[217]

천우협의 격문은 다음과 같다.

『 시주음락(詩酒淫樂)으로 소일하는 한국정부와 민씨일족의 압정을 타파하여 도탄에 빠진 한국백성을 구제하고 민씨의 악정을 뒤에서 조종하고 지원하는 중국을 한반도에서 쫓아낼 것을 그 목적으로 한다. 동아시아의 항구적 평화를 유지하고 이웃나라의 존망지추를 묵과할 수 없어 한국과 동조동문(同祖同文)의 나라인 일본은 의협인을 한국에 보내게 되었다.』[218]

천우협은 현양사의 한시적 외곽조직으로서 일본과 청나라의 개전의

---

215) 蔡洙道, 近代日本における 「アジア主義運動」の硏究 - 天佑俠と黑龍會の活動を中心に, 法學硏究科博士 後期課程 政治學專攻, p.30.
216) 한상일, 1910 일본의 한국병탄, p.54.
217) 한상일, 앞의 아시아 연대와 일본제국주의, p.87.
218) 黑龍俱樂部 編, 國士內田良平傳, 原書房, 1967, p.68; 黑龍會, 東亞先覺志士記伝(全三卷), 東京:原書房, 1966, pp.186-188; 한상일, 앞의 아시아 연대와 일본제국주의, p.89.

단서를 만들기 위하여 조직된 단체이며, 이른바 저촉 장군의 '방화의 역할'을 위한 단체이다. 이는 대외강경으로 정부를 이끌어 개전하게 하는 데 목적이 있었다.[219] 따라서 일본이 청일전쟁을 통하여 청나라를 조선반도에서 몰아내는 것으로 천우협의 목적은 달성되었으므로 해산[220] 이르게 된다.

또한 천우협의 많은 회원이 흑룡회에 참가하였다는 점에서는 흑룡회의 전신이라 할 수 있을 것이다.

Ⅲ. 성립 및 성립의 배경

1. 성립의 배경

부산에는 이미 메이지 유신 이후 일본사회에 출현한 부류인 대륙낭인[221]중 조선낭인이 존재하고 있었다. 1891년 히라오카 고오타로

---

219) 藤本尙則, 巨人頭山滿翁, 東京:頭山翁傳頌布會, 1922, p.342; 葛生能久, 日支交涉外史, 黑龍會出版部Ⅰ, 1935, pp.220-221;玄洋社社史, 1917, p.499; 蔡洙道, 近代日本における 「アジア主義運動」の硏究, p.29;한상일, 앞의 아시아연대와 일본제국주의, p.90 참조.

220) 內田良平, 硬石五十年譜(1卷), 內田家所藏, p.22.

221) 대륙낭인이란 메이지 유신 이후 일본사회에 출현한 독특한 부류의 사람들이다. 이들은 국수주의적 사상, 대외 팽창주의 노선에 따른 신념을 갖고 한반도와 중국대륙, 멀리는 시베리아로 건너가 일본의 대륙진출을 위한 활동을 펼치던 민간인들을 가리키는 말이다. 이들의 특징은 학력과 교양수준이 높은 사람으로서 정부 공무원이나 정치인, 군인 신분이 아닌 민간인이었으며, 그들은 스스로를 지사(志士)라 부르며, 존왕양이(尊王攘夷)를 내걸고 일본의 변혁을 꿈꾸며 메이지 유신을 성공시킨 막부정권 말기 지사의 후예임을 자처하였다. 활동은 초기에는 한국이나 중국의 일본인 거주 지역을 거점으로 현지의 정치, 사회, 경제 사정과 군사동향을 탐지하는 활동을 펼쳤다. 특히 한국에 들어와 활동하는 사람들은 조선낭인이라 불렸다(예영준, 앞의 책, pp.159-162 참조).

(平岡浩太郎)는 광산업으로 성공한 규슈 제일의 부호이자, 현양사 초대사장으로서 현양사의 젊은 회원들에게 부산으로 가서 활동하라고 권했다. 스기야마 시게마루(杉山茂丸) 역시 동료들에게 부산에서 가서 활동할 것을 권했다.

1892년 7월 후쿠오카 출신 외교관인 야마자 엔지로(山座圓次郎)는 도쿄제국대학 법학부를 최우수 성적으로 졸업하고, 후쿠오카 출신의 귀족원의원인 가네코 겐타로(金子堅太郎)222)와 외무성 정무국장 구리노 신이치로(栗野愼一郎)223)의 추천장으로 10월, 26세의 나이로 부산 총영관(총영사 무로타)의 외교관으로 와 있었다. 그는 점차 조선통으로 알려지게 되었는데, 1893년 8월 일본인 거류지 안에 오자키 슈키치(大崎正吉)의 법률사무소 개소를 도왔고, 같은 고향인 후쿠오카 출신이 많았으므로, 물심양면으로 후원하였다. 오자키는 1890년 개인적으로 조선반도를 돌아다니면서 정보를 탐색한 동경법학교(현 법정대학) 동창인 요시쿠라 오세이(吉倉汪聖)224)의 권유로 부산에 왔다. 요시쿠라는 동상으로 도쿄에서 요양 중이었다.225) 이후 오자키 법률사무소는 채권추심을 주업무로 한국인에게 빌려준 돈을 받아주는 업무를 주로 하였고,226) 조선낭인과 현양사 요원들의 거점227)이 되었

---

222)//ja.wikipedia.org/wiki/:金子堅太郎　참조:가네코　겐타로(金子堅太郎,1853.3.13. - 1942.5.16.)는 메이지 시대의 관료·정치가, 법무장관, 농상무대신, 추밀원고문관을 역임하였고, 영전 백작이 되었다(부록참조).

223)//ja.wikipedia.org/wiki/:栗野愼一郎　참조: 구리노 신이치로(栗野愼一郎, 1851-1937)는 일본외교관으로, 워싱턴 주재 일본대사(1894-96), 로마(1896), 파리(1897-1901), 성 페테르부르크(1901-1904), 파리주재 일본대사(1906-1912)를 역임했다(부록참조).

224)//ja.wikipedia.org/wiki/:吉倉汪聖　참조: 요시쿠라 오세이(吉倉汪聖, 1868.1. - 1930)는 메이지 - 다이쇼 시대의 대륙낭인이며, 언론인이다(부록참조).

225) 蔡洙道, 近代日本における 「アジア主義運動」の硏究, p.29.

226) 蔡洙道, 위의 주석 참조.

227) 오자키 법률사무소는 당시 부산에 있던 조선낭인들의 사랑방 노릇을 하여 '부산의 양산박'으로 불렸다.

다. 이들은 오자키 법률사무소를 거점으로 하여 한국에 관한 정보를 수집하고 정세의 변화를 분석해 오고 있었다.[228]

한국에서 동학란이 발생하자 현양사의 지도자들은 조선낭인들과 접촉을 시도했고, 상황의 변화를 주시해 온 오자키는 "반일망국의 한국정부와 오랫동안 한국을 지배해 온 중국의 세력에 철퇴를 가하고", 동학교도와 협력하여 한반도에 "친일정부를 세울 최적의 시기가 왔다"고 판단했다.[229]

자금과 사람이 부족한 오자키는 그동안 수집한 자료와 한국의 현상을 일본인에게 전하고 본격적인 활동에 필요한 군자금을 조달하고 동지를 규합하기 위하여 도쿄로 갔다[230].

한편, 현양사는 현양사대로 한국의 동학운동을 이용하여 한국에 일본이 개입할 수 있는 길을 모색하고 있었다. 5월 말 김옥균의 장례식이 도쿄에서 있은 직 후 현양사의 간부이자 대륙낭인의 원로인 마토노 한스케(的野半介)[231]는 외무대신 무쓰 무네미쓰(陸奧宗光)[232]를 찾아가서 한국을 장악하기 위해서는 중국과의 전쟁이 필요하다는 것을 강조[233]하고 빠른 시일 내에 중국과의 전쟁을 선포할 것을 권유하

228) 黑龍會, 東亞先覺志士記伝(全三卷), pp.147-162 參照.
229) 黑龍俱藥部 編, 國士內田良平傳, p.51;한상일, 앞의 아시아 연대와 일본제국주의, p.87.
230) 한상일, 앞의 아시아 연대와 일본제국주의, p.87; 예영준, 앞의 책, 169.
231) //ja.wikipedia.org/wiki/:的野半介　참조: 마토노　한스케(的野半介, 1858.5.28 - 1917.11.29.)는 메이지 - 다이쇼시대의 정치가이다. 원래 치쿠젠(筑前) 후쿠오카 번사다. 히라오카 코오타로, 도야마 만 등의 겐요샤 회원으로 자유당에 들어갔다. 메이지 41 년 중의원의원(당선 3회, 헌정회). 큐슈 일보사장 등을 역임했다. 1917년 11월 29일 60세로 사망하였다.
232) //ja.wikipedia.org/wiki/:陸奧宗光　참조: 무쓰　무네미쓰(陸奧宗光, 1844.8.20. - 1897.8.24.)는 에도막부 말기부터 메이지 시대의 무사, 정치가, 외교관이다. 외무대신으로 불평등 조약개정(조약개정)에 수완을 발휘했다. 에도시대까지의 통칭은 요구노 스케(陽之助)이다. 미즈모토 나루미 배우고, 토사의 사카모토 료마, 조슈번의 카츠라 코고로(기도 다카요시) 이토 슌스케(이토 히로부미) 등과 교분을 맺었다.

였다.234) 그러나 무쓰는 시기상조론을 펴면서 자세한 것은 적극적인 주전론자이자 대륙팽창론자인 육군참모차장 가와카미 소로쿠(川上操六)235)와 상의할 것을 종요하였다.236)여기서의 가와카미는 사쓰마군벌이며, 호월회는 가와카미 문하생들이 중심이 되어 조직된 단체이다. 따라서 그는 일본 최고 우익인사 중 한 사람이다. 마토노로부터 조기 개전론을 경청한 가와카미 대장은 「…당신의 의견에 나도 전적으로 동감이오. 그러나 총리대신인 이토히로부미가 비전론을 주장237)하고 있으니, …누군가가 바다를 건너가 불을 지르는 것이 필요합니다. …」238)마타노는 그가 무엇을 말하는지 충분히 알고서 가와카미와의 회담 내용을 히라오카 고타로와 도야마 미쓰루에게 보고하고 방화를 위한 준비를 논의하였다. 며칠 후 히라오카는 마타노와 함께 다시 가와카미를 면담하여 "옛 벗과 같은 화기애애한 분위기에서 대륙경영

233) 的野가 청국응징론을 주장한 이유는 명확치 않다. 그러나 김옥균과 두터운 교분을 맺고 있어던 的野는 김옥균이 상해에서 살해되었고 사건 후에도 중국 정부의 모호한 태도와 사후 처리 문제에 대하여 대단히 불만스럽게 생각하고 있었다(한상일, 앞의 대륙낭인과 대륙팽창, p.87 주석 38) 참조).
234) 黑龍會, 東亞先覺志士記伝(全三卷), pp.143-144 ; 玄洋社史編纂會, 玄洋社史, pp.435-436 ; 蔡洙道, 近代日本における 「アジア主義運動」の硏究, pp29-30 ; 한상일, 앞의 대륙낭인과 대륙팽창, p.87 參照.
235)//ja.wikipedia.org/wiki/:川上操六 참조:가와카미 소로쿠(川上操六, 1848.12.6日. - 1899.5.11.)는 우익결사조직 호월회의 시조이며, 일본 육군 군인, 귀족. 관위는 참모총장 · 육군대장. 영전은 종2위 · 훈일등(勲一等) · 공2급 · 자작이다. 아명 종지승(宗之丞). 장남의 소일(素一) 은 육군소령이고, 딸은 오하라 전 육군중장과 결혼했다. 가쓰라 다로(桂太郎), 코다마 겐타로(児玉源太郎)과 함께 "메이지 육군의 세날개(三羽烏)"로 통한다(부록참조).
236) 黑龍會, 東亞先覺志士記伝(全三卷), pp.143-144 ;玄洋社史編纂會, 玄洋社史, pp.435-436 ; 한상일, 앞의 대륙낭인과 대륙팽창, pp.87-88; 예영준, 앞의 책, p.171.
237) 군부의 강경파, 즉, 조선병합론자들은 이토 히로부미의 비전론을 몹시 못마땅하게 생각하고 반대하고 있었다. 그러나 이 때만 해도 강경론과 비전론의 세력이 균형을 맞추고 있을 때이다. 이는 3국간섭 후 특히 1903년 후에는 강경론으로 기울게 된다.
238) 黑龍會, 東亞先覺志士記伝(全三卷), p.144 ;玄洋社史編纂會, 玄洋社史, p.439; 한상일, 앞의 대륙낭인과 대륙팽창, p.88.

과 개전론을 실현시키기 위하여 허심탄회하게 서로 의견을 나누었다.
"239) 히라오카 고오타로, 도야마 미쓰루, 마타노 한스케 등은 동학
란을 기회로 이용하여 방화의 역할을 하기 위한 작은 행동단체를 조
직하기로 결정하였다. 현양사의 초대사장 히라오카는 도쿄에 있는 조
카 우치다를 후쿠오카로 불러 행동단체에 참여시켰다.240)

2. 성립 및 해산

현양사는 니로쿠신보(二六新報)의 주필 스즈키 덴간(鈴木天眼)을
통하여 한국의 정세와 실정에 밝은 오자키와 협력하여 히라오카의 재
정적 지원을 받아 천우협(天佑俠)241)을 1894년 6월 27일경 조직하
였다.242) 이 단체는 14명으로 결성된 유격대 형태의 작은 단체였
다.243) 1894년 여름 청일전쟁의 발발과 함께 해산하였다.244) 해산시
기는 정확치는 않으나 우치다(內田)가 1894년 9월 상순 나카사키(長
崎)에 도착 후 바로 도쿄(東京)으로 가서, 도야마(頭山) · 히라오(平
岡) · 마토노(的野) 등에게 조선에서의 천우협 활동을 보고한 것으
로 끝난 것으로 보인다.245) 이에 관하여, 천우협(天佑俠)에 의한 활

---

239) 黑龍會, 東亞先覺志士記伝(全三卷), p.145 ;玄洋社史編纂會, 玄洋社社史,
    p.437; 한상일, 앞의 대륙낭인과 대륙팽창, p.89.
240) 黑龍倶樂部 編, 國士內田良平傳, p.50;한상일, 앞의 아시아 연대와 일본제국
    주의, p.89.
241) 이 단체의 명칭이 「天佑俠」이라고 결정된 시기는 사료에 따라 약간의 차
    이가 있다(蔡洙道, 前揭 近代日本における 「アジア主義運動」の研究, p.42 註
    釋 47) 參照).
242) 蔡洙道, 前揭 近代日本における 「アジア主義運動」の研究, p.30.
243) 蔡洙道, 前揭 近代日本における 「アジア主義運動」の研究, p.31 表 1, 參
    照.
244) 참고로, 1894년 3월 봉기하여 5월 31일 동학군이 전주를 점령하고 6월 12
    일 청군이 아산만에 도착하였다. 1894년 7월 25일 충청도 아산만 풍도에서
    양군의 충돌이 일어나 전면적인 전쟁으로 확대되었고, 11월 여순과 대련을 함
    락하면서 청의 요청으로 강화조약을 1895년 4월 체결하여 끝났다.

동의 기록은 이후 보이지 않으며, 아마 조직으로서의 천우협은 자연소
멸된 것으로 보인다. 이후 도야마와 야마자키의 도움으로 1895년 1월
경 요시쿠라 오세이(吉倉汪聖)가 선고유예처분으로 석방되면서 천우
협(天佑俠)의 무기강탈 사건은 흐지부지 그대로 끝난 것으로 보인
다.246)또한 우치다의 최종보고 시기 전에 천우협의 해산자금을 수령
한 것으로 봐서 이 시기에 해산한 것으로 추정된다.

Ⅳ. 조직구성

　천우협은 아라오 세이계(荒尾精247)系) 2명, 겐요사계(玄洋社系)
5명, 부산 오자키(大崎) 법률사무소계(法律事務所系) 7명으로 모두
14명248)으로 구성되었다.249)

부산 법률사무소에 출입하면서 천우협에 불참자는 8명이다.250)

---

245) 葛生能久, 東亞先覺志士記傳(上), pp.293-294; 蔡洙道, 前揭 近代日本にお
　　ける 「アジア主義運動」の硏究, p.35.
246) これ以降, 天佑俠による活動の記錄は當たらない. おそらく組織としての天佑
　　俠は, 自然消滅したものと思われる. その後, 頭山や山崎の助力により, 1895年
　　で 1月頃, 吉倉が宣告猶豫處分で釋放されると, 天佑俠の武器强奪事件はうやむ
　　やのまま終わったようである(姜昌一, 天佑俠と朝鮮問題, 史學雜誌, 第97編8號,
　　史學會, 1988, p.16).
247) //ja.wikipedia.org/wiki/:荒尾 精참조:아라오 세이(荒尾 精, 1859.7.24.
　　- 1896.10.30.)는 일본육군 군인이며, 청일무역 연구소의 설립자이다. 최종계
　　급은 육군대위이며, 아명은 이치타로, 본명은 요시유키이다. 대륙에서 일본군
　　에 대한 첩보를 맡았다(부록참조).
248) 15명이라는 견해(한상일, 앞의 아시아 연대와 일본제국주의, p.89; 한상일,
　　1910 일본의 한국병탄, p.56)가 있으나 14명이라는 견해(위의 주석 참조)에
　　때른다.
249) 위의 주석 참조.
250) 위의 주석 참조.

천우협은 당시 조선반도에서 정보을 탐색하기 위한 조선낭인들이며, 현양사의 히라오카 코오타로(平岡浩太郎)이나 도야마 미쓰루(頭山滿) 등이 주도하여 결성한 단체이다.[251]

《천우협의 구성회원》[252]

정치계통	이름	출신지	신분	학력	직업	출생년도	흑룡회가입	기타
荒尾精系	田中侍郎	群馬(板鼻)	사족	육군사관학교 1 기졸업 (중국어능통)	(元)육군대위	1867년	가입	러일전쟁참가 (통역관)
	時澤右一	群馬(板鼻)	사족	육군사관학교3기졸업?	육군중위	1868년		천우협해산후, 육군에복직
玄洋社系	內田良平	福岡	사족	1884년상경 (소학교)동양어학교입학 러시아어전공	탄갱감독	1874년	가입	흑룡회을 결성, 주간(明治34년 2월) 이토오통감의 막료로 일함
	大原義剛	福岡	사족	경응의숙	福陵新聞기자	1869년	가입	明治35년 대의

251) 蔡洙道, 前揭 近代日本における 「アジア主義運動」の研究, p.30.
252) 蔡洙道, 前揭 近代日本における 「アジア主義運動」の研究, p.31 表 1, 參照.

								사(입헌민정당 후쿠오카지부장) 및 九州日報사장
	武田範之	福岡（久留米）	사족	조동종전문학교	승려	1863년	가입	명성황후시해 참여
	鈴木天眼	福島（二本松）	사족	동대예비교（舊 制제일고교전신）	二六新報주필	1867년	가입	저술활동, 明治41년 대의사
	白水健吉	福岡（鞍手）	사족		（元）육군조장	1869년		山崎羔三郎의 아우, 육군정규병입대
부산오자키（大崎 ）法律事務所系（양산박계）	吉倉汪聖	石川（金澤）	사족	동경법학교（법정대학전신）중국어능통	동아무역신문사장	1868년	가입	저술 「천우협」 등
	大崎正吉	宮城（仙台）			대서업	1865년	가입	1895년 10월, 岡本柳之助(외무대신)과 명성황후 시해사

							건관여
千葉久之助	宮城(仙台)			(元)국군특무조장	1864년		명성황후시해사건관여
日下寅吉	宮城(仙台)			대서업	1866년		오자키와 동향, 오자키의 권유로 조선에옴
大久保肇	對馬			소학교 교원(부산)	1870년		
井上藤三郎	福岡			동아무역신문 문선공	1879	가입	
西脇榮助				조선어통역			

부산 오자키(大崎) 法律事務所의 출입자 중 천우협 미가입자

本間九介 ⇒ 二六新報社 특파원으로 청일전쟁 취재로 불참

關屋斧太郎・西村儀三郎 ⇒ 노선대립으로 불참

　葛生修亮・菅佐原勘七 ⇒ 징병검사로 귀국 불참

柴田駒次郎 ⇒ 병으로 불참

谷垣嘉市 ⇒ ?

寺田鼎三郎 ⇒ ?

〔頭山精神〕〔巨人頭山滿翁〕〔玄洋社社史〕〔天佑俠〕〔玄洋社發掘〕〔東亞先覺志士記傳〕〔黑龍〕〔三十三年의 꿈〕 등에서 작성

V. 천우협의 활동[253]

1. 천우협의 활동의 특성

 천우협은 군중앙의 총사령부와 밀접한 관계를 갖고 비밀 연락체계를 가지고 있었을 가능성은 충분히 있다. 그러나 기본적으로 천우협은 파견군부나 외교기관과 완전히 단절되어 단독적으로 자기 책임을 지고 군사모험을 단행하는 행동방식을 취했다.[254] 즉, 실질적으로 군이나 외무라인과 밀접한 관계를 갖고 있었으나 형식적으로는 관련없이 활동하는 방식을 취했다. 이러 방식은 몇 차례 수행되면서 관례화되었다. 이에 대한 근거는 군 출신으로 천우협에 가입하고 활동 후 군에 복귀한 것이나 명성황후 시해 사건을 미우리 고로(三浦梧樓, 육군중장)의 주도하에 천우협 출신회원이 참여한 것 등이다. 이같은 천우협의 활동 특성은 일본의 제국주의, 특히 대한제국에 대한 관계에서 두드러진다.

2. 활동의 내용

 천우협이 결성된 직후인 1894(明治27)년 6월 하순 부산 오자키 법률사무소에 집합한 조선낭인들은 동학농민군이 해산하여 집강소를 설치했다는 정보를 접하였다. 이 사태에 대응하기 위하여 그들은 전

---

253) 黑龍會, 東亞先覺志士記伝(全三卷), p.173- 296 ; 玄洋社史編纂會, 玄洋社社史, p.462-482; 葛生能久, 東亞先覺志士記傳(上), p.144- 294; 黑龍俱樂部編, 國士內田良平傳, pp.69-100; Norman, *The Genyosha*, pp.281-282; 한상일, 앞의 아시아 연대와 일본제국주의, pp.90-92; 한상일, 1910 일본의 한국병탄, pp.56-57;蔡洙道, 前揭 近代日本における 「アジア主義運動」の硏究, pp32-39.
254) 서광덕 외, 앞의 책, p.256 참조.

라, 충청도 방면으로 가서 정보를 수집했다.255)다케다 한시(武田範
之, 천우협 및 흑룡회 회원)256)와 시바타 고마타로(柴田駒次郞)는 밀
양에서 대구방면을 정찰하고, 동학농민군의 동향예측에 주력했다.257)
다시 농민군이 집결할 것이라고 판단258)한 부산의 조선낭인들은 일본
정부와 보조를 취하는 한편, 먼저 조선에서의 청국우위의 현상을 타개
하기 위해 조선을 일본의 영향하에 두는 것을 목표로 하여 동학농민
군과 접촉을 시도하였다. 요시쿠라 오세이(吉倉)는 본국으로부터 지원
그룹을 기다리지 않고 부산에 있는 동아무역신보사의 문선공 이노우
에(井上藤三郞)을 동반하여 1894년 6월 하순259)보다 상세한 정보수
집을 위해 전라도 방면으로 출발하였다.260)또한 혼마시(本間)는 청군
의 동향을 조사하기 위해 안산으로 향하였다.261)천우협 내에서 구체
적인 방법상의 대립262)은 있었으나 청국의 오만불손한 태도를 벌하기
위해 개전해야 하는 점에서는 의견이 일치했다.263)

255) 戰地探訪者通信, 二六新報, 1894年 6月 15日; 蔡洙道, 前揭 近代日本におけ
　　る 「アジア主義運動」の硏究, p.32.
256) //ja.wikipedia.org/wiki/:武田範之 참조: 다케다 한시(武田範之,
　　1863-1911) 메이지 시대의 승려, 민족주의자. 후쿠오카 출신으로, 니가타현
　　의 조동종 겐쇼사 사찰의 주지. 메이지 24년경 조선 걸쳐 갑오농민 전쟁시에
　　는 청일전쟁 개전을 계획 천우협에 참가하였다. 28년 명성황후(민비) 암살사건
　　에 연루체포되었다. 또한 흑룡회 결성에 참여하고, 한국병합 운동을 했다.
　　1911년 6월 23일 49세로 사망하였다.
257) 葛生能久, 東亞先覺志士記傳(上), p.171;吉州件, 韓山虎肅錄, 黑龍會本部編,
　　黑龍第2號, 龍溪書舍, 1901年6月, p.52 參照; 蔡洙道, 前揭 近代日本における
　　「アジア主義運動」の硏究, p.32.
258) 東徒再起, 二六新報, 1894年7月5日 ; 蔡洙道, 前揭 近代日本における 「ア
　　ジア主義運動」の硏究, p.32.
259) 6월 25일로 기록(蔡洙道, 前揭 近代日本における 「アジア主義運動」の硏
　　究, p.32.)하고 있으나 정확치 않아서 하순으로 명기한다.
260) 淸藤幸七朗編纂, 復刻天佑俠, 日本思想史料叢刊之五, 長陵書林, 1981年,
　　p.11; 蔡洙道, 前揭 近代日本における 「アジア主義運動」の硏究, p.32.
261) 安達九郞, 牙山近傍の偵察, 二六新報, 1894年 7月 1日; 蔡洙道, 前揭 近代
　　日本における 「アジア主義運動」の硏究, p.32.
262) 姜昌一, 天佑俠と朝鮮問題, p.10.
263) 蔡洙道, 前揭 近代日本における 「アジア主義運動」の硏究, p.32.

이들은 무장을 위해 부산영사관과 가까운 창원 용담금광을 탈취하기로 계획하고 부산을 출발하여 대대포를 지나 9명은 마산포에 먼저 와있는 요시쿠라 오세이(吉倉)과 이노우에(井上)와 합류하였다.[264] 1894년 6월 30일 오후 7시경 용담금광에 도착하였다.[265] 즉, 군마현 사람 전 육군대위 타나카 지로, 후쿠오카 사람 오하라 의강, 이시카와현 사람 요시쿠라 수성병(睡聖幷), 스즈키 외 8명은 짐운반을 위해 고용한 한국 사람 2명을 데리고 우마키 겐조를 면담하고, "요즘 전라도에 동학당을 진압하기 위해 계속해서 청나라군이 이미 아산에 상륙했다고 들었는데, 우리들도 지금 국가를 위해 무엇인가 힘을 보태려고 그곳으로 가고있다. 이 근처의 한국인 여가에서는 쌀밥을 얻을 수 있다고 하니 오늘 저녁은 우리 일행을 이곳에 머물게 해 달라."라고 청했다. 우마키 겐조는 하루정도는 괜찮다고 승낙하고, 밑에 사람에게 식사준비를 시켰다. 다나카 등은 영어를 진행하면서 우마키 부자에게 광산용으로 저장된 화약을 나누어 달라고 말했다. 그들은 용담금광 경영자 우마키 겐조(馬木健三)의 협력을 얻을 수 있을 것으로 생각했다. 우마키(馬木)는 이를 거절하여 그들은 몇 번 더 간청을 하였다. 우마키 부자는 "다른 것은 몰라도 화약만은 내줄 수 없다"고 극구 거절하였다. 이렇게 하여 다나카 일행은 삼베줄로 우마키(馬木) 부자를 포박하여 창고지기 오쿠다의 친구 타로를 시켜, 열쇠를 내와서 즉시 화약고 열쇠를 열고 다른 창고의 사슬도 끊고 자물쇠를 파괴하여 화약 2제관(약 10근), 다이너마이트 2함(120발), 뇌관 일백 세, 네발, 도화 5파와 외부 곳곳의 열쇠 약 10개 정을 탈취하여 밤 12시가 조금 지나 용담을 출발하여 전라도에 가려고 함안을 향해 출발하였다. 이에 따라 많은 량의 다이나마이트와 화약 등을 확보하였다.[266] 처음 다나

---

264) 葛生能久, 東亞先覺志士記傳(上), p.185.
265) 葛生能久, 東亞先覺志士記傳(上), p.193.
266) 蔡洙道, 前揭 近代日本における 「アジア主義運動」の硏究, p.33.

카 일행이 우마키 부자를 만났을 때는 말투도 대단히 정중하고 요시쿠라, 오하라, 다나카는 부산 및 경성에서 안면이 있어서 옛 얘기, 새로운 얘기를 하면서 좋았으나 화약 얘기로 분위기가 급변하였다. 7월 3일 우마키의 아들(馬木辰次郎)이 부산 총영사관에 신고하였다. 이 강탈사건은 곧 지명수배 되었고 일본에 천우협이 널리 알려졌다.[267] 그들은 중무장을 하고 7월 6일 남원에서 선발대와 합류하여 순창의 동학농민군과 접촉을 하여 7월 8일 대장 전봉준을 만나 천우협의 생각을 한문필답[268]을 통해 전했다.[269]

여기에 대하여, 「현양사와 흑룡회가 남긴 자료들은 현양사의 활동과 우치다의 역할을 사실과 달리 과장하고 있음을 알 수 있다. 우치다가 천우협의 활동을 계획하고 지휘한 총지도자라고 기록하고 있다거나 또는 혼자서 500명을 상대로 용감하게 싸웠다고 과장하고 있다.[270]…그러나 이러한 주장은 사실상 신뢰성이 대단히 미약하다」는 견해[271] 가 있으며 타당하다고 생각한다.

1894(明治27)년 7월 25일 일본의 선전포고와 동시에 육군중위인 시택(時澤)은 군에 복귀하기 위해 귀국했다.[272] 나머지는 척후대의 정찰임무를 수여받아 청국의 정보수집활동을 하였다 또 일부는 천우협도의 강도사건 사면과 종군허가를 받기 위해 혼성여단장 오오시마 요시마사(大島義昌)이나 연대장 다케다 히데노부(武田秀山)와 만나서 상의했다.[273] 이렇게 하여 6명은 다케다(武田) 부대에 부속되어 종군

---

267) ダイナマイト掠奪, 二六新報, 1894年7月17日
268) 玄洋社社史編纂會, 玄洋社社史, p.452-455.
269) 葛生能久, 東亞先覺志士記傳(上), pp.200-207.
270) 이와 같은 과장된 기록은 內田의 전기, 志士記傳, 玄洋社社史, 天佑俠, 이외에도 鈴木天眼, 韓山虎肅錄, 黑龍 제1호~제19호(1901년5월~1902년12월)에 잘 나타나 있다(한상일, 앞의 아시아 연대와 일본제국주의, p.90 주석 48) 재인용).
271) 한상일, 앞의 아시아 연대와 일본제국주의, pp.90-91.
272) 黑龍俱樂部 編, 國士內田良平傳, p.92.

활동을 계속하고,[274] 12명은 청국군 추적을 위해 춘천에 가고, 4명은 청군 패잔병을 추적하여 1894년 9월 16일 평양에 입성하였다.[275] 이후에는 더 이상 활동의 필요성이 없다고 판단하여 귀국하기 위해 인천과 부산으로 각각 갔다.[276] 일부는 종군활동 완료와 함께 해산자금을 수령하고 귀국했다.[277]

VI. 소결

천우협은 실질적으로 군이나 외무라인과 밀접한 관계를 갖고 있었으나 형식적으로는 관련없이 활동하는 방식을 취했다. 이러 방식은 몇 차례 수행되면서 관례화 되었다. 이에 대한 근거는 군 출신으로 천우협에 가입하고 활동 후 군에 복귀한 것이나 명성황후 시해 사건을 미우라 고로(三浦梧樓, 육군중장)의 주도하에 천우협 출신회원이 참여한 것 등이다. 이같은 천우협의 활동 특성은 일본의 제국주의, 특히 대한제국에 대한 관계에서 두드러진다. 천우협은 겐요사(玄洋社)의 한시적인 외곽조직으로 운영되는 행동단체이다. 목적은 동학봉기로 혼란한 한국의 상황을 이용하여 청나라와 전쟁을 유발하고, 조선에 대한 청국우위의 상황을 타파하여 조선을 교두보로 일본이 대륙으로 진출할 수 있는 결정적인 계기와 명분을 만들어 내는 것이었다. 천우협은

273) 葛生能久, 東亞先覺志士記傳(上), pp.236-252; 黑龍俱樂部 編, 國士內田良平傳, p.93-94.
274) 葛生能久, 東亞先覺志士記傳(上), pp.258.
275) 姜昌一, 天佑俠と朝鮮問題, p.16.
276) 黑龍俱樂部 編, 國士內田良平傳, p.99-100;葛生能久, 東亞先覺志士記傳(上), p.265.
277) 葛生能久, 東亞先覺志士記傳(上), pp.288-290.

현양사를 시작으로 흑룡회로 가는 과정에서 발생된 단체이다. 천우협 회원들의 한국에 대한 정보는 일본의 수산업자들이나 러일전쟁에 많은 도움을 주었다.

특히, 천우협의 전신인 부산 오자키 법률사무소를 후원한 사람은 외무성 정무국장 야마자 엔지로이며, 이 법률사무소 출신 구즈우 슈스케는 한해통어지침을 서술하여 일본 뿐 아니라 독도 편입과정에서 독도가 한국의 영토가 아니라 '소속불명'이라는 의견을 제시한 농상무성 마키 나오마사 수산국장에게 영향을 준 인물이다. 또한 천우협 출신의 우치다 료헤이는 흑룡회를 설립하여 많은 강경우익과 정관군에 실질적인 영향을 주었으며, 그 중에서도 야마자 정무국장에게 많은 영향을 미친 인물이다. 따리서 천우협이 단순히게 동학농민 혁명시기 청일개전만을 위한 단체로 파악할 수는 없으며, 그들의 모든 행위가 직간접으로 일본의 독도편입 행위에도 영향을 미쳤다고 본다.

제5절 일본흑룡회

I. 서언

　흑룡회는 타루이 토오기치(樽井藤吉)의 대동합방론(大東合邦論)278)의 아시아주의에 영향을 받아 만들어진 일본 우익을 대표하는 대표적인 일본의 국권주의 단체이다.279) 또한 흑룡회는 근대 일본의 최대 대아시아주의 단체이다.280)

　타루이 토기치는 대동합방론에서 일본과 한국이 대등하게 합방하여 대동(大東)이라는 총칭을 씌우자는 제안을 내고, 중국과의 합방은 생각하고 있지 않았다. 따라서 타루이가 생각한 대동은 한일합방이었다. 한일분쟁을 해결하기 위해, 또 한국의 근대화를 추진하기 위해 그리고 열강의 침략에 공동방어하기 위해, 한일 양국을 대등하게 합방하자는 타루이의 주장281)은 그에게서 '합방'이라는 용어만 차용282)한 대

---

278) 대동합방론은 16(序言, 國號釋義, 人世大勢上, 同下, 世態變遷上, 同下, 萬國情況, 俄國情況, 漢土情況, 朝鮮情況, 日本情況, 日韓古今之交涉, 國政本元, 合邦利害, 聯合方法, 論淸國宜與東國合縱)개의 장으로 형성되어 있으며, 초고는 1885년 일본어로 쓰여졌다가 투옥 당시 분실되어 후에 1893년(明治26) 한문으로 간행되었다. 1910년 재판이 나왔다. 타루이 토오키치라는 이름은 오랜 시간 속에 묻혀 있었는데, 히라노 요시타로오(平野義太郞)에 의하여 발굴되었다(서광덕·백지운 번역, 다케우치 요시미, 일본과 아시아, 소명출판사 (2006), pp.266-267).

279) 황미주, 「黑龍」의 한국관련 기사분석을 통한 사료적 가치 고찰, 일본문화연구(제24집), 동아시아일본학회, 2007년 10월, p.175 ; 한상일, 앞의 아시아연대와 일본제국주의, pp.90-91;한상일, 1910 일본의 한국병탄, 도서출판 기파랑, 2010, p.57.

280) 강창일, 일진회의 합방운동과 흑룡회, 기획:한일병합 90년을 돌아보며, 배재대학교, p.221.

281) 서광덕 외, 앞의 책, p.267.

아시아주의자 우치다 료오헤이에 의해서 국권주의로 변화되었다.

근대일본에 있어서 아시아주의 혹은 아시아주의 운동의 주류를 이룬 정치단체로서는 현양사와 동아동문회, 그리고 흑룡회라고 말할 수 있다.[283]흑룡회는 러시아의 남하를 저지하기 위한 하나의 방법으로서, 또한 일본의 대륙시장 개척이라는 경제적 측면에서 1901년 2월 동경에서 대륙낭인과 정치인, 그리고 언론인에 의해 결성되었다.[284] 이 단체는 대륙을 향한 일본이 국력확장을 구체적으로 실현하기 위해서 나라 안팎에서 적극적으로 활동을 하였고, 한일병합을 위해서도 최전선에서 길을 열었다.[285]즉, 러일전쟁 당시에는 군부와 협력하여 만주와 시베리아 접경지역에서 통역, 정보수집, 철도파괴, 마적을 지휘하여 후방교란, 의용군 조직 능 다양한 활동을 전개하였고, 한일병합을 위해 한국의 사정을 체계적으로 조사하고 인력을 양성하기 위하여 대구에 비룡상행(飛龍商行)이라는 사무실을 열어 거점을 만들었고, 1903년에는 고쿠류카이(黑龍會) 해외본부를 부산에 설립하고 많은 회원들이 상주하면서 활동을 전개하였다.[286] 대표적인 활동이 일진회와 합작(1905~1910)으로 한일합방을 행하였다. 흑룡회와 일진회의 합방운동은 근대 일본의 한국병합사에서 중요한 위치를 차지할 뿐만 아니라, 그들이 주창하는 한일합방론 및 대아시아제국 건설론은 일본의 대륙침략사상과 우익의 대아시아주의의 본질이기 때문에 이에 대한 해명은 일제 침략사 및 근대 일본의 아시아주의 연구에서 빼놓을 수 없는 주제이다.[287]

282) 강창일, 앞의 일진회의 합방운동과 흑룡회, p.220.
283) 채수도, 흑룡회의 중국문제에 관한 연구, 흑룡회의 남북협상 반대에서 중국 분할까지, 대한정치학회보(제12집 3호, 2008년:27~53), pp.27-28.
284) 채수도, 앞의 흑룡회의 중국문제에 관한 연구, p.27.
285) 한상일, 앞의 1910년 일본의 한국병탄, p.27.
286) 한상일, 앞의 1910년 일본의 한국병탄, p.59 참조.
287) 강창일, 앞의 일본 우익의 대아시아주의와 관련하여, p.222.

『신채효(申采浩)는 1908년에 이미 조선을 침략하면서 이를 동양
주의라고 부르짖는 것은 일본의 조선침략, 더 나아가 동양침략의
속셈을 숨기기 위한 것이라고 하여 그 본질을 꿰뚫어보았다.[288]
중국에서도 이대조(李大釗)가 1918년 이래 줄곧 대아시아주의는
중국 병탄주의의 은어(隱語)에 지나지 않는다고 지적해왔다.
[289]』[290]

그러나 이 연구에서는 한국병탄은 주제와 관련이 없으므로, 별론으
로 한다.

흑룡회는 러시아가 중국을 침략하고 한국을 병탐하며, 동양을 제패
하려는 야심을 갖고 있는 이상은 일본과 전쟁은 피할 수 없다고 봤다.
그에 따라 대러전쟁은 빠르면 빠를 수록 좋고 일본에도 유리하다고
보았다. 따라서 흑룡회는 대러개전을 준비하고 실질적으로 주도했으
며, 마무리까지 유도한 일본의 대표적인 우익단체이다. 특히, 러일전
쟁과 관련해서는 독보적인 단체이며, 이들의 사상은 외무성 야마자 엔
지로 정무국장에게 많은 영향을 주었다. 또한 실질적으로 흑룡회의 회
원들은 한반도를 정탐하고, 조선 연안해를 조사하여 일본어민의 조선
진출을 적극 권장하고, 실질적으로 어로활동에 도움을 주었다. 그 과
정에서 그들이 조사한 정보는 한해통어지침이나 일본의 지학잡지에
게재되어 누구나 쉽게 접하고 읽을 수 있게 함으로써 한국해 연안에

---

288) 與友人絶交書(1908.4); 東洋主義에 대한 批評(1909.8), 丹齋申采浩先生 紀
念事業會 編(개정판), 丹齋申采浩全集(下), 형설출판사, 1982, 참조
289) 李大釗, 대아시아주의와 신아시아주의, 국민잡지, 1919.2. 李大釗의 글은
정문길·최원식·백영서·전형준 편, 동아시아:문제와 시각, 문학과지성사,
1995, 참조.
290) 강창일, 앞의 일본 우익의 대아시아주의와 관련하여, p.222 참조.

진출코자 하는 일본인들에게 도움을 주었다. 일본흑룡회가 이 같은 한국해 연안의 정보를 파악하여 일본어민들에게 도움을 주고자 한 취지는 실질적으로 한국영토 독도를 일본이 편입하는 과정에서 담당관료들의 영해인식에 영향을 주었다. 즉, 독도를 일본영토로 편입하는 과정에서 분명히 한국영토로 그 이전 태정관이나 해당 부서가 인정했음에도 불구하고, 독도가 '소속불명'이라고 말한 점이나 국제법상 무주물 선점의 대상인 '무주지'에 대한 '영유선언'이 없었으므로 영유선언이 가능하다고 유도하는 실질적 역할을 흑룡회의 영향을 받은 관료들이 했다고 본다. 따라서 흑룡회가 영토편입 과정에 어떤 영향을 미쳤는지 알아볼 필요가 있고, 이를 위해 흑룡회 전반에 대하여 살펴보고자 한다.

II. 설립취지와 배경

1. 설립취지와 주의 및 강령

(1) 설립취지

이 단체를 잘 설명해주고 있는 것이 바로 이 단체의 창립취지문이다. 이를 요약하여 설명하면 다음과 같다.

『서양제국인 독일, 러시아, 영국, 프랑스는 자기들이 세력을 마음껏 행사할 수 있는 곳을 간파하고 아시아를 유린하였다. 그러나 한국은 유약하고 중국은 허약하여 자신의 나라를 방위할 능력이 없을 뿐만 아니라 위기에 대처하기 위한 국력을 기를 생각도 하지 않는다. 러시아는 중국과 체결한 베이징조약을 기초로 우수리 일대의 땅을 영유하여 철도를 부설하고 불모지를 개척하여 자국민을 이주시켜 천하의 이목을 놀라게 하고 있다. 러시아뿐만 아니라 독일은 산둥성을 확보했고 영국은 광둥성에서, 프랑스는 운귀(雲貴)에서 각각 자국의 세력범위를 넓히고 있다. 시베리아와 만주, 조선은 우리와 긴밀한 관계에 있다는 것은 두말할 필요가 없다. 우리들은 오랫동안 흑룡강변과 장백산, 랴오둥을 시찰해 왔다. 독립과 발전의 정신을 가지고 정세의 흐름을 살피고 지금의 상황을 염려하고, 대책을 강구하기 위하여 흑룡회를 만들었다. 수집한 모든 자료를 이론과 현실에 근거하여 연구하고 거기에 설명을 더하여 국민에게 전달하여 각성을 촉구하고 이바지하고자 한다. 동아시아에서 일본의 사명은 서력동점을 몰아내고 러시아와의 전쟁은 불가피하며, 러시아를 동아시아에서 몰아내고 만주, 한국, 몽고, 시베리아를 확보하자는 것이 제국의 사명이라고 한다.』[291]

　　결국 서력동점에서 영국, 프랑스, 독일 등의 언급과 중국에 대한 언
급은 수식어에 불과하고 실상은 한국과 만주를 확보하기 위해서는 러
시아와 전쟁이 불가피하다고 보며, 이 같은 사명을 위해 흑룡회를 만
들게 되었다는 취지이다. 여기에 대하여 흑룡회가 이웃 국가에 대하여
얼마나 깊은 관심을 갖고 있었는가를 잘 설명하는 주는 표[292]를 제시
하면서 설명하고 있는 견해가 있다.

　　『 처음에 흑룡회의 주요 관심대상은 러시아(시베리아), 중국(만
　　주), 한국의 순서였다. 그러나 1902년 접어들면서 시베리아와 중국
　　(만주)에 대한 관심은 후퇴하는 데 반해, 한국에 대한 관심은 두

---

291) 黑龍會會報, 創刊號(1901年3月), pp.1-2; 黑龍會, 黑龍會三十年事歷, 1931,
　　pp.1-4; 東亞先覺志士記傳(全三卷) 上卷, 東京:原書房,1966, p.678; 蔡洙道,
　　近代日本における 「アジア主義運動」の硏究 － 天佑俠と黑龍會の活動を中心
　　に, 法學硏究科博士 後期課程 政治學專攻, p.61; 한상일, 앞의 아시아 연대와
　　일본제국주의, pp.106-109 ; 한상일, 앞의 1910 일본의 한국병탄, p.58; 김수
　　희, 앞의 양코도와 독도무주지설, p.125 참조.
292) 한상일, 앞의 아시아 연대와 일본제국주의, pp.122-123:〈표5〉흑룡의 외
　　국관계기사[a]

권(호)	러시아 (시베리아)	중국 (만주)	한국	기타b	계
Ⅰ(1호 ~ 8호)C Ⅱ(9호~19호)d Ⅲ(20호~21호)e	37(28) 44(21) 7(5)	18(14) 12(7) 5(2)	11 22 2	8 5 0	74 83 14
계	88(54)	35(23)	35	13	171

주: a: 번역기사나 필자가 밝혀지지 않은 기사는 제외함
　　b: 샴, 인도, 몽고, 필리핀, 하와이에 관한 기사임.
　　c: 1901년 5월 ~12월 호임
　　d: 1902년 1월 ~12월 호임
　　e: 1903년 1월 ~3월 호임

배로 늘어나고 있다. 흑룡회가 많은 회원들을 한국에 보내 여러 가지 정보를 수집하도록 하고, 또한 러시아의 활동을 탐지하도록 한 것도 바로 이때였다.』293)

대체로 이는 흑룡회를 만들어 죽을 때까지 흑룡회의 주간(主幹)을 지낸 우치다 료오헤이의 견해와 일치한다.

(2) 주의

흑룡회의 주의는 다음과 같다.

『 우리는 천황주의를 받들어, 건국이념의 유훈에 따라, 세계를 뒤덮고 있는 황유를 넓혀 국체의 찬란한 광채를 크게 떨칠 것을 기한다(吾人は 天皇主義を 奉じ, 建國養正の 遺訓に 基き, 六合を 兼ね八紘を掩ふの 皇猷を 弘め 以て 國體の 精華を 發揚せんことを 期す).294)』

(3) 강령295)

흑룡회의 강령은 천황을 중심으로 한 군국주의를 표방하고 있으며, 강령 제4조가 잘 말해주고 있다.

『 ⓐ 우리는 건국의 뜻을 넓힘으로써 동방문화의 대도를 선양하고 나아가 동서문명의 혼화를 위해 진력하며 아시아 민족 흥륭의 지도

---

293) 한상일, 앞의 아시아 연대와 일본제국주의, pp.122~3.
294) 黑龍會, 前揭 黑龍會三十年事歷, p.4.
295) 위의 주석, pp. 4-6 참조.

자가 될 것을 기한다.

ⓑ 우리는 법치주의의 형식에 치우쳐 인민의 자유를 속박하고, 시무의 상식을 무시하고 공사의 능률을 저해하며, 헌정의 참뜻을 무시하는 모든 폐단을 일소하고 천황주의의 깊은 진리를 발휘할 것을 기한다.

ⓒ 우리는 현행 제도를 개조하고, 외교정책을 쇄신하여 해외의 발전을 꾀하고, 내정을 혁신하여 국민의 복리를 증진하며, 사회정책을 확립하고 또한 노사문제를 해결함으로써 황국의 기초를 공고히 할 것을 기한다.

ⓓ 우리는 군인칙유의 정신을 받들어 상무의 기풍을 진작하고, 국민 모두가 군인의 임무를 다함으로써 국방기관에 충실할 것을 기한다.

ⓔ 우리는 구미를 모방한 현대 교육의 근본적 개혁을 시도하여 국체의 근원이 될 수 있는 국민교육의 기본제도를 확립함으로써 야마토 민족의 지혜와 덕을 향상·발달시킬 것을 기한다.』

2. 설립의 배경

세계열강의 예상을 뒤엎고 청일전쟁에서 일본이 승리하자 일본은 국제적 위상이 높아졌고 반면 청나라는 쇠퇴길로 접어들었다. 1895년 4월 17일 청일간의 시모노세키조약으로 중국은 일본에게 조선에서의 자주독립을 인정하고, 요동반도와 대만(臺灣), 팽호열도(澎湖列島)의 할양 및 배상금으로 2억량 지불, 사시(沙市), 충칭(重慶), 소주(蘇州) 등의 개방, 양자강 항행권, 최혜국 대우 등을 보장했다.296)일본의 전승분위기는 최고조에 달했고 국민들은 승전혜택을 기

---

296) 外務省 編, 日本外交文書, 日本國際聯合協會, Vol.28, p.2 ; 外務省 編, 日

대하고 있었다. 그러나 일본은 1주일 뒤인 4월 23일 「러시아, 프랑스, 독일」의 3국 간섭으로 중국으로부터 전쟁승리의 대가로 할양받게 될 요동반도를 반환하게 되고, 마지막 보류였던 조선에서의 지위도 러시아에게 밀리고 있었다. 일본은 조선에서의 반전을 노려 명성황후시해사건(1895. 10. 8)297)을 군부와 조선낭인(일부 현양사의 천우협회원, 구마모토(熊本)낭인 중심) 주도로 실행했으나 오히려 역효과만 발생하여 조선정부 내에서도 친일세력은 거의 몰락하고 새롭게 친러세력이 주도권을 잡고 있었다.298)삼국간섭으로 전승의 미주(美酒)에 취해 있던 일본일들에게는 청천벽력이었고, 이로써 가장 중요한 전승의 결실은 아침 안개처럼 일순간에 사라졌다.299)이에 대한 분노는 말할 수 없었다. 러시아에 굴복하게 된 일본은 극도의 적대감과 애국열이 들끓고 있었고, 이러한 분위기에 힘입어 당국에서는 러시아를 주적으로 설정하여 대대적인 군비확장정책을 추진하게 된 계기가 되었다.300)

『 진보적 평민주의의 옹호자로 알려진 도쿠토미 이치로(德富猪一郎)는 "힘의 뒷받침 없이는 어떠한 올바른 행위도 그 정당성을 인정받지 못한다"고 선언하고 국력신장을 강조했다. 그는 후에 삼국간섭의 결과로 "힘의 복음에 의하여 세례를 받았다"고 회고했다.301)』 302)

本外交年表竝主要文書 Ⅰ, 原書房, 1965, pp.165-169 참조
297) Conroy, Hilary, *The Japanese Seizure of Korea* : 1868-1910. Philadelphia : University of Pennsylvania, 1960, p.380 ; 外務省 編, 前揭 外交文書, Vol.28., Pt1, pp.491-619 參照.
298) 강창일, 앞의 일본 우익의 대아시아주의와 관련하여, p.223 참조.
299) Roy H, Akagi, *Japanese Foreign Relations,* 1542-1936(The Hokuseido Press, 1936), p. 161; 한상일, 앞의 아시아 연대와 일본제국주의, p.93 주석 53) 재인용.
300) 강창일, 앞의 일본 우익의 대아시아주의와 관련하여, p.223 참조.

『 미야케 세츠레이(三宅雪嶺)는 다음과 같이 토로했다. "결과적
으로 모든 것은 국력문제에 귀착된다. …이제부터 우리는 와신상담
하여 하루속히 국력을 배양하지 않으면 안 된다. …"303)』304)

   당시의 신문들은 하나같이 국력의 강화와 제국의 번영을 위해서 견
딜 수 없는 것을 견디고, 국론을 통일하여 국력을 기르기 위한 국가
정책을 거국적으로 지지할 것을 대중들에게 호소했다.305) 청일전쟁이
후 삼국의 간섭은 흑룡회를 만든 우치다 료헤이(內田良平)306)에게도
커다란 충격이었고 러시아에 대한 복수의 길을 열기 위해 시베리아로
도항을 결심했다.307)현양사 초대사장이자 삼촌인 히라오카로부터 재
정적 지원을 받아 1895년 8월 말에 러시아 보복의 큰 뜻을 품고 나
가사키를 떠난 우치다는 먼저 블라디보스토크에 유도도장을 열고 그
곳에 활동의 거점을 마련했다.308)우치다의 유도에 관해서는 다음과
같다.

301) 德富猪一郎, 蘇峰自傳, 中央公論社, 1935, p.310.
302) 한상일, 앞의 아시아 연대와 일본제국주의, p.93.
303) 三宅雪嶺, 同時代史 Ⅲ, Vols 6., 東京:岩波書店, 1950, p.65.
304) 한상일, 앞의 아시아 연대와 일본제국주의, p.93.
305) 時事新聞, 1895.6.7. ; 한상일, 앞의 아시아 연대와 일본제국주의, p.94 참
   조.
306)//ja.wikipedia.org/wiki/:內田良平　參照:　우치다　료헤이(內田良平,
   1874.2.11.~1937.7.26.)는 후쿠오카(福岡)에서 사족(士族)인 우치다 료고로(內
   田良五良)의 3남으로 태어났다. 그는 일본의 국가주의자이며, 우익운동가이다.
   그는 현양사, 천우협에 관여했고, 흑룡회를 조직하여 수장을 맡았으며, 특히,
   우익결사조직인 호월회의 소장파 군인 및 핵심인 야마자 외무성 정무국장과
   밀접한 관련을 맺고 있으며, 그의 사상이 군과 외무성 등에 많은 영향을 미친
   인물이다.
307) 西尾陽太郎 解說, 硬石五拾年譜 內田良平自傳, p.30;黑龍俱樂部 編, 國士內
   田良平傳, 原書房, 1967. p.30.
308) 위의 주석 p.33 참조.

『 우치다 료헤이(內田良平)는 후쿠오카(福岡)에서 사족(士族)인 우치다 료고로(內田良五良)의 3남으로 태어났다. 료헤이의 부친인 료고로는 후쿠오카지역에서는 무예제반에 정통한 무술가로서 이름이 높았다. 전통적으로 후쿠오카지역은 폐번치현(廢藩置縣)이 실시되기 이전에는 구로다번(黑田藩)으로 통칭되었으며, 이 지역에서 가장 이름이 높았던 무술은 신토무쇼류장술이었다. 이 무술은 무쇼류겐노스케가 창시한 일종의 봉술로서 텐신쇼텐가토리신토류 계통의 무술로서 당시 후쿠오카지역을 중심으로 규슈지역에 널리 보급된 무술이다. 그리고 당시의 지역 번교를 중심으로 사족과 그 자제들은 필수적으로 이 무술을 익혔으며, 계몽교육을 받았다. 그리고 검술은 오노하 일도류계통인 이소오카헤이타로에게 배워 면허개전을 받았다. 특히 료고로는 봉술에 능통하여 전통의 텐신쇼텐신토무쇼류를 익혀 전통무술의 리(離)의 단계에 이르러 스스로 일가를 창시할 정도였다. 또한 료고로는 현양사의 2대 책임자였던 히라오카 고오타로(平岡浩太郎, 1851~1906)의 친형이었으며, 우치다는 유소년시절 숙부 히라오카에 의해 길러졌다. 그러므로 우치다는 부친과 숙부의 영향으로 자연스럽게 무술가로서 성장을 하게 되었고 후쿠오카지역의 명도관과 일도관에서 전통무술인 자강천진류를 수련하였다. 이러한 집안 분위기는 성장기의 우치다에게 강력한 영향을 미쳤음을 알 수 있으며, 자연스럽게 정한론과 아시아확대주의 및 대동아주의에 사상적으로 경도되었다. 이후 19세가 되는 해에 숙부인 히라오카와 함께 동경으로 가서 동방어학교(東邦語學校)에서 '러시아어'를 전공하였고, 이때 가노지고로의 강도관 유도를 수련하게 되어 마침내 유단자가 되었다.309)』

---

309) 최종균, 일본우익정치세력과 강도과유도의 국내유입에 관한 연구, 대한무도학회지, 2008, 제10권 제1호, pp.32-33.

당시 블라디보스토크에는 대륙낭인, 군 첩보원, 석공, 인부 등 수백
명의 일본인들이 살고 있었다. 우치다는 3년 동안 그곳에 머무르면서
그 일대를 조사하고 정보수집 활동을 계속했다. 그의 도장은 대륙낭
인과 군첩보원들의 정보활동의 기지가 되었다.310) 우치다는 블라디보
스토크의 요새, 시가, 주요 도로 등의 지도를 만들고, 정보를 수집하
는 군 첩보원 시바 다다요시(椎葉糺義)의 활동을 지원하는 한편, 구
스모토 마사유키(楠本正徹)를 한국과 중국, 러시아 세 나라의 국경
지대인 간도에 파견하여 그 일대를 조사케 했다. 그는 장래 일본이
한반도에 그 지배 세력을 부식할 때 간도는 일본, 러시아, 중국 세 나
라의 분쟁지역이 될 것이라고 전망했을 뿐만 아니라, 그 세력이 만주
와 시베리아로 뻗어 나가기 위한 발진기지로 간주하고 있었다.311)<u>그
는 이미 1895년에 일본제국은 한국을 지배하고 그 힘을 만주와 시베
리아로 뻗어 나가게 한다는 뚜렷한 목표를 설정했다.312)</u>

우치다는 블라디보스토크의 생활을 통해서 러시아의 실체가 아시아
가 아니라 유럽에 있다고 판단했다. 즉, 그는 블라디보스토크에 머물
면서 우치다는 러시아의 국력은 시베리아를 포함한 우랄 산맥의 동쪽
인 동러시아가 아니라, 유럽의 러시아를 바탕으로 하고 있다는 것을
알게 되었다. 그러므로 그는 러시아의 본질과 잠재력을 이해하려면
러시아의 심장부인 유럽의 러시아에 대한 정확한 상황인식과 정보가
필요하다고 생각했다.313) 이를 위해 정확한 러시아의 실상을 알기 위
하여 1897(明治 30)년 8월 17일부터 다음해 6월까지 시베리아를 횡
단하여 수도 페테르부르크에 이르는 긴 조사여행을 했다.314) 이는 1

310) 黑龍俱樂部 編, 前揭 國士內田良平傳, p.122-125 參照.
311) 西尾陽太郎 解說, 前揭 硬石五拾年譜 I, p.38 ; 東亞先覺志士記傳(全三卷)
　　　(上卷), pp.572-573 ; 前揭 國士內田良平傳, p.124.
312) 한상일, 앞의 아시아 연대와 일본제국주의, p.95.
313) 위의 주석, p.99 참조.
314) 蔡洙道, 前揭 近代日本における 「アジア主義運動」の硏究, p.48.

년 가까이 걸린 이 여행의 결과로 우치다는 러시아도 중국과 같이 겉보기만 강국일 뿐 실제로는 허약한 국가라는 결론에 도달했다. 그는 일본은 정치가 부패하고 인륜이 타락한 러시아를 두려워해야 할 이유가 없고, 일본이 동아시아 보전이라는 국가정책을 수행하기 위해서는 단호히 러시아를 제압해야 하며, 그리고 전쟁이 일어날 경우 승리의 여신은 반드시 일본의 편이라고 자신했다. 여행 후 우치다는 당시 일본사회에서 러시아 문제에 가장 정통한 인물로 부상했다. 그의 6년에 걸친 한국, 간도, 만주, 시베리아, 러시아 등의 해외활동을 통해서 쌓아 올린 업적으로 우치다는 국권주의자로서의 위상과 대륙낭인 세계에서 그의 지위를 확고하게 자리매김 했다.315)

『 하바로프스크(Khavarovsk)로 가는 배 안에서 우치다는 흑룡강 (the Amur River)의 강변에 펼쳐지는 아름다운 경치에 완전히 매혹되었다. 감상적인 분위기에 젖은 그는 "아시아의 모든 사회를 이처럼 아름다운 꽃밭으로 가꾸는 것이 일본의 사명"이라고 시적으로 표현했다. 316)그러나 아름다운 꽃밭으로 가꾼다는 것은 결국 일본이 아시아 전체를 지배한다는 것을 뜻하였다. 러시아와 중국의 국경지대를 본 그는 "누가 이 광활한 황야를 러시아의 침략으로부터 지킬 것인가?" 그 일은 우리 일본이 해야 하며, 그러려면 일본의 국력을 이곳 흑룡강까지 뻗게 해야 하고, 그러기에는 지금이 가장 적절한 시기라고 일본이 택해야 할 진로의 방향을 명확히 했다.317)4년 뒤 그가 대륙팽창주의를 내건 국권주의 단체를 만들 때 그 명칭을 흑룡회라고 했다. 그것은 잊을 수 없는 흑룡강변의 아름

---

315) 한상일, 앞의 1910 일본의 한국병탄, pp.70-71 참조.
316) 內田良平, 黑龍淵人歌集, 黑龍會出版部, 1934, p.6; 前揭 國士內田良平傳, p.133.
317) 앞의 주석 참조.

다운 풍경을 회상하는 의미도 담겨 있지만 궁극적으로는 일본이 국
력을 흑룡강까지 확장해야 한다는 것을 뜻하는 것이었다.318)」319)

우치다는 청일전쟁 후 블라디보스토크와 페트로그라드 사이를 오가
며 러시아 국내 사정을 조사하던 중에 야만적인 전제국가 러시아가
인민의 자유를 억압하고 있음과 그래서 러시아에 망국의 위기가 다가
오고 있음을 예측했다. 그는 귀국하여 「러시아망국론(露西亞亡國
論)」을 썼으나 즉시 발매가 중지되는 금지조치를 당했다. 그는 그것
을 다시 개정하여 「러시아론(露西亞論)(1901, 明治34)」이라는 이
름으로 재출간하였다. 그는 일로전쟁은 야만을 징벌하는 문명의 진군
으로 봤고, 바로 이는 후쿠자의 문명론의 연장선에 있는 것으로 영향
을 받은 것이다.320)

3. 현양사와의 관계

현양사와 흑룡회는 몇 가지 점에서 일체된 관계에 있다. 현양사
와 흑룡회가 국권주의 단체의 대표로서 침략주의의 상징이 되고 있는
점이나, 두 조직이 별개이지만 그 인적 구성면에서 보나 사상면에서
보나 자매관계 아닌 그 이상의 관계에 있으므로 양자를 일체된 관계
로 봐도 이상이 없다.321) 또한 이들 단체의 실질적 활동시기도 메이
지 시기로 끝을 맺고 있는 점도 같다.322) 흑룡회가 현양사의 외곽조

318) 東亞先覺志士記傳(全三卷)(上卷), pp.678-679 ; 前揭 國士內田良平傳,
　　　p.133.
319) 한상일, 앞의 아시아 연대와 일본제국주의, p.100.
320) 서광덕 외, 앞의 책, pp.292-293 참조.
321) 여기에 대하여 강하게 부정하는 견해(채수도, 앞의 논문, p.8 주석 27) 참
　　　조)가 있다. 즉 「現代日本思想大系9 アジア主義」 p.56.에 대하여 부정하고
　　　있다.

직인 천우협을 기초로 하여 결성된 점도를 이를 동일시 되는 점이다. 즉, 흑룡회가 현양사의 후예이며, 현양사를 대표하는 도야마가 후원자로서 흑룡회와 깊은 관련을 가졌던 점도 이를 반증한다.323)즉, 도야마가 우치다의 숙부인 현양사 초대사장인 히라오카 고오타로와 깊은 친교를 맺었고 후원인으로서 흑룡회를 지원하면서 우치다와 흑룡회에 정신적으로 많은 영향을 미친 것은 부인할 수 없다.324)따라서 대륙낭인 제1세대 도야마는 정신적 지주로서, 다음 세대인 우치다는 실천가로 우익을 이었다는 점에서는 공통된다.

 그러나 현양사는 특정지역(후쿠오카지역)에 한정325)하여 설립된 단체인 경우라면 흑룡회는 특정지역에 국한하지 않고 천우협과 같이 한시적 단체도 아니었다. 물론 그 뿌리는 현양사라고 할 수 있지만 흑룡회의 조직의 지도층이나 일반회원 모두가 전국에서 모여 다양한 구성을 이루고 있는 점이 다르다. 이점에서 흑룡회는 전국적인 조직이고 대중적이며, 공개된 조직이었다. 또한 '흑룡'이라는 잡지를 발행한 점도 다르다.326) 이에 반해 현양사는 지역적이고 폭력적이며, 비밀결사의 성격이 강했다.327)그리고 현양사가 내향적인 행동을 하였다면 흑룡회 회원들은 적극적이고 이상실현을 위해 외향적으로 행동했다328)는 점에서 구별된다. 현양사의 대표인물인 도야마가 비조직적이고 비현신적이라면 흑룡회의 대표인물인 우치다는 적극적이고 조직

---

322) 서광덕 외, 앞의 책, pp.295-301 참조.
323) 한상일, 앞의 아시아 연대와 일본제국주의, p.112.
324) 위의 주석, p.119 참조.
325) 현양사 회원에 관한 정확한 기록은 남아 있지 않다. 石瀧豊美가 발굴한 명단이 가장 많이 포함하고 있으나 그 신뢰성은 확인할 수 없다. 그러나 그 명단에 수록된 회원들도 거의 모두가 후쿠오카현에서 출생한 사라임을 알 수 있다(한상일, 앞의 아시아 연대와 일본제국주의, p. 114 주석 12) 재인용).
326) 한상일, 1910 일본의 한국병탄, p.58 참조.
327) 한상일, 앞의 아시아 연대와 일본제국주의, p.112 참조.
328) 위의 주석, p.118 참조.

적이며, 실리추구형이라는 점에서 대조적이다.[329]

Ⅲ. 성격과 특징

1. 성격

일본흑룡회는 일본의 우익주의자들이 주장하듯이 근대 일본사에 나타난 조직적인 우익운동의 효시이며, 우익민족주의의 뿌리가 되고, 제2차 세계대전 전 일본에서 나타난 국가주의 단체의 표본이라 할 수 있다.[330]

또한 흑룡회는 일본의 국가적 이익과 아시아연대를 위해서 대륙낭인에서부터 유력한 정치가를 포함한 광범위한 대륙전문가의 모임이며, 일본정부의 대륙정책을 선도하는 역할을 다한 단체의 성격이 강하다.[331]

2. 특징

첫째, 흑룡회는 낭인 집단이 아니라 정치엘리트 집합체이며, 대륙진출의 전위부대의 성향을 가진 정치단체이다.[332]

둘째, 흑룡회는 러시아의 남하저지와 일본의 경제적 이익을 위해서 다양한 분야의 사람들에 의해서 설립된 정치단체로 출발했지만, 그 최대의 특징은 아시아 문제 전문가의 집합체이며, 동시에 일본 중심

---

329) 위의 주석, p.119 참조.
330) 荒原朴水, 大右翼史, 東京:大日本國民黨, 1966 pp.25-28 ; 한상일, 앞의 아시아 연대와 일본제국주의, p.113.
331) 채수도, 앞의 흑룡회의 중국문제에 관한 연구, p.9.
332) 채수도, 앞의 흑룡회의 중국문제에 관한 연구, p.8.

의 아시아 연대를 주창한 정치단체로서 일본대륙정책의 브레인 역할을 수행한 일종의 극동문제 연구소이다.[333]

셋째, 흑룡회는 현양사와는 달리 처음부터 우치다가 중심이 된 강력한 단체이다. 현양사와 달리 흑룡회는 처음부터 강력한 체제를 갖출 수 있는 여건을 지니고 있었다. 흑룡회는 여러 파벌의 집합체가 아니라 우치다가 중심이 되어 강력히 규합된 조직체이다.[334]

넷째, 흑룡회는 이념이나 전략면에서 현양사와는 차원 다른 단체이다. 흑룡회는 결코 현양사처럼 국내 정치 문제에 끼어들거나 일본사회에서 정치적, 사회적 기반을 다지는 일에 몰두하지 않았다. 그보다는 대륙팽창주의 필요성을 여론화하고 그 실현을 위해 대륙에서 직접 활동을 전개하는 데 더욱 열중했다. 흑룡회의 입장에서 볼 때, 현양사의 이념이나 전략은 시대에 뒤떨어진 것이었다. 이것은 세대 차이에서 오는 것이라기보다는 두 단체가 형성되고 발전해 온 시대적 배경과 근본적인 이념의 차이에서 기인한 것이었다.[335]

Ⅳ. 성립과 조직구성

1. 성립

*흑룡회*는 1901(明治 34)년 2월 3일 결성하여 1946년(昭和 21)년 1월 연합군총사령부의 명령에 의해 정식으로 해산될 때까지 46년

---

333) 위의 주석 참조.
334) 한상일, 앞의 아시아 연대와 일본제국주의, p.118 참조.
335) 위의 주석 참조.

간 활동하였다.[336] 즉, 흑룡회는 종전과 함께 해산되었다. 그러나 1961년 흑룡구락부(黑龍倶樂部)라는 명칭으로 다시 조직되었다.[337]

2. 조직구성

(1) 결성

 *1901*년(明治34년) 1월 13일, 동경의 우치다 료헤이(內田良平)의 자택에, 이토 마사모토(伊東正其), 나카노 구마고로(中野熊五郎), 구즈우 도스케(葛生東介), 구즈우 요시히사(葛生能久), 요시쿠라 오세이(吉倉汪聖), 미야자키 라이죠(宮崎來城), 혼마 구스케(本間九介)[338], 다카다 산로쿠(高田三六), 마스다 료조(增田良三), 가니 조이치(可兒長一), 히라야마 슈(平山周), 야마가타 야스시(山方泰), 나카타 다쓰사부로(中田辰三郎), 곤도 신지(權藤震二), 오자키 유키마사(尾崎行昌), 쓰지 에이(辻暎), 사노 겐키치(佐野健吉), 다노 기쓰지(田野橘治), 아키야마 조지로(秋山長次郎) 등 20명이 발기인으로 모

336) 蔡洙道, 前揭 近代日本における 「アジア主義運動」の硏究, pp.57-58 參照.
337) 荒原朴水, 前揭 大右翼史, pp.723-724; 한상일, 앞의 아시아 연대와 일본제국주의, p.345 주석 7) 참조.
338) 조갑제 닷컴:혼마 규스케(本間九介)라는 일본인은 1901년 결성된 일본 極右 조직 흑룡회(黑龍會)의 회원이었다. 혼마는 대륙경영(?)의 뜻을 품고 1893년 朝鮮 땅을 밟았다. 혼마는 부산에 머물면서 한양, 중부지방을 정탐하고 행상을 하며 황해도, 경기도, 충청도 지방을 돌아다녔다. 이후 일본으로 돌아가 1894년 4월17일~6월16일까지 '二六新報'에 朝鮮 정탐 내용을 연재했다. 혼마는 154편의 글을 하나로 묶어 같은 해 7월1일 조선잡기(朝鮮雜記)를 간행했다. 이 책에는 朝鮮을 정탐 온 일본인이 보고 느낀 여러 풍경이 적나라하게 묘사되어 있다. 朝鮮雜記에 묘사되어 있는 19세기 조선-조선인의 이미지는 부패, 불결, 나태, 무사태평(無事泰平)이다. 혼마가 기록한 118년 전 朝鮮의 모습 부정적으로 기록하고 있다(출처: 일본인의 『조선정탐록 조선잡기』, 저자: 혼마 규스케, 역자: 최혜주 한양대 한국학연구소 연구교수).

였다. 이 날은 취지서초안, 가규약의 작성과 발의를 행하고, 다음달 2
월 3일 흑룡회가 결성되었다.[339]

결성대회에 출석한 회원은 59명이고, 우치다가 개회사를 말하고 쓰
쿠다 노부오(佃信夫)를 좌장으로 추천하고, 규약을 정하고 평의원 30
명, 간사 3명(主幹 內田良平 1901년 설립시부터 1931년 대일본생산당설립
시까지 실질적 주간(회장), 幹事 葛生玄晫), 조사위원 5명, 서무원 2명을
선출하였다. 우지다는 주간에, 간사는 우치다와 쓰쿠다 노부오(佃信
夫), 구즈우 도스케(葛生東介) 3명이 맡았다.[340]

(2) 구성원

흑룡회의 구성에 관해서는 정확히 언급하면 회원은 현양사, 동아동
문회, 자유당좌파, 천우협, 이육신보(二六新報), 헌정본당의 인물들에
의해서 구성되었다[341] 흑룡회는 현양사의 초대사장이며 그 당시 중앙
정계에 대외강경정치가로서 활동하고 있던 히라오카 고오타로를 중심
으로 하는 현양사의 인물 또는 현양사에 의해 결성되어진 천우협, 아
라오세(荒尾精)의 사상적 계보를 이어받는 동아문동문회, 오이겐타로
(大井憲太郎)를 중심으로 한 자유당 좌파, 헌정본당원(憲政本黨員),
그리고 1893년 10월 26일 아키야마데스케(秋山定輔)에 의해서 창간
된 「이륙신보(二六新報)」 소속 사람들에 의해 구성되어 있다.[342] 여
기에는 서구열강의 아시아 침략에 대항하여 아시아의 독립과 부흥을
주장하는 아시아주의자나 또는 아시아주의운동에 동감하는 인물들이
다수 포함되어 있었다. 또한 세대에 의해 대별하면 조선이나 청국, 러

---

339) 黑龍會報, 前揭 第1集, 1901年 3月, pp.121-125; 黑龍會, 東亞先覺志士記
    傳(全三卷) 上卷, p.678.
340) 위 주석 참조.
341) 黑龍會, 前揭 會報 第1,2集, 參照.
342) 채수도, 앞의 논문, p.34.

시아 등에서 적극적으로 대륙활동을 펼친 우치다 료헤이 등과 같은 젊은 그룹과 그들에게 사상을 불어넣기도 하고 또는 경제적으로 지원을 하면서 때로는 행동방침을 구체적으로 지지하는 장로그룹으로 나눌 수 있다. 그리고 회원 중에는 히라오카를 비롯한 고무치도모즈네(神鞭知常), 하토야마가즈오(鳩山和夫), 고노히로나카(河野廣中), 다카하시히데오미(高橋秀臣), 이누카이쓰요시(犬養毅, 수상역임), 나카에죠민(中江兆民), 오이겐타로, 에토신사쿠(江藤新作) 등의 거물 정치가가 많이 포함되어 있다.343)따라서 이들은 정치엘리트 집단이다. 또한 흑룡회의 지도층은 어디까지나 일본정계를 움직이는 정치가를 중심으로 하는 원로그룹이었다. 현양사계는 히라오카 고오타로, 도야마 미쓰루, 스기야마 시게마루(杉山茂丸) 등이고, 한국병합과 중국문제에 관한 동아동문회 출신의 오가와 헤이키치(小川平吉)가 중요한 인물이다.344)

---

343) 위의 주석 참조.
344) 위의 주석 참조.

「표 1」 흑룡회 초기회원345)

흑룡회 초기회원의 정치적 계통분류를, 현양사 및 히라오카 고오타로(平岡浩太郎)계는(Ⅰ), 동아동문회는(Ⅱ), 자유당좌파는(Ⅲ), 천우협(天佑俠)은(Ⅳ), 이육신보(二六新報)는(Ⅴ), 현시점에 있어서 불명은(?)로 표기했지만, 다른 단체에도 중복 소속하고 있는 회원들이 많다(인명은 오십음도순).

정치적계통	인명	출신	학력	직업	출생년도	비 고
Ⅰ/Ⅱ	內田良平	福岡	동아어학교	방학	1874	1891년 赤池탄광감독, 1894년武田範之등과 천우협참가, 1897년시베리아횡단, 동아동문회참가.
Ⅳ/Ⅴ	本間九介	福岡		二六新報기자	1867	천우협관계 인물로 일시 부산에서 활동.1902년조선의 대구에서 비룡상회를 경영하면서 조선내지의 상황을 조사.
	大原義剛	福岡	게이오대학	福陵新聞기자	1869	제7회선거(헌정본당)에당선하고, 11회(입헌국민당)-12회(입헌동지회)의 국회의원.1894년천우협참가, 九州日報社長.
Ⅴ	伊東正基	山形	와세다대학	二六新報기자	1873	일청전쟁시 종군기자, 中野二郎의 북해도러청어학교에서 러시아어를 배움, 블라디보스토크에서 활동중에 內田良平와 교류, 손문의 중국혁명지원.
	末永節	福岡			1869	福陵 新聞특파원, 후에九州日報기자로서 중국 武昌혁명군에서 통신활동, 손문원조 및 遼東신보사장.
Ⅰ	秋山長次郎	茨城	水戸중학	報知新聞	1875	平岡浩太郎의書生, 일시報知新聞社에입사하지만,1900년경 동사를 그만두고 平

345) 채수도, 근대일본에 있어서 「아시아주의 운동」, "흑룡회중심으로:초기회원의 정치적 성격분석" ://www.hanshin.ac.kr/~board/way-board/db/Japolecosocial_board/file/일아시아주의운동채수도.hwp 참조.

?	성명	출신	학력		직업	생년	내용
					社員		岡浩太郎의집에서 執事가된다.
	中田辰三郎				二六新報기자		천우협의 鈴木天眼과 동료.
	上田黑潮	福岡			筑紫고등여학교교사		的野半介와 교제가 있으며조선일보(부산지역)활동, 흑용회에서는 機關紙『亞細亞時論』을 집필.조선과 중국문제에 관심을 가지고 노력함.
?	小山光利	靜岡	게오학	이대학		1869	일한통상협회 特派員, 동양척식회사 參事.
	櫻井轍三	茨城	중앙대하		時事新報기자	1872	時事新報社 정치부장.
	園城寺清				万朝報신문기자		1900년국민동맹회의 발기인의 한사람으로서 頭山滿등과참가, 同志記者俱樂部員(명치31년 東京, 府下의 신문기자중에서 헌정본당을지지하는사람들에의해조직된 집단), 헌정본당원.
	眞藤義丸	福岡	게오학	이대		1877	國士館 專門學校 이사.
	阪東宣雄	兵庫	와다학	세대학	일본신문기자	1868	저서『滿蒙大觀』이 있다.
	小越平陸	新潟			前陸軍兵士	1866	中西正樹와 宗方小太郎등과 중국대륙에서활동, 특히러시아의 만주진출에 대하여조사활동.대러관계에있어서 여론을 모으기위해서 『白山黑水錄』을 저술하고, 만주사정을 국내에 소개하기도했다.
	牧野賤雄						東京佐渡人會 代表.
	三宅豹三	廣島	게오	이대	時事新報	1858	福澤諭吉가時事新報를 창간할무렵입사, 一時 後藤象二郎의 비서역임, 김옥균과

		학퇴	중학 기자		교류가 있으며, 김옥균의 상해도항을 반대.
尾崎行昌	熊本	錦城中學	기자	1874	독학으로 영어및독일어를 습득, 宮崎滔天과 內田良平등과함께중국혁명지원 (1899년).

青木敏郎　　　　秋山永之助　　　　秋山善次郎　　　　秋保親兼
　　安達乙熊

阿部茂惣八　　　天野市太郎　　　　有賀皆吉　　　　安藤久三郎
　　安東不二雄

飯田幸之助　　　飯田繩平　　　　飯塚國三郎　　　　石浦平三郎
　　石崎酉之丞

石澤發身　　　　石田清　　　　　板倉永助　　　　板倉中
　　伊藤元二郎

伊藤湯首郎　　　井上敬二郎　　　　井上豊熊　　　　岩倉善記
　　上田將

上野岩太郎　　　宇野律五郎　　　　江口隼太　　　　江藤恒策
　　海老原寅三

尾池義雄　　　　大井千之　　　　大須賀康之助　　　大塚瀧次郎
　　小山内通敏

大庭平太郎　　　折橋慶治　　　　許斐陽一　　　　樫尾七太郎
　　片野文助

加藤久太郎　　　加藤主計　　　　金川登發　　　　川村悼
　　川上行義

鎌田正策　　　　神林虎藏　　　　北山一郎　　　　喜多尾光弘
　　工藤鐵男

久保義一　　　　藏原惟郭　　　　黑川九馬　　　　桑原淳貫
　　古賀小一

國府種德　　　　小崎文治郎　　　　小酉春雄　　　　兒玉秀雄
　　小松崎吉雄

近藤五郎	齊藤隆夫	齊藤金三郎	齊藤幸之助
齊藤退藏			
坂卷茂次郎	坂本生成	佐佐木兼吉	佐藤九門
佐藤與介			
佐藤琢治	品川信建	紫雲義一郎	篠崎昇之助
澁田鹿三郎			
清水欽四郎	白井重任	新川長藏	末次磯起
末永彌廣			
菅菊太郎	菅原孫次	鈴木儀右衛門	鈴木茂太
鈴木藤太郎			
鈴木雅吉	關和知	關善次	關根雄三郎
瀨端隆四郎			
高塚作次郎	高安龜二郎	高見吾	高山孝之助
高山直純			
高山英雄	田川大吉郎	田中勇右エ門	田野倉鶴吉
竹內正輔			
竹田寅藏	伊達喜太郎	瀧澤助三郎	武井達夫
千葉兵藏			
長連正	辻安彌	對馬忠藏	寺田勝士
鳥居博			
遠山景直	富井宗之助	中野勇平	中村舜二
中山逸三			
長塚源二郎	長塩亥太郎	永澤仲之亮	西村正(니시무
라마사쿠니)西村甚右衛門			
新田貞橘	野口喜太次	野附常雄	長谷川漁刀
濱貞雄			
初見八郎	原槌衛	林貞二郎	林安繁
林寬次郎			

阪東信太郎　　　半田福平　　　　日戸勝郎　　　平田學
　　　　平澤小隼太

廣田良介　　　廣津三吉　　　　匹田銳吉　　　藤田順吉
藤山長民　　藤原耕造　　　福井進　　　松岡暇
松野士十　　松原溫三　　　松嶋宗衛　　　增田良三
增田義一　　增永信東　　　前川槙藏　　　俣野義郎
宮國千代吉　宮崎廉　　　宮嶋鎗八　　　宮川義龍
宮部我何人　三門長四郎　　南佐重　　　水主增吉
三矢重松　　閔岐鎬　　　村田忠二郎　　牟田口猪之助
森肇　　森隆介　　　盛田曉　　　門馬小十郎
安岡秀夫　　安田俊午郎　　山方太　　　山下千代雄
山下稻三郎　山田靜馬　　　山本金三郎　柳內義之進
吉田竹之助　　渡辺新

이름				생년	설명
小幡虎太郎					葛生能久(修亮)와함께, 1905년『조선일보(나중에부산일보)』를 간행.
河村武道	福岡			1875	현양사내에 무술도장「明道館」을 만들고, 후진을 지도함. 1900년福岡유도가(柔道家)연합회를 조직, 만주의군참가, 현양사사장 進藤喜平太의 비서역임.
菊池軍三郎					블라디보스토크에서 內田良平와함께, 유도관에서 활동하면서 러시아의 정보수집.
坂本格	福岡	중앙대학	福岡興業은행원	1865	1891년 법학원(중앙대학교)을 졸업하고, 縣會議員에 당선.일본농업주식회사 福岡興業은행중역, 挽住撫順실업협회장.
佐藤虎次郎					中西正樹와 內田良平, 小川平吉등과 櫻田俱樂部참가.
椎葉紀義	長崎		全陸軍曹長	1869	平岡浩太郎의 門下에 들어감. 內田良平 블라디보스토크에서 러시아정보수집.
島田經	福				유소년시절부터 末永節과의 교유관계로平

	一 岡				岡浩太郎의 門下에 들어감. 그리고 중국의 상해제화점에서 중국사정을 조사, 천우협결성에있어서 内田良平의 충고를 무시하고 현지에서 무기조달할려고 했지만 경찰에 체포. 그후 중국혁명을 위해 자신의 사재를 투입함.
	鈴木重治				북해도 러청어학교에서 봉술을담당하면서 内田良平와 古川里美와 교유함.
	清藤幸七郎	熊本		187 2	宮崎滔天과 교제하면서 内田良平와함께 손문의 중국혁명지원, 흑용회에서는 『時事月刊』의 편집을담당.중국의 신해혁명발발과함께 중국에서 활동.
	高田三六	福岡	육군사관학교	前중위 186 7	1889년 육군보병소위에 임명되어 그뒤 중위로 이어졌지만, 대륙진출의 뜻을 품고 1893년군을 그만두고조선과 시베리아에서 조사활동.
	高橋秀臣	愛媛	명치대학	186 8	18세의나이로 소학교교사.19세에서 경찰서순사, 21세에서 명치대학에서 법률및 정치학을 공부했다. 1905년 요동반환의 굴욕에 분개하고 진보당유세에 참가하는 것이계기가 되어정치가의 길을 걷게되었다. 대러개전을 촉구, 제 17회총선거(입헌민정당)당선.
	多田作兵衛	福岡		정치가	제3,4회(입헌자유당)총선거에 당선. 6회(헌정당), 7-9회(입헌정우회)의 국회위원.
	辻暎	東京		사진가	187 0	中野二郎과 함께 시베리아에서 정보수집활동.
	角田宏顯	佐賀	와다대학	세 요동신문기자	186 6	末永純一郎가 주재(主宰)하는 요동신보에서활동. 만주에서활동. 그후 중국혁명당 지원하면서 만주에서 서거.
	平岡常次郎	福岡		탄광경영	186 5	平岡浩太郎의 동생.
	福本誠	福	사 법	일본	185	제10회 총선거(헌정본당)당선. 井上雅二

	岡	성 법 학 교 중퇴	신 문 기 자	1	와 함께 동아회를 결성.일청전쟁때에는 종군기자로서참가. 末永節등과 손문지원.1904년 九州일보사장겸 주필.일시국민당에입당하여 犬養毅를도왔지만, 1912년의 총선거에서 낙선뒤 정계은퇴. 저서로는 『筑前志』, 『英雄論』등이있다.
古川里美					북해도 러청어학교에서 참모본부 및 제7사단의 위탁생을 교육함.
本城安太郎	福岡		일 본 신 문 기 자	1 8 6 0	프랑스유학을 하고 귀국. 일청전쟁 및 북청사변에도 육군통역관으로서 종군활동.
松本正純					일본의 대륙진출을 돕기위해 內田良平와 井上雅二등과 활동.

이상

248명

賛助員(38명)

市川高策   犬養毅   池邊吉太郎   飯田新右衛門   內山松世

大塚常二郎   大井憲太郎   金岡又左工門   木村猶彌   鞍谷淸愼

神鞭知常   河野廣中   坂本金彌   佐佐木正藏   菅野善右工門

鈴木儀左工門   關直彦   寺田彦太郎   頭山滿   中江兆民

長郷太輔   西村眞太郎   沼田宇源大   野門五造   畠山雄三

鳩山和夫   平岡浩太郎   降旗元太郎   藤澤幾之助   堀越寬介

宮嶋舘八   三田村甚三郎   牟田常儀   望月長夫   門馬尙經

八坂甚八   安川繁成   吉田源八.

『發禁黑龍會會報一・二集』, 『東亞先覺志士記傳』, 『硬石五拾年譜(上卷)』『東亞時論』『近衛篤麿日記』『覆刻 天佑俠』『覆刻 黑龍』『三十三年の夢』『頭山滿評傳』『玄洋社社史』『玄洋社發掘』『東亞同文會史』『天佑俠』『對支回顧錄』등에서 작성함.

V. 일본흑룡회의 활동

1. 초기활동

초기에는 일반대중들에게 동아시아의 전반적인 실태와 러시아의 상황을 전달하기 위해 1901년 3월부터 흑룡회 회보(黑龍會會報)를 발행하였다. 그러나 회보는 제2호의 러시아개전을 촉구하는 글을 게재하여 폐간되고,[346] 5월부터 1903년 3월까지는 '흑룡'이라는 월간지를 발행하였다. 1907년 5월부터 속간되었다가 1908년 3월호가 끝이다.[347] 내용은 러시아, 중국, 만주, 몽고, 한국에 관한 문제를 중심으로 다뤘고, 초기에는 러시아 문세를 집중적으로 나뤘다.[348]

특히 언론을 통하여 대러 개전의 여론을 조성하는 한편 흑룡회는 지도 발행에도 상당한 신경썼다. 흑룡회는 당시 일본에서 가장 정확한 만주지도라고 평가받고 있던 「최신만주지도(最新滿洲圖)」를 1901년 4월에 발행한 데에 이어, 5월에는 가로와 세로가 6자가 넘는 큰 러시아의 동아시아 침략상과 만주, 한국, 시베리아의 현상을 설명하는 「러시아동방경영부면전도(露國東方經營部面全圖)」를 발행하였다.[349] 이 지도의 출판을 위하여 우치다는 외무성과 육군성으로부터 2,000엔의 보조금을 받았다.[350] 이 때 외상 고무라 쥬다로(小村壽太郎)의 허락을 받아 당시 외무성 정무국장이었던 야마자 엔지로(山座圓次郎)는 외무성에서 300부(한부 5円), 육군성에서 500부를 구매할

---

346) 黑龍會, 黑龍會三十年事歷, 1931, p.7; 前揭 國士內田良平傳, p.246 ; 한상일, 앞의 아시아 연대와 일본제국주의, p.121 참조.
347) 한상일, 앞의 아시아 연대와 일본제국주의, p.121 및 주석 18) 참조.
348) 위의 주석 참조.
349) 前揭 黑龍會三十年事歷, p.7; 前揭 國士內田良平傳, p.247-248 ; 前揭 東亞先覺志士記傳(全三卷) (上卷), pp.680.
350) 前揭 國士內田良平傳, p.249.

것을 약속하고 그 대금의 절반인 2,000円을 선금으로 우치다에게 지
불했다. 이 대금이 흑룡회의 지도발행에 결정적인 도움을 주었다.[351]
이 지도는 당시 러시아의 동아시아 진출 상황을 가장 정확하게 나타
낸 것이기 때문에 러일전쟁 당시 일본군이 전략을 수립하는데 중요한
자료로 사용되었다고 한다.[352]

또한 흑룡회는 1901년 12월 도쿄 간다(神田)에 러시아와 전쟁에
대비하여 통역으로 사용할 인재를 확보키 위해 중국어와 러시아어를
가리키는 흑룡어학교(黑龍語學校)를 설립하여 러시아어를 속성으로
가리켰다. 처음에는 신전중학교를 빌려 사용하다가 1902년 5월부터
는 흑룡회 본부로 이전하여 사용하였고, 러일전쟁이 시작된 1904년에
폐교했다.[353]이 학교는 원하는 사람이면 무료이었다. 당시 일본에는
러시아어에 대한 지식인이 별로 없었기 때문에 일본군은 러일전쟁 중
에 흑룡어학교에서 속성으로 배운 학생들을 통역관으로 사용하였다고
한다.[354]

러시아 문제를 중심으로 활발한 활동을 전개한 흑룡회는 1902년
후쿠오카와 교토에 지부를 설치하고 전국적 조직으로 확대 하였
다.[355] 또한 활동범위를 한국으로 확대하는데 주력하여 9월에는 대구
에 비룡상행(飛龍商行)을 대구에 개점하였다.[356]비룡상행은 한국 내

---

351) 위의 주석 참조.
352) 前揭 黑龍會三十年事歷, p.7; 前揭 國士內田良平傳, p.249-250.
353) 前揭 黑龍會三十年事歷, p.8;前揭 東亞先覺志士記傳(全三卷)(上卷), pp.682.;
    硬石五拾年譜 內田良平自傳, p.85; 蔡洙道, 前揭近代日本における 「アジア主
    義運動」の硏究, p.85.
354) Byas, Hugh, *Government by Assassination*. New York:Alfred A.
    Knopf, 1942, p.187;Storry, Richard. *The Double Patriots.*
    Boston:Houghton Mifflin Co., 1956, p.15; 한상일, 앞의 아시아 연대와 일본
    제국주의, p.124 참조
355) 黑龍, No.10, 1902年 3月, p.72.
356) 黑龍, No.21, 1903年 3月, p.38; 前揭 黑龍會三十年事歷, p.9; 前揭 國士內
    田良平傳, p.264.

륙개발의 선봉으로서 일본세력 부식의 안내자가 되기 위하여, 토지매수와 잡화판매를 위하고, 한국의 사정조사를 위한 임무로 개점하였다.357) 1903년 2월 흑룡회는 해외본부를 부산에 개설하고 요시쿠라 오세이(吉倉汪聖)를 간사로 구즈 요시히사(宮本鐵之介)를 사업담당으로 임명하고, 흑룡회의 잡지 발행지를 부산으로 옮겼다.358)

2. 일러협회

(1) 우치다의 대러관

러일전쟁에서 삼국(러시아, 독일, 프랑스)의 간섭으로 랴오둥(遼東)반도를 잃게 된 일본은 청일전쟁의 혜택을 일본이 아닌 러시아가 누린데 대하여 전국이 들끓었다. 이에 우치다는 러시아를 정탐하고 와서 1901년 흑룡회를 설립하였다. 당시 러시아에 대한 감정이나 절박한 심정은 「미야케 세쓰레이(三宅雪嶺)는 "일본이 직면한 가장 중대하고 시급한 과제는 국력을 기르는 것"359), 후쿠자와 유키치(福澤諭吉)는 "러시아 간섭에 보복할 때까지 실력을 양성하기 위해 일치단결할 것을 국민들에게 호소"360)한 것 등에서 알 수 있다.」361)

우치다의 러시아관도 이러한 맥락 속에서 형성되었고,362) 그 연장선상에서 러시아망국론(露西亞亡國論)과363), 러시아론(露西亞論)을364)

---

357) 前揭 黑龍會三十年事歷, p.9
358) 黑龍, No.20, p.73.
359) 三宅雪嶺, 前揭 同時代史 Ⅲ, pp.57-58.
360) 石河幹明, 福澤諭吉傳 Ⅲ, p.775.
361) 한상일, 앞의 아시아 연대와 일본제국주의, pp.133-134 참조.
362) 위의 주석 참조.
363) 黑龍, 第5號, 1901年 9月, p.69.
364) 內田良平・吉倉汪聖, 露西亞論, 黑龍會出版部, 1901, pp.1-2.

저술하였고, 그에 의하면 러시아와의 전쟁은 필연적이었다. 또한 그는 러시아가 중국을 침략하고 한국을 병탐하며, 동양을 제패하려는 야심을 갖고 있는 이상 일본과의 전쟁은 피할 수 없다고 봤다. 따라서 전쟁은 빠르면 빠를수록 좋고 일본에 유리하다고 판단하였다. 개전과 더불어 속전속결의 전략을 구사해야 하고, 전세의 기선을 잡은 후에는 바로 강화조약을 통하여 일본이 추구하는 목적을 달성해야 한다고 주장했다.365) 이는 러일전쟁이 끝날 당시 다른 우익 국권주의자들과는 달리 우치다는 누구보다도 먼저 휴전과 강화조약의 필요성을 역설하고 이의 실현을 노력하는 현실성을 보였다.366)우치다의 러시아론은 상당히 많은 일본인들과 특히 호월회와 같은 군부의 강경론자들 및 우익 국권주의자들에게 호소력을 갖고 영향을 미쳤다.367)

(2) 일러협회

1900년 산동성(山洞省)에서 의화단사변이 발생하고 러시아가 동청철도를 보호한다는 구실로 만주에 군대를 파병(1900.11.26)하고, 만주에서 군대 주둔권과 배타적 권리확보368)를 하였다.

의화단사건이 진압(1901.9)되고 다른 군대와 철수를 약속한 후 약속불이행이 행해졌다. 이는 열강은 물론 일본 내에서도 반러시아 운동의 원인이 되었다.369)1902년 4월 러시아의 만주 주둔군의 6개월 간격, 3회에 걸친 철수선언 후 반러시아운동이 약화되는 과정에서 일러

---

365) 위의 주석, pp.174-179 참조.
366) 한상일, 앞의 아시아 연대와 일본제국주의, p.147.
367) 葦津珍彦, 大アジア主義と頭山滿, 日本敎文社, 1973, pp.80-81
368) 러시아 관동장관 겸 극동함대 사령관 알렉시에브(E. I. Alekseiev)와 봉천장군 쩡치(增祺)사에 조인된 밀약이다.
369) 前揭 東亞先覺志士記傳(全三卷)(上卷), pp.686.; 前揭 國士內田良平傳, p.258; 한상일, 앞의 아시아 연대와 일본제국주의, p.153.

협회가 설립된 것이다.

러시아론의 강경론과는 다르게 1902년 초부터 우치다는 러시아와 협조적인 우호관계를 주장하고,[370] 동아문제는 무엇보다도 열강의 많은 나라의 이해가 걸린 문제로, 이 문제의 해결책은 러일이 화친하는 것이라는 취지의 기사를 흑룡에 게재하면서 시작했다.[371] 또한 영일동맹이 러일의 친교를 두텁게 하는 것이라고 논설하였다.[372]

1902(明治 35)년 4월 15일 취의서 초안을 공포하고, 7월 16일에는 고무치 도모쓰네(神鞭知常), 스기야마 시게마루(杉山茂丸), 요시쿠라 오세이(吉倉汪聖), 히라야마 슈(平山周), 야시로 로쿠로(八代六郎) 등 20명의 대륙팽창주의자들과 함께 발기회를 개최하였다. 여기에는 흑룡회 회원들이 깊이 관여했다.[373] 야마자 엔지로 외무성 정무국장의 장인인 고무치 도모쓰네가 발기회 회장으로 추대되고 우치다는 준비위원장으로 결정되었다. 또한 발기인 총회는 협회결성을 적극 지지하는 정계의 거물급 인사 44명의 명단을 발표했다. 여기에는 고노에 아쓰마로(近衛篤麿), 이토 히로부미, 이노우에 가오루(井上馨), 도쿠토미 이치로(德富猪一郎), 오쿠마 시게노부(大隈重信), 가네코 겐타로(金子堅太郎), 에노모토 다케아키(榎本武揚), 아키야마 데이스케(秋山定輔), 스에나가 준이치로(末永純一郎), 히라오카 고오타로 등이 포함되어 있었다.[374] 1902년 9월 27일 창립총회가 도쿄 간다(神田) 동기구락부(同氣俱樂部)에서 이노우에 가오루, 에노모토 다케아키, 하토야마 가즈오, 고무치 도모쓰네, 히라야마 슈, 오가와 헤이키치(小川平

370) 한상일, 앞의 아시아 연대와 일본제국주의, p.148.
371) 黑龍, 第9號, 1902년 1月 25日 p.5 참조.
372) 黑龍, 第10號, 1902年 3月 p.1 참조.
373) 黑龍, 第15號, 1902年 8月 p.63 ; 蔡洙道, 前揭 近代日本における 「アジア主義運動」の硏究, p.84; 한상일, 앞의 아시아 연대와 일본제국주의, p.149.
374) 東京朝日新聞, 1902年 7月 17日; 黑龍, 第15號, pp.63-64; 한상일, 앞의 아시아 연대와 일본제국주의, p.149.

吉), 우치다 료헤이 등 50명이 모여 네노모토 다케아키가 회장으로
선출되어375)다음과 같은 일러협회 창립사를 낭독하였다.

『 일본과 러시아는 일의대수와 같이 가까운 거리에 있는 나라이
다. 그럼에도 불구하고 일본과 러시아 사이에는 두 나라 인민들끼
리 서로 사귐이 없었고 이해가 모자란 결과 자주 오해가 있었음을
부인할 수 없다. 이 같은 비우호적인 두 나라 관계를 깊이 우려하
고 있는 우리들은 강호의 찬동을 얻어 러시아와 일본의 사정을 서
로 소통하고 이해와 상호이익을 증진시키기 위해 일러협회를 설립
을 기도한다(日露の 相距る一葦帶水のみ, 而して彼我民人の相識り
相交る未だ太だ深からずして, 兩國 の間往々にして誤解を生ずるこ
とあるを免れず, 吾人深く之を遺憾とし彼我の事情を疏通し, 恊同の
利益を進暢せんか爲め, 向きに同人相議して日露恊會の設立を企圖し
たり).』376)

일러협회의 중심사업은 교류와 상호국의 언어연구, 통상 및 실업
을 위한 조사, 그 지원 4가지이다.377) 이렇게 하여 이즈볼스키
(Alexander Izvolsky) 주일 러시아 공사를 명예회원으로 추대하였
다.378)실제로 협회는 러시아인을 초청하여 무역과 문화교류에 관한
강연을 듣거나379) 또는 러시아를 여행하고 돌아온 회원이나 일반 일
본인들이 러시아의 실정을 보고하는 회합을 자주 가졌다.380)러시아와

375) 黑龍, 第17號, 1902年 10月 p.62 ; 黑龍, 第18號, 1902年 11月 p.69.
376) 黑龍, 前揭 第17號, p.62 ; 蔡洙道, 前揭 近代日本における 「アジア主義運
  動」の硏究, p.84; 한상일, 앞의 아시아 연대와 일본제국주의, p.150.
377) 黑龍, 前揭 第15號 ; 第17號, p.63.
378) 黑龍, 前揭 第18號, p.69 ; 蔡洙道, 前揭 近代日本における 「アジア主義運
  動」の硏究, p.85; 한상일, 앞의 아시아 연대와 일본제국주의, p.150.
379) 黑龍, 前揭 第20號, pp.75-77.

일본이 개전이 필요하다는 우치다의 기본생각에는 변함이 없었으나
국내정세가 여의치 않으므로 이를 고려한 것이다.381)즉, 일러협회도
대러강경 정책상 전략적 후퇴의 수단의 하나였다.382)이처럼 일러협회
가 설립된 배경에는 흑룡회의 전략이 숨어있었다.383)당시 러시아에
대한 일본정부의 대응은 비전론자인 이토오를 중심으로 한 러일동맹
론과 조규군벌의 강경파 카츠라 다로(桂太郎)를 중심으로 한 영일동
맹론이었다.384)이토오는 러일간의 충돌을 회피하여 평화를 유지하는
방향을 모색하고, 자신이 러시아로 건너가 러일교섭을 하려 했다.385)
국내분위기상 한발 물러선 우치다는 이토오에게 일러협회를 조직하는
사업에 적극 지원해 줄 것을 요청했다. 그리고 요청을 받은 이토오는
지원을 약속했다.386)결국 그는 전쟁에서 승리를 통하여 일본은 국경
을 흑룡강까지 확장해야 한다는 그의 신념에는 변함이 없었다.387) 그
러나 러시아가 만주에서 첫 철병은 실행되었으나,388)두 번째 철병은
약속의 이행없이 계속 주둔하자 다시 반러시아 분위기가 고조되었
다.389)이에 국민동맹회, 대러동지회 등의 국권주의 단체는 물론, 명
망있는 7박사(七博士)390)도 카츠라 다로(桂太郎) 수상을 예방하여
만주문제를 해결하기 위해 정부의 대외 강경책을 주문하고, 의견서를

---

380) 黑龍, 前揭 第21號, p.39.
381) 한상일, 앞의 아시아 연대와 일본제국주의, p.151 참조.
382) 蔡洙道, 前揭 近代日本における 「アジア主義運動」の研究, pp.85-86 參照.
383) 蔡洙道, 前揭 近代日本における 「アジア主義運動」の研究, pp.87.
384) 葛生能久, 前揭 東亞先覺志士記傳(全三卷) 上卷, p.686.
385) 黑龍, 第12號, 1902年 5月 p.688.
386) 前揭 東亞先覺志士記傳(全三卷)(上卷), pp.688.; 前揭 國士內田良平傳,
    p.262; 한상일, 앞의 아시아 연대와 일본제국주의, p.152.
387) 한상일, 앞의 아시아 연대와 일본제국주의, p.153.
388) 信夫淸三郎, 近代日本外交史, 硏進社, 1948, pp.122-132 참조.
389) 蔡洙道, 前揭 近代日本における 「アジア主義運動」の研究, pp.87-88; 한상
    일, 앞의 아시아 연대와 일본제국주의, pp.155-156.
390) 富井政章, 戶水寬人, 小野塚喜平次, 金井延, 中村進午, 寺尾亭, 高橋作衛이다
    (大津淳一郎, 大日本憲政史 第5卷, p.642).

제출하여,391) 한반도와 만주에서 일본의 권익을 굳혀야 한다는 강경 태도를 보였다.392)흑룡회의 도야마(頭山, 흑룡회의 적극적 후원자), 히라오카(平岡, 흑룡회의 적극적 후원자), 고무치(神鞭, 흑룡회의 적극적 후원자)는 카츠라 수상을 제외한 비전론의 거두인 추밀원의장 이토오에게 전쟁을 촉구하였다.393)이처럼 대러 전쟁촉구가 고조될 때, 흑룡회의 해외지부가 있는 부산에서는 우치다를 중심으로 몇 명의 강경한 주전론자의 '대러의 위기'를 발행하고, 정부의 최고책임자에 대하여 최후의 결단을 촉구했다.394)그 뿐만 아니라 언론계와 정당 그리고 군부의 고위 장교들 안에서도 러시아 일소론(一掃論)이 점차 높아졌다.395)이러한 분위기 속에서 1903년 4월부터는 협회의 모든 활동은 사실상 중단되었다. 우치다는 또다시 러시아와의 전쟁을 강조하고 나섰을 뿐만 아니라 군부의 지도자들과 연결하여 다가올 전쟁에 대륙팽창주의자들이 직접 참여할 방법과 전략을 논의하기 시작했다.396)고무치(神鞭) 등은 카츠라 수상과도 대러문제에 관해서 의견을 교환하고, 대러강경책을 주장하였다. 이처럼 그들의 활동은 정부의 고관이나 유력자를 방문하여 정부에 대하여 공작을 하였다. 또 우치다의 숙부 히라오카 코오타로(平岡浩太郎)는 일러간의 근본문제의 하나는 만주에 대한 것으로 일본의 극동경영에 있어서 만주지배는 필수불가결한 조건이라고 인식하고 있었다.397)

391) 蔡洙道, 前揭 近代日本における 「アジア主義運動」の硏究, pp.88.
392) 大津淳一郎, 大日本憲政史 第5卷, p.642.
393) 위 주석 p.650.
394) 長陵書林編集部, 黑龍會日露戰爭期論策集に就て, (葛生修吉他編 覆刻對露の 危機 和局私案, 1981年 長陵書林)에 따르면, '대러의 위기'는 일러개전직전의 1903년 8월경, 러시아와 개전을 촉구할 목적으로 부산지부에서 발행한 것이다(黑龍會日露戰爭期論策集に就て, p90 참조).
395) 堀眞琴, 日露戰爭前後, 東京:白揚社, 1940 pp.121-137; 渡邊幾治郎, 日本近世外交史, 東京:千倉書房, 1938, pp.353-361;한상일, 앞의 아시아 연대와 일본제국주의, p.156.
396) 한상일, 앞의 아시아 연대와 일본제국주의, p.156.

이처럼 일러 개전을 향한 흑룡회의 대외강경운동은 우치다를 중심
으로 하는 소수의 대러개전의 여론몰이 활동과 현양사 출신의 히라오
카 고오타로(平岡浩太郎), 도야마 미쓰루(頭山滿), 야마자의 장인 고
무치 도모쓰네(神鞭常知)398) 등의 정계 상충부를 대상으로 하는 것으
로 분담하였다. 또한 정부에 자신들의 뜻을 관철시키기 위해 대러동지
회는 연명으로 일러 개전직전인 1903년 12월 16일 위원장으로 있는
고무치(神鞭) 이하 동지회원 59인의 연명으로 한통의 상소(奏疏)를
명치천황에게 제출하였다.399)이와 같이 흑룡회의 조직적 대응에 따라
서 러일전쟁이 촉발된 것이다.400)

VI. 독도영유권과 일본흑룡회

흑룡회는 러일전쟁에 대비하여 내륙 곳곳을 정탐하여 본국에 보
고하였다. 한국도 예외는 아니어서 한반도 내륙을 정탐하여 보고하였
다. 이런 자료들은 군사상 긴요하게 사용되어 전쟁에 활용됨으로써 전
쟁을 승리로 이끌어 내는 요인이 되었다. 그 중 한국의 해안에 대하여
는 흑룡회의 간사 구즈우 슈스케(葛生修亮)가 발간한 「한해통어지침
(韓海通漁指針)」이 일본에 소개되어 많은 기여를 하였다. 그는 후에

397) 滿洲經營私見, 平岡浩太郎文書 參照; 蔡洙道, 前揭 近代日本における 「アジ
ア主義運動」の硏究, p.91.
398)//ja.wikipedia.org/wiki/:神鞭常知 참조: 고무치 도모쓰네(神鞭常知,
1848.9.1. - 1905.6.21.)는 메이지 시대의 관료, 하원의원(당선 횟수 총7회)이
다. 외무성 야마자 엔지로 정무국장의 장인이며, 흑룡회의 적극적인 후원자이
다. 문관 고등시험 위원장, 임시 정무조사위원 등을 역임하였다(부록참조).
399) 橋本五雄編, 謝海言行錄, 大空社, 1988, pp.54-55.
400) 蔡洙道, 前揭 近代日本における 「アジア主義運動」の硏究, p.91.

한일합방건의서 초안을 작성한 인물이기도 하다. 한해통어지침을 발간한 이유에 대해, 한국은 일본과 가장 근접하고 지리상 서로 떨어질 수 없는 곳에 있으며, 일본은 인구가 매년 급증하여 이를 소화할 곳이 필요하다. 다행히 한해어업은 원래부터 일본의 통어구역에 속하므로, 일본의 많은 어민들을 충분히 소화할 수 있다. 이는 일본어민들에게 이익이 되고, 국가국민에게도 이익이 된다. 따라서 일본의 어민들을 소화할 좋은 길을 구하고 동시에 일본의 인구를 외부로 배출하는데 필요한 곳이 될 수 있다고 한해통어지침 서문에서 말하고 있다.401) 여기서의 서문은 농상무성 수산국장 마키 나오마사가 한국에서 구즈우와 함께 조선의 바다를 조사한 인연으로 써준 것이다. 구즈우는 1899년 6월 27일부터 1900년 5월 20일 약 1년 6개월 동안 188일간에 걸쳐서 총 1,500여리를 돌아다니며 조선연해 어장의 지형과 지리, 해리와 기후, 중요수산물, 일본인어업의 형세, 포경업, 조선인어민의 어업 상황을 조사하여402) 발간한 책이 한해통어지침이다. 이때 구즈우와 마키, 야마자는 한국에서 만났다. 이 책은 1900년 11월 3일 탈고하여 1903년 출판되었다.403) 구즈우는 한해통어지침을 탈고한 후 1901년 4월 제국신문에 투고하였고,404) 제국신문의 기사는 1901년 지학잡지에 인용되었다. 즉, 한해통어지침에서 제국신문으로, 제국신문에서 지학잡지로 이어진다. 이는 내용들이 많은 부분에서 유사하다는 점에서 동일한 자료이거나 많은 영향을 받은 자료로 파악되고 있다.405) 일본의 영토편입과 관련하여 그 특징을 살펴보면, 다음과 같다. 무주물 선

---

401) 葛生修亮, 韓海通漁指針, 黑龍會, 1903. p.1 參照.
402) 김수희, 앞의 논문, p.118 참조.
403) 김수희, 앞의 논문, p.129 참조.
404) 여기에 대하여 누가 투고하였는지 알 수는 없으나 구즈우가 흘린 정보에 의해 만들어졌을 가능성이 높다고 하는 견해(김수의, 앞의 논문, pp.128-129)가 있다.
405) 근거로는 동일성에 관하여 네 가지 정도를 예시하고 있다(김수희, 앞의 논문, p.129).

점의 대상이 되는 '무주지'는 「국가의 영유소속 불명(무인도)+영유선언 부존재(영토편입 부존재)」가 필요하다. 여기서 한해통어지침은 '한일의 같은 거리에 무인도가 있다'406)고 말하고 있다. 한해통어지침에서 말하는 '무인도'는 '국가간 영유소속 불명'을 말하는 것으로, 무주물 선점의 대상이 되는 '무주물'을 말하고자 하는 것이다. 그 근거의 첫째는 영해내의 무인도는 말 그대로 사람이 살지 않는 섬이지만 국가 사이의 무인도는 '영유소속이 불명하다'는 것을 말하는 것이다. 둘째, 한해통어지침 하나만 보면, 무인도가 사람이 살지 않는 섬이지만, 그에 영향을 받아 작성된 동일성이 인정되는 지학잡지에서는 명확하게 국가간 영유소속이 불명이라고 말하고 있다. 셋째, 한해통어지침은 울릉도와 양코도(독도)를 분리하고 있으며, 부속지도 한해연안약도에서는 한국영토의 경계를 울릉도까지로 하고 독도는 제외되어 있다는 점407)이 근거이다. 따라서 한해통어지침에서 말하는 무인도는 사람이 살지 않는 섬이 아니라 국가간 영유소속이 불명인 섬, 즉 국제법상 '무주물(무주지)'을 말한다.408)

제국신문을 거쳐 지학잡지(1901)는, "일본 바다(일본영해) 가운데 한일의 같은 거리에 무인도(소속불명)가 있으며, 일본의 해도나 영국의 해도에도 없는 섬(국제법상 영유선언의 근거가 되는 '영유선언 부존재')이 있고, 일본인이 울릉도에서 존재를 확인(발견)했는데, 한

---

406) 葛生修亮, 韓海通漁指針, pp.123-124 참조.
407) 奧原碧雲, 竹島經營者中井養三郎 立志傳, 1906; 김수희, 앞의논문, p.132 참조.
408) 여기에 관해서는 한해통어지침의 내용 중에서 "한국의 바다를 설명하고 있는 책에서, 강원도 절에 울릉도 다음에 독도의 기술이 있는 것은 독도가 한국영토인 근거이며, 이를 바탕으로 일본은 독도가 한국 강원도에 속해 있었다고 인식하고 있는 증거라고 하는 견해"가 있다(이영학, 19세기 후반의 일본 어민의 동해 밀어와 조선인의 대응, 한국학중앙연구소 제6회 세계한국학대회, 2012.9.25. 참조). 그러나 이는 잘못된 해석이며, 한해통어지침은 독도에 대한 일본영토 가능성의 주장을 위한 것으로 반대로 해석해야 한다고 생각된단(저자 주장).

일은 독도가 아닌 일본식 명칭 양코도409)라 한다"고 기술하고 있다.410) 무주물 선점의 대상이 되는 '무주지'발견하여 영유선언(영토편입)이 필요하다고 인위적으로 조작하고 있는 것이다. 흑룡회가 한해통어지침이나 지학잡지에서 말하고자 하는 무주물 선점의 대상이 되는 '무주지'에 대한 개념은 그대로 정부관료인 농상무성의 마키 수산국장, 해군성 기모쓰키 수로부장, 외무성 야마자 정무국장에게 직간접으로 전해졌다.

한편, 일본은 시마네현 고시 제40호 지방현 고시로, 독도를 일본영토에 편입하였다. 즉, 나카이 요사부로의 영토편입 및 대하원의 신청, 농상무성 마키 나오마사 수산국장의 '소속불명(무인도)'의 말, 해군성 기모쓰키 가네유키 수로국장의 미국의 해도를 근거로 한 '영유선언(영토편입)'권유로, 한국영토 독도는 국제법상 '무주지'가 되어 일본영토로 편입되었다. 또한 외무성 야마자 엔지로 정무국장은 러일전쟁의 상황에서 적함감시의 '전초기지'로 활용코자 하는 의도로 내무성 지방국의 반대의견을 묵살하였고, 조슈의 우익군벌인 카쓰라는 내각회의에서 '무주물 선점'에 의한 편입결정을 이뤄냈다. 결국 이는 「소속불명(무인도) + 영유선언 부존재(영토편입 부존재) = 국제법상 무주물 선점의 대상인 '무주지'요건 성숙」이라는 등식이 성립한다. 따라서 나카이 요사부로의 대하원 신청에 대해 농상무성은 '영유소속 불명'을 말하고, 해군성은 '영유선언 부존재(영토편입 부존재)'를 말하여, 영토편입의 고의를 드러내고 있다. 결국 한국영토 독도가 일본영토로 돌변한 것이다. 이들은 일본흑룡회가 인위적으로 조작한 '무주지'를 근거로 한국영토 독도를 일본영토에 편입한 것이다.

일본흑룡회는 한해통어지침에서 인위적으로 조작된 정보를 제국신

---

409) 명칭의 유래는 여기서는 별론으로 한다.
410) 前揭, 地學雜誌, p.301 參照

문과 지학잡지, 마키 수산국장 및 야마자 정무국장에게 직접적으로 제공하고, 일본 내와 다른 정부관료에게는 간접적으로 제공하였다. 그 결과 농상무성은 소속불명을 말하고, 해군성은 영유선언을 권유했으며, 외무성은 내무성의 세 가지 반대 사유를 묵살하고 편입을 강행하였다.

특히, 영토편입과 관련된 부서는 「내무성과 외무성, 그리고 농상무성」이며, 당시 직접 관련된 부서의 대신 모두는 우익세력이 점유하고 있었다. 이 중 내무성은 조슈군벌의 내무대신 요시카와 아키마사(조슈군벌의 거두 야마가타 아리토모의 측근)가 내무성 실무절차를 총 지휘하고, 외무성은 카쓰라가 발탁한 고무라 쥬타로 외무대신(야마자 엔지로 정무국장을 발탁한 인물)이, 농상무성은 키요우라 케이고 농상무 대신(야마가타 아리토모의 측근)이 맡아 처리했다. 내각회의에 회부된 다음에는 조슈군벌의 2인자 총리 카쓰라 타로(흑룡회와 현양사, 호월회가 모두 지지하는 인물)가 내각결정을 이끌어 냈다.

V. 소결

흑룡회는 낭인집단이 아니라 정치엘리트 집합체이며, 대륙진출의 전위부대의 성향을 가진 정치단체이다. 흑룡회는 러시아의 남하저지와 일본의 경제적 이익을 위해서 다양한 분야의 사람들에 의해서 설립된 정치단체로 출발했지만, 그 최대의 특징은 아시아 문제 전문가의 집합체이며, 동시에 일본 중심의 아시아 연대를 주창한 정치단체로서 일본대륙정책의 브레인 역할을 수행한 일종의 극동문제 연구소이다. 흑룡회는 현양사와는 달리 처음부터 우치다가 중심이 된 강력한 단체이다. 또한 현양사와 달리 흑룡회는 처음부터 강력한 체제를 갖출 수 있는 여건을 지니고 있었다. 흑룡회는 여러 파벌의 집합체가 아니라 우치다가 중심이 되어 강력히 규합된 조직체이다.

한편, 일본흑룡회와 일본의 독도편입과 관련해서, 일본은 시마네현 고시 제40호 지방현 고시로, 독도를 일본영토에 편입하였다. 즉, 나카이 요사부로의 영토편입 및 대하원의 신청, 농상무성 마키 나오마사 수산국장의 '소속불명(무인도)'의 말, 해군성 기모쓰키 가네유키 수로국장의 미국의 해도를 근거로 한 '영유선언(영토편입)' 권유로, 한국영토 독도는 국제법상 '무주지'가 되어 일본영토로 편입되었다. 또한 외무성 야마자 엔지로 정무국장은 러일전쟁의 상황에서 적함감시의 '전초기지'로 활용코자 하는 의도로 내무성 지방국의 반대의견을 묵살하였고, 우익군벌인 카쓰라 총리는 내각회의에서 '무주물 선점'에 의한 영토편입 결정을 이뤄냈다. 결국 이는 「소속불명(무인도) + 영유선언 부존재(영토편입 부존재) = 국제법상 무주물 선점의 대상인 '무주지'요건 성숙」이라는 등식이 성립한다. 따라서 나카이 요사부로의 대하원 신청에 대해 농상무성은 '영유소속 불명'을 말하고, 해군성은 '영유선언 부존재(영토편입 부존재)'를 말하여, 영토편입의 고의를 드러내고 있다. 결국 한국영토 독도가 일본영토로 돌변한 것이다. 이들은 일본흑룡회가 인위적으로 조작한 '무주지'를 근거로 한국의 영토 독도를 일본영토에 편입한 것이다. 따라서 일본의 독도에 대한 영토편입에는 흑룡회가 많은 기여를 했다고 본다.

제6절 일본호월회

I. 서언

*일본호월회*는 일본의 가장 우익인 육군과 해군 참모본부의 소장
파와 외무성 실무정책 입안자들이 만든 단체로 이들은 일러전쟁론에
관하여 개전 여부에 대한 두 견해 중 강경론과 흑룡회의 강경론에 동
조하는 이들이 비밀리에 만든 단체이다. 즉, 일러개전론에는 커다란
두 종류의 흐름이 있는데, 하나는 파벌이 없이 움직이는 이토히로부미
(伊藤博文)411)의 대러파의 신중론이 있고, 또 다른 하나는 파벌을 만
들어 활동하는 조슈파벌(長州閥)의 야마가타 아리토모(山縣有朋)412)
와 카쓰라 타로(桂太郎)413) 등의 강경론이 있다. 청일전쟁 후 이토는
대러 유화정책을 취하고, 무쓰 무네미쓰(陸奧宗光), 이노우에 가오루
(井上馨) 등과 함께 러일협상론과 만한교환론을 주장하여 러시아제국
과의 부전(不戰)을 주장했다. 동시에 카쓰라 타로(桂太郎), 야마가타

411)//ja.wikipedia.org/wiki/:伊藤博文　　참조:　　이토히로부미(伊藤博文,
　　1841.10.16. - 1909.10.26.)는 일본의 무사(조슈번의 무사), 정치가. 위계서열
　　종일위. 훈등 대훈위. 작위는 공작. 칭호는 명예박사(예일대). 아명은 리스케
　　(利助), 이후 슌스케(春輔, 舜輔)이라고도 불렀다. 이토 히로부미 (이등박문, 천
　　보 12 년 9 월 2 일 (1841 년 10 월 16 일) - 1909 년 (1909 년) 10 월
　　26 일)는 일본의 무사 (조슈 무사), 정치가이며, 작위는 공작이다(부록참조).
412)//ja.wikipedia.org/wiki/:山縣有朋　　참조:야마가타　　아리토모(山縣有朋,
　　1838.6.14. - 1922.2.1.)는 조슈번의 중간 · 야마가타 유미노루(山縣有稔)의
　　장남으로 태어났다. 조슈번의 사숙인 요시다 쇼인의 마쓰시타 촌숙(松下村塾)
　　에서 배웠고, 일본의 무사(조슈 번사) 육군 군인, 정치인으로, 계급은 원수 육
　　군대장. 위계 종일위. 훈등 대훈위 공일급 작위는 공작이다(부록참조).
413)//ja.wikipedia.org/wiki/:桂太郎 참조: 가쓰라 다로 (桂太郎, 1848.1.4. -
　　1913.10.10.)는 일본의 무사, 육군 군인, 정치인. 계급은 육군대장. 위계 종일
　　위. 훈등 대훈위. 공급 공3급. 작위는 공작이다(부록참조).

아리토모(山縣有朋), 고무라 쥬타로(小村壽太郎)등은 강경책을 주장하고 영일동맹을 주장하였으나 이토는 이 방안에 대하여는 반대했다.[414] 그밖에 흑룡회의 우치다 견해를 대변해 주는 '러시아망국론'이 있다. 호월회는 그 자체는 사쓰마파벌(薩摩閥) 카와카미 소로구파(川上操六)가 중심이 되었으나 그 노선은 조슈군벌(長州山縣派)의 강경론을 채택하고, 여기에 흑룡회 우치다의 강경론에 동조하는 군부와 외무성의 소장파들의 비밀모임이다. 일본호월회와 독도의 영토편입과는 직접적인 관련성은 적다. 하지만 러일전쟁이라는 일본의 독도편입 당시의 상황을 이해하고 일본우익을 이해하기 위해서는 일본호월회를 잘 알고 있어야 한다. 또한 외무성의 야마자 엔지로 정무국장이 중심이 되어 만든 우익단체가 호월회이고, 일본의 독도편입 절차를 강행한 인물도 야마자 국장이므로, 일본호월회를 살펴볼 필요가 있다.

---

414) ja.wikipedia.org/wiki/ 참조.

Ⅱ. 일본흑룡회와 군부

1. 일본흑룡회와 군부의 관계

러일전쟁 중 흑룡회와 군부는 사실상 분리가 되지 않는 사실상 불가분의 관계에 있었다. 그 근거는, 먼저 호월회의 주장은 그동안 우치다가 흑룡회 결성 이후 쉬지 않고 강조해 온 것과 조금도 다를 바가 없었다.415)즉, 러일개전에 대한 것이다.

『 참모본부 제2부장인 후쿠시마 야스마사(福島安正) 소장, 그는 사쓰마파벌의 카와카미 소로구파였다가 후에 호월회의 후원자인 조슈군벌 참모차장 고다마 겐타로(兒玉源太郎)파벌로 호월회의 후원자이다.416)또한 그는 가와카미 소로구 참모차장 밑에서 정보통으로 일한 적이 있고, 러일전쟁 때는 만주 마적을 이끌고 싸웠다. 후쿠시마는 호월회 멤버인 해군의 가미이즈미 도쿠야(上泉德彌) 중좌(중령)를 불러 다음과 같이 자신의 의견을 밝히고 호월회의 활동을 격려했다. "이제는 러시아와의 전쟁을 더 논할 여유가 없다. 설령 전쟁에서 패한다 해도 러시아와의 전쟁은 필요하다. 우리가 66함대를 건조하고 6개 사단의 육군을 12개 사단으로 증강한 것도 오직 러시아와의 전쟁을 위한 것이다. 만일 지금 전쟁을 하지 못한다면 우리의 모든 노력은 아무런 의미가 없게 된다. 만일 전쟁에서 일본이 패한다 해도 러시아는 일본으로부터 북해도를 빼앗고 막대한 배상금을 요구하게 될 것이다. 이것이 우리가 예상할 수 있는 최악의 경우일 것이다. 결코 북해도를 빼앗지는 못할 것이다. 지더라도 결

---

415) 前揭 東亞先覺志士記傳(全三卷)(上卷), pp.733-734.
416) www.kokubou.com/document_room/members/kodama02.htm 참조.

코 일본이라는 국가가 지구상에서 소멸되지는 않을 것이다. 그러나 우리가 싸우지 않을 경우 이미 동양에 세력을 부식한 러시아는 만주에서 힘을 충실히 길러 한국으로 진출할 것은 명확하다. 그러한 사태가 벌어진다면 러시아와의 협정은 한 장의 휴지조각에 지나지 않고, 일본의 세력은 대륙으로부터 밀려남은 물론, 일기(壹岐), 대마(對馬) 또는 구주(九州)에까지 러시아는 침략할 것이다. 그렇게 되면 결국 일본은 제2의 인도나 미얀마의 운명과 같아질 것이다. 이것을 생각한다면 전쟁 이외의 다른 길은 있을 수 없다. 만일 전쟁에서 패배하는 최악의 경우를 맞이한다 하더라도 다시 일본 국민이 분발한다면 100년 후에는 반드시 복수할 수 있다. 지금 러시아와의 타협은 있을 수 없다".』[417]

다음은 우치다가 1903(明治 36)년 11월 숙부 히라오카와 스기야마 시게마루(杉山茂丸)[418]의 주선으로 고다마 참모차장을 만난다. 고다마 겐타로는 조슈군벌로 호월회를 적극 지지한 인물이며, 고다마가 호월회를 지지함으로써 호월회는 일본 내에서 막강한 힘을 갖게 된다. 고다마는 후쿠시마와 만주에서 정보망구축에 노력했으나 고다마 사후 고다마파는 사멸되었다. 히라오카와 스기야마는 현양사의 핵심회원들로서, 히라오카는 초대 사장이며, 스기야마는 현양사의 핵심이자 흑룡

---

417) 葛生能久, 東亞先覺志士記傳 (上), pp.733-734; 宿利重一, 兒玉源太郎, 國際日本協會, 1942, pp.522-526; 一又正雄, 山座円次郎傳, 原書房, 1974, pp.31-33 參照;蔡洙道, 前揭 近代日本における 「アジア主義運動」の研究, p.98;한상일, 앞의 아시아 연대와 일본제국주의, p.158 참조.
418)//ja.wikipedia.org/wiki/:杉山茂丸참조:스기야마 시게마루(杉山茂丸, 1864.9.15. - 1935.7.19.)는 메이지부터 다이쇼, 쇼와 초기에 걸쳐 각 시대의 정계 실력자로서 경제와 외교, 내정 등에 헌신한 인물이다. 스스로는 관직도 의석도 없는 재야사람이었지만, 야마가타 아리토모, 마츠카타 정의, 이노우에 카오루, 가쓰라 다로, 코다마 겐타로, 고토 신페이, 데라우치 마사타케 등의 참모역을 맡아 정계의 배후실력자로 불렸다(부록참조).

회의 절대적 후원자인 도야마의 심복이다. 따라서 우치다는 이들을 잘 알고 있었다.[419] 또한 스기야마 시게마루는 고다마 참모차장을 잘 알고 있었는데, 다음과 같다.

『 스기야마는 한가클럽(暢氣俱樂部) 등을 통해 육군의 코다마 겐타로와 친하게 교제하고 대러 개전을 위해 노력하는 것을 맹약했다. 이후 이 조약은 메이지 34년(1901년) 국무총리가 된 카쓰라 타로도 참가했다. 카쓰라, 코다마, 스기야마의 이 세 사람에 의한 활동은 대 러시아전쟁 회피를 원하여, 러일협상을 주장하는 이토 히로부미에 대한 대처가 중심이 되었다. 조슈군벌의 카쓰라 다음 순위가 코다마이다. 메이지 35년(1902년) 1월, 이토 히로부미가 러시아와의 협상을 목적으로 러시아의 페테르부르크에 머무는 동안 카쓰라내각이 전격적으로 영일동맹을 체결 한 것은, 이토를 '러일전쟁의 전사자 1호'(日露戰爭의 戰死者第一号)로 만들자는 스기야마의 방안에 따른 전략이었다. 또한, 1903년(1903년) 7월, 카쓰라 내각을 공격하고 있던 이토 히로부미가 추밀원 의장되었을 때 정우회 총재를 사임하지 않을 수 없게 된 것도, 스기야마가 가쓰라와 코다마 에게 제공한 방안의 결과라고 한다.[420] 메이지 38년(1905년), 봉천회전 후 코다마 겐타로 만주군 총참모장이 몰래 귀국하여 정부 수뇌에 강화의 필요성을 설명한 것은 스기야마 시게마루가 비밀전보를 타전하고 강화를 추진해야 할 시기라고 진언했기 때문이라고 한다. 이 해 여름, 야마가타 아리토모 참모총장은 강화의 뜻을 전달하기 위해 비밀리에 만주로 건너가 오야마 이와오(大山巖) 이하 만주군수뇌와 회담했지만, 그 때, 스기야마는 민간인이면서 야마가타를 수행하여 만주로 건너갔다. 스기야마는 봉천에서 코다

---

419) 위의 주석 참조.
420) //ja.wikipedia.org/wiki/:杉山茂丸. 參照

마 겐타로 숙소에 함께 묵으면서 거기서 코다마로부터 만주의 지리
등의 자료를 부탁받고, 전후 만주사업전략을 수립하도록 요청했다.
스기야마는 귀국 후, 반관반민의 합동회사인 철도회사 설립을 계획
했다. 이 안이 코다마에 의해 채택되어 남만주 철도주식회사(만철)
가 설립되었다. 』421)

이들의 주선으로, 우치다는 당시 육군참모차장인 고다마 겐타로(兒
玉源太郎)에게 러시아에 대한 특별조치의 필요성을 역설하였다. 내용
을 들은 고다마 겐타로의 행동에서 쉽게 알 수 있다.422)즉, 고다마는
우치다의 계획에 비상한 관심을 보이며, 개인적으로는 찬성의 뜻을 밝
혔다. 고다마는 "계획 자체에 대해서는 아무도 반대하지 않고 있으니
조금 더 기다리십시오. 때가 오면 내가 당신을 바쁘게 만들 일이 있을
것입니다"라는 여운을 남겼다.423)이는 사실상 우치다의 계획은 비공
식적이긴 하지만 채택된 것이나 다름 없었으며, 실제로 육군과 흑룡회
가 공동으로 이 계획을 실천했음을 알려주는 많은 자료들이 있다.424)

『… 러시아와의 전쟁은 임박했습니다. 육군은 러시아가 구라파로
부터 극동으로 운송하는 수송능력을 어떻게 평가하고 있는지는 모

---

421) 위의 주석 참조.
422) 黑龍 第4卷, 第7年(1905年)第1號, p.104 ; 蔡洙道, 前揭 近代日本における
「アジア主義運動」の硏究, p.99 ;1903년 11월 우치다는 숙부 히라오카와 杉
山茂丸의 주선으로 당시 육군참모차장인 고다마 겐타로의 자택으로 찾아가
서 자신의 러시아 여행경험, 만주와 시베리아에서의 러시아인의 활동에 관하
여 보고한 후, 동청철도와 시베리아 횡단철도 선상에서 러시아의 병참능력에
맞서고 러시아를 측면에서 공격하여 교란시킬 수 있는 특별 조치의 필요성을
역설했다(한상일, 앞의 아시아 연대와 일본제국주의, p.159 참조).
423) 前揭 東亞先覺志士記傳(全三卷)(上卷), pp.693; 前揭 國士內田良平傳,
p.272; 한상일, 앞의 아시아 연대와 일본제국주의, p.160.
424) 한상일, 앞의 아시아 연대와 일본제국주의, pp.160-161.

르지만 제가 보기에는 시베리아 철도가 단선이지만 복선 못지 않은
수송력을 가지고 있습니다. …전쟁에 대비하여 일본은 러시아의 거
대한 수송능력을 감퇴시킬 수 있는 특별한 계획이 필요합니다. 그
방안의 하나로서 만주의 마적을 조종하여 적의 수송력을 파괴하면
대단히 효과적일 것입니다. …흑룡회의 동지들 중에는 이들 마적과
행동을 같이 하면서 만주와 시베리아의 각지에 활동하는 지사들이
있습니다. …전쟁과 함께 이들을 동청철도에서부터 이르쿠츠크까지
의 철도는 물론 바이칼호에 정박 중인 선박들을 파괴하는 특수임무
에 투입하면 그 효과가 클 것입니다. 이 계획은 지금부터 지체없이
착수되어야만 할 것이라고 믿습니다.』425)

셋째로, 1903년 11월 하순 대본영(大本營)의 고다마 대장이 아오
키 노부주메(靑木宣純)대좌에게 내린 중대임무에서 쉽게 알 수 있다.
즉, 고다마가 아오키에게 지시한 중대임무는 우치다가 고다마에게 제
안한 전략과 유사한 내용에서 쉽게 알 수 있다.426)즉, 아오키에게 주
어진 중대 임무는 첫째, 중국과 협조하여 적의 동향을 탐지할 수 있는
기관을 조직할 것, 둘째, 적군의 배후 교통망을 수시로 파괴할 것, 셋
째, 마적단을 조종하여 적의 측면과 배후를 위협할 것 등이었다.427)

『 러시아와 개전에 대비하여 작전의 최고책임자로 있는 고다마
겐타로 참모차장은 1903(明治 36)년 11월 하순에 아오키 노부주

425) 玄洋社社史編纂會, 前揭 玄洋社社史, p.550 ; 黑龍會俱樂部編, 國士內田良平
傳, pp.269-271 ; 蔡洙道, 前揭 近代日本における 「アジア主義運動」の硏究,
p.99 ; 한상일, 앞의 아시아 연대와 일본제국주의, pp.159-160.
426) 위의 논문 참조.
427) 谷壽部, 機密日露戰史, 原書房, 1966, pp.279-280; 蔡洙道, 前揭 近代日本
における 「アジア主義運動」の硏究, p.100 ; 한상일, 앞의 아시아 연대와 일
본제국주의, p.161.

메 대좌의 집을 방문하여, 「일본과 러시아의 관계는 이미 극도의 긴장 상태에 이르렀다. 곧 전쟁이 시작될 것으로 판단된다. 군(君) 현재 포병의 연대장으로서 전쟁에 부하를 이끌고 참여하는 것보다 몇 배나 더 중대한 임무가 있다. 현재 중국의 실력자인 위안스카이 (袁世凱)와 밀접한 관계를 맺고 있는 군(君)은 곧 중국 공사관의 무관으로 부임하여 중대임무의 달성을 위하여 전력을 다할 것을 바란다.428)」고 지시하였다. 고다마가 아오키에게 이와 같은 중대한 임무를 하도록 선택한 것은 아오키가 당시 중국의 북양군벌의 실력자였던 위안스카이와 대단히 밀접한 관계를 가지고 있었기 때문이었다. 아오키는 1900년 때에 위안스카이의 군사고문으로서 위안스카이의 군대를 현대식으로 재편하는 일을 도와 준 적이 있었기 때문이다.429)아오키는 천진으로 향하여 위안스카이와 회견하고, 첩보 활동 및 마적단이용 등에 대해 협력을 요청하여 위안스카이의 승낙을 받은 다음 북경에 도착하였다. 도착하자마자 애국적지사를 모집했다.430)이는 표면적으로는 청국이 중립을 유지했으나 실제에 있어서는 일청 협력관계에 있었다.」431)

넷째, 군부는 흑룡회와 대륙낭인과 더불어 연합세력을 형성하여 그들의 중대임무를 수행했고, 그 결과 우치다를 비롯한 흑룡회 회원들은 군부와 더욱 밀접한 관계를 갖게 되었다. 즉, 러시아와의 전쟁을 전후해서 일본군부가 실행한 중대임무에 흑룡회가 참여했다는 것은 소위 우치다의 계획에서 암시를 받아 창설된432) 특수임무반의 활동에

---

428) 谷壽部, 前揭 機密日露戰史, p.280; 蔡洙道, 前揭 近代日本における 「アジア主義運動」の研究, p.100 ; 한상일, 앞의 아시아 연대와 일본제국주의, p.161.
429) 한상일, 앞의 아시아 연대와 일본제국주의, p.161 주석 73) 참조.
430) 谷壽部, 前揭 機密日露戰史, p.281.
431) 利岡中和, 眞人橫川省三傳, 大空社, 1996, p.161.
432) 前揭 東亞先覺志士記傳(全三卷)(上卷), pp.741.

의하여 더욱 뚜렷이 나타난다. 특수임무반은 다수의 흑룡회 및 흑룡회 회원이 포함되어 있다.[433] 예컨대 특수임무반의 7개 분대중 제2분대를 지휘한 요코가와 쇼조(横川省三)와 오키 데이스케(沖禎介)는 흑룡회의 중견회원이다.[434]

『 특수임무반은 1904(明治 37)년 2월 8일 러일전쟁의 개전과 동시에 북경공사관에서는 우치다(內田)공사와 아오키대좌를 중심으로 '특수임무반' 편성이 계획되었다.[435] 즉, 북경, 천진방면에 흩어져있는 우국지사 47명을 소집하여 특별임무반을 편성하였다. 특수임무반은 7개반으로 나누어 각반에 각각의 임무가 주어졌다. 그 목적은 러시아군의 배후 수송을 방해하고, 모든 시설을 파괴를 계획하고 실행하는 것이다.[436] 이에 대하여 '특수임무반'은 1904년 1월 아오키 노부주메 대좌의 지휘 아래 조직되었고, 8반으로 편성되었다는 설명과 도표를 제시하는 견해가 있다.』[437]

『《도표》[438]

(1) 특수임무반 회원

육군장교	大佐 - 1명(青木宣純)

433) 蔡洙道, 前揭 近代日本における 「アジア主義運動」の研究, p.101 ; 한상일, 앞의 아시아 연대와 일본제국주의, p.163.
434) 黑龍會, 黑龍會三十年事歷, 1931, p.14; 前揭 東亞先覺志士記傳(全三卷)(上卷), pp.765-786; 蔡洙道, 前揭 近代日本における 「アジア主義運動」の研究, p.101 ; 한상일, 앞의 아시아 연대와 일본제국주의, p.164.
435) 邊見勇彦, 滿洲義軍奮鬪史, 先進社, 1932, pp.94-95; 蔡洙道, 前揭 近代日本における 「アジア主義運動」の研究, p.101.
436) 邊見勇彦, 上揭 滿洲義軍奮鬪史, p.95; 蔡洙道, 前揭 近代日本における 「アジア主義運動」の研究, p.101
437) 한상일, 앞의 아시아 연대와 일본제국주의, pp.163-164 참조.
438) 위의 논문 참조.

	中佐 - 1명(橋口勇馬) 小佐 - 4명(花田, 守田, 土井, 井戶川) 大尉 - 5명(佐藤安之助, 宮內英態, 伊藤 柳太郎, 津之井, 山崎) 中小尉 - 7명(밝혀져 있지 않음)
준사관 · 하사관	특무조장 - 7명 조장 - 4명
지사 및 통역	42명
참가자 총수	71명

(2) 총경비: 17만엔

(3) 행동구분과 각반의 임무

반	활동지역	임무
1. 伊藤班 2. 橫川 - 沖班 3. 津之井班 4. 井戶川班 5. 橋口班 6. 宮內班 7. 花田班 8. 憑馬隊班	하이랄 지역 치치할 지역 봉천, 철령 간의 지역 철령, 창도, 강평 지역 요양, 창도, 조양 지역 봉천, 북방 지역 봉황성, 한마집, 조양진방면 요양, 창도 사이	철도파괴 철도파괴 철도파괴 마적지휘, 철교폭파, 배후교란 마적지휘, 의화단모집 철도폭파, 마적지휘 의병조직, 제 일조와 협조 마적모집, 러시아군 공격

특수반의 구체적인 임무는 (1) 개전과 동시에 북경에서 러시아로 통하는 직통전선을 절단하고, (2) 개전의 통보와 동시에 가능한 한 신속히 북경을 출발하여, 동청철도간선과 지선 중 중요한 철교를 파괴하고, 전선을 절단하며, (3) 만주각지에서 의병을 조직하여 러시아의 교통기관을 차단하고, 러시아의 배후를 교란함으로써 러시아의 물자 수송을 방해하는 것이다.439) 이처럼 흑룡회의 대륙낭인

---

439) 葛生能久, 東亞先覺志士記傳 (上), p.742; 蔡洙道, 前揭 近代日本における
「アジア主義運動」の硏究, p.101 ; 한상일, 앞의 아시아 연대와 일본제국주의, p.163.

이 동원된 이유는 첫째는 군인 가운데 중국어나 러시아어를 잘하는
사람을 선발하는 것이 어렵고, 둘째는 만주주둔군에서 특수임무 인
원을 선발하는 경우 군편성상 부적합하기 때문이며, 셋째는 개전이
임박하여 준비할 시간이 없기 때문이었다.』 440)

2. 만한교환론과 무린암회의

만한교환론(滿韓交換論)은 의화단사건 이후 일본 정부 내에서
논의되고 있던 이토 히로부미를 중심으로 한 신중론으로, 조슈군벌의
야마카타나 카츠라의 대러강경론과 대응된다. 즉, 원로인 이토를 중심
으로 한 협상파는 영국과 독일이 만주에서 러시아의 팽창을 제지하기
위하여 무력을 사용할 의사가 없는 한, 일본 혼자서 무력을 사용할
수 없고 영국이나 독일과 같이 행동하는 것이 바람직하다고 생각하고
있었다. 뿐만 아니라 러시아 역시 한국문제를 놓고 일본과의 충돌을
원치 않고 있기 때문에 일본은 만주와 한국을 놓고 러시아와 외교적
협상을 통하여 해결하는 것이 바람직하다고 판단하고 있었다.441)

이러한 협상 분위기는 1903년 들어서면서 급변하게 된다. 1889년,
1900년, 1902년은 모두 큰 흉작이었으며, 특히 1902년에는 동북(東
北)지방이 막부 말기와 같은 대기근에 직면하게 되었다. 따라서 공황
또는 이것에 가까운 불황이 빈번하게 발생하고 1903년에도 심각한
불황에 빠져들었다. 이 때문에 해외시장에 대해 바라는 바가 강렬해
지고 절실해졌다. 그 탈출구로써 최대의 시장으로서 생사 · 견직물의
수출 상대국인 구미(歐美) 각국과 면사 · 면직물 · 잡화 등의 수출 상

---

440) 葛生能久, 東亞先覺志士記傳 (上), pp.741-742; 蔡洙道, 前揭 近代日本にお
　　 ける 「アジア主義運動」の硏究, p.102.
441) 平塚篤, 伊藤博文秘錄, 春秋社, 1929, pp.2-6 ; 한상일, 앞의 아시아 연대와
　　 일본제국주의, p.154 참조.

대국인 청국과 조선이 있는데, 그 중 구미는 생사·견직물 이외에 일본의 기계제 공업의 제품 수출시장으로는 될 수 없었고, 당시 및 장래의 일본자본주의의 대공업의 시장으로서는 유일시장으로 기대되는 것은 청국과 조선이었다.[442]

1903년 4월 만주에서 러시아는 병력철수를 일본에 대하여 약속했음에도 그 기한이되도록 철수하지 않을 뿐만 아니라 오히려 남만주의 군대를 증강시키기까지 했다. 일본과 러시아 사이의 긴장은 시일이 지날수록 고조되고, 일본내서는 흑룡회, 대러동지회, 강경파, 호월회, 동경 제국대학 법학교수 선언 등을 중심으로 대러 개전의 분위기가 고조되고 있었다.

따라서 이토오를 중심으로 하는 신중론은 설 자리가 좁았고, 강경론과 협상이 필요했다.

1903년 4월 21일 쿄토(京都)의 조슈군벌의 거두 야마가타의 별장인 무린암(無隣庵)에 야마가타, 카츠라, 고무라, 이토 네 사람이 모였다. 이토를 제외하고는 모두 야마가타 파벌이다. 만주에서의 러시아의 우월적 권리를 일본이 인정하는 대신, 러시아로 하여금 조선에서의 일본의 우월적 권리를 인정하게 할 것을 일러협상의 기본방침으로 하기로 정했다. 여기서 조선에서의 일본의 우월권이란 조선전체를 일본이 완전히 독점한다는 것이었고, 만주에서의 러시아의 우월권 승인이란 러시아의 만주 경영을 기존의 그 기초에 한정된 범위 안에서 만 인정하는 것을 내용으로 한 것이었다. 그리고 그들은 일본의 조선지배가 남부 만주의 측면을 찌르는 모양새가 됨으로, 러시아가 받아들이지 않을 것이라는 것을 예상하고 이 요구를 관철하려면 전쟁은 불가피하다는 합의에 이르렀다.[443] 이는 이토와 야마가타의 입장을 절

---

442) 이노우에 키요시 저, 차광수 역, 일본인이 쓴 일본의 역사(하), 대광서림, 1995, pp.264-265 참조.

충한 방안인 것처럼 보이지만 대세는 개전 분위기였다. 이런 가운데, 합의사항의 방침은 각의와 원로회의를 거쳐 6월 23일 어전회의에서 승인을 받았다.444) 이 때부터는 일본과 러시아의 협상은 일본 측으로서는 전쟁개시를 위한 군사적 및 외교적 준비를 위한 시간벌기였고, 러시아 역시 처음부터 일본을 얕잡아 보고 필요하다면 언제든 전쟁을 할 생각이었다.445) 러시아는 주일 로젠공사를 통해 북위 39도 이북을 중립지대로 하자는 역제안을 해왔다. 이 경우 만주는 러시아가 차지하고, 일본은 대동강 이남으로 줄어들게 된다. 이는 곧 무린암에서 '더 이상 양보하지 않는다'는 원칙에 반하는 것이었다. 결국 1904년 2월 4일 어전회의에서 최종 대러협상 중단과 개전이 결정되었다.446) 1904년 2월 8일 일본의 함대는 인천과 여순의 러시아 함대를 기습하고, 10일에 가서 비로소 선전포고를 하였다. 선전포고 하기 전에 상대방의 중요한 기지를 기습하는 것은 청일전쟁, 중일전쟁, 태평양전쟁의 하와이기습 모두 일본 군부의 상투적인 수법이었다.447) 이 때 대러 선전포고문을 쓴 사람은 외무성 정무국장 야마자 엔지로였다.448)

3. 러일전쟁과 일본흑룡회

조선에 있는 흑룡회 회원도 1904(明治 37)년 2월 8일 러일전쟁이 발생되자 전쟁 협력체제를 갖추었다.449) 조선에서의 모든 활동을

---

443) 이노우에 키요시 저, 차광수 역, 앞의 일본인이 쓴 일본의 역사(하), p.269 참조.
444) 예영준, 앞의 책, p.204 참조.
445) 위의 주석, 참조.
446) 위의 주석, 참조.
447) 이노우에 키요시, 앞의 책, pp.269-270 참조.
448) 예영준, 앞의 책, p.205.
449) 우치다는 군부와 협력할 수 있도록 1904년 2월 8일 러시아와의 전쟁이 시작되자 흑룡회를 재조직했다(한상일, 앞의 아시아 연대와 일본제국주의, p.165.).

중단하고 흑룡어학교는 문을 닫고, 기관지 '흑룡'의 발행을 잠정적으로 중단하고, 대구의 비룡상회도 폐쇄하였다.[450]

만주에서 전투중인 일본군의 지원이나 러시아군의 주요시설, 동청철도를 파괴하기 위해 만주주변의 친일마적세력을 유격대로 조직하는 계획을 추진했다.[451] 즉, 중국어와 러시아어를 조금이라도 배운 사람들을 통역관으로 군에 배치하고 우치다는 현양사의 야스나가 도노스케(安永東之助), 흑룡회의 스에나가 세쓰(末永節)와 함께 만주에서 전투 중인 일본군을 돕기 위한 의용군 조직을 추진했다.[452]

『 하나다 나카노스케(花田 仲之助)는 1904년 러일전쟁이 일어나자 예비역 소령으로 소집되어 대마도 경비대에 배속되었다. 그러나 러시아군의 마적회유가 진행되면서 여기에 맞서 마적을 총괄하는 인물이 필요하였다. 급히 참모본부에 복귀하여 만주로 건너갔다. 겐요샤계(玄洋社系) 대륙낭인 14명과 대륙낭인으로 위장한 참모본부 정보장교를 핵심으로, 만주 마적을 모아서 「만주의군」을 편성했다. 최고 병력은 3000명에 이르렀지만 최신총기를 마적에게 지급하는 러시아에 대해 일본군 대본영은 저격용 총 정도 밖에 지급하지 않고, 부득이 적으로부터 장비를 빼앗아 아군을 강화했다.』[453]

이 유격대 계획은 1904년 4월 중순경 북경의 우치다공사나 아오키대좌 등을 중심으로한 특별임무반의 작전을 보완하기 위해 참모본부

450) 黑龍會俱樂部編, 前揭 國士內田良平傳, p.282 ; 蔡洙道, 前揭 近代日本における 「アジア主義運動」の研究, p.102 ; 한상일, 앞의 아시아 연대와 일본제국주의, p.165.
451) 葛生能久, 前揭 東亞先覺志士記傳 (上), p.816; 蔡洙道, 前揭 近代日本における 「アジア主義運動」の研究, p.102.
452) 위의 논문 참조.
453) //ja.wikipedia.org/wiki/:花田仲之助. 參照

의 제의454)로 만들어졌으며, 야마자 엔지로(山座円次郎) · 도야마
미쓰루(頭山滿) · 고다마 겐타로(兒玉源太郎) · 후쿠시마 야스마사
(福島安正) 등을 통하여 참모총장 야마가타 아리토모(山縣有朋)에게
보고된455) 후의 승낙을 얻은 후 같은 해 5월 7일 하나다 나카노스
케(花田仲之助)456)에 의해 실행되어, 6월 21일 정식으로 만주의군
(滿洲義軍)으로 조직되었다.457)즉, 이 계획은 야마가타의 승인을 받
아 6월 21일 정지바오쯔(鄭家堡子)에서 정식으로 발대식을 갖게 됨으
로써, 이른바 만주의군(滿洲義軍)이라는 이름의 의용군 단체가 태어
나게 되었다.458) 이 만주의군결성의 경위는 정부가 흑룡회의 수장 우
치다의 진언을 일단 무시했지만(一度は無視したものの), 러시아 본국
에서 수송능력이 예상외로 강하여 러시아 수송능력을 감소시키기 위
하여 참모본부가 도야마를 통하여 다시 이 계획을 우치다에게 들여온
것이었다. 그러나(しかしながら), 보다 심리적인 측면에서는 아오키대
좌와 우치다공사를 중심으로 한 특별임무반의 전면적인 작전실패에서
이루어졌다고 생각할 수도 있다.459) 즉, "기대를 걸었던 이 특수임무
반 첫 회의 장대한 철교폭파 기습은 횡천(橫川), 충등(沖等)의 최북
단반이 모두 비참한 최후를 맞이했고, 남방 개원(開原)에서 봉천 부

---

454) 玄洋社社史編纂會, 前揭 玄洋社社史, p.552; 蔡洙道, 前揭 近代日本における
　　「アジア主義運動」の硏究, p.102 ; 한상일, 앞의 아시아 연대와 일본제국주
　　의, p.165.
455) 앞의 주석 참조.
456)//ja.wikipedia.org/wiki/:花田 仲之助 참조: 하나다 나카노스케(花田 仲之
　　助, 1860. - 1945.)는 일본육군 참모본부 2부 정보장교(중령)로서, 사쓰마번
　　출신이다. 메이지 16년(1883년), 육군사관학교 구 6기로 졸업하고, 러일전쟁
　　에서 러시아를 혼란시킨 아카시 모토지로와 동기이다(부록참조).
457) 蔡洙道, 前揭 近代日本における 「アジア主義運動」の硏究, p.102 ; 한상일,
　　앞의 아시아 연대와 일본제국주의, p.165; 韓相一(李健·瀧澤誠譯), 日本近代史
　　の 空間, p.131.
458) 한상일, 앞의 아시아 연대와 일본제국주의, p.165.
459) 蔡洙道, 前揭 近代日本における 「アジア主義運動」の硏究, p.102.

근의 철교를 목표로 한 연중(連中)도 정작 목적지에 접근할 수 없었
뿐만 아니라 죄다 사살되는 대 실패로 끝나서 병력을 증대하고 수비
를 강화하는 등 실패로 끝난 결과에 대해 총사령부 후쿠시마장군과
아오키대령은 고다마총참모장에 대해서, 중대한 책임을 느끼고 있었
다고 보인다.460) 그래서 그들은 '호랑이 같이' 마적소집의 계책을 낸
것이다.461) 이 계획은 흑룡회 및 현양사에서 소야홍지조(小野鴻之
助), 안영동지조(安永東之助), 통구만(樋口滿), 길전수(吉田瘦), 하촌
무도(河村武道), 등정종태랑(藤井種太郎), 본전이랑(本田二郎), 횡전
호지조(橫田虎之助), 진등신태랑(進藤愼太郎), 자전인차랑(紫田鱗次
郎)이 참가하였다.462)

중국에서는 옥박(玉璞)과 왕비경(王飛卿) 등이 참가하였다. 옥박은
이후 장종창마(張宗昌摩) 아래서 직예성장(直隷省長)이 된 인물이
다.463)이 만주의군은 3반으로 분할되어, 제1반은 하나다 주노스케(花
田仲之助)中佐(중령)의 지휘하에 있었고, 또 흑룡회 및 현양사 회원
도 참가하였으며, 이들의 활동으로 러시아군은 상당한 타격을 받은
것으로 평가되며,464) 흑룡회의 한 자료는 만주의군은 러일전쟁 당시

---

460) 「我特別任務班の, 第一回壯擧たる鐵橋爆破の奇襲は, 尤も囑望せられた, 橫
　　川, 沖等の最北端班が全員悲慘なる最後を遂げたと同時に, 南方開原から奉天附
　　近の鐵橋に目指した連中も, 肝心の目的地に近づく事が出來ぬばかりか, 悉く無
　　殘な大失敗に歸してしまつて, 徒らに敵軍をして, 兵力を增大し, 守備を嚴重に
　　せしめた外何物をもかち得なかつた結果になつてしまつた」ということから, 總
　　司令部の福島將軍や靑木大佐らは, 兒玉總參謀長に對し, 重大な責任を感じてい
　　たようである(邊見勇彦, 滿洲義軍奮鬪史, pp.128-129;蔡洙道, 앞의 논문,
　　p.102).
461) 邊見勇彦, 前揭 滿洲義軍奮鬪史, pp.129-130;蔡洙道, 前揭 近代日本におけ
　　る 「アジア主義運動」の硏究, p.103.
462) 玄洋社社史編纂會, 前揭 玄洋社社史, pp.552-557 참조; 蔡洙道, 前揭 近代
　　日本における 「アジア主義運動」の硏究, p.103.
463) 渡辺龍策, 馬賊, 中央公論社, 1964년, p.35 ; 蔡洙道, 前揭 近代日本におけ
　　る 「アジア主義運動」の硏究, p.103.
464) 邊見勇彦, 前揭 滿洲義軍奮鬪史, p.130; 葛生能久, 前揭 東亞先覺志士記傳

러시아군의 '눈 속의 가시'와 같은 존재였다고 그들의 활약을 높이 평가했다.[465] 이와 같이 흑룡회의 러일전쟁에 있어서 군부와의 협력관계는 상상이상의 전과를 올렸고, 그것은 흑룡회가 러일전쟁이 조선문제 해결의 편법을 요구한 이유 중의 하나라고 볼 수 있다.[466] 전쟁이 계속되는 동안 우치다는 도쿄의 흑룡회 본부를 지키면서 전세의 변화를 주시하면서 전후문제를 구상하기를 게을리 하지 않았다. 군부와 외무성의 주요 간부들과 밀접한 관계를 유지하면서, 그는 만주에서 전개되는 전황과 정부의 외교방침과 계획을 주시했다. 그리고 만한신도(滿韓新圖), 정러안내(征露案內), 여름의 만주(夏の滿洲), 종군일기(從軍日記) 등과 같은 책자를 발행하여 국내에 배포하고 또 싸움터의 병사들에게도 보내어 그들의 사기를 높이는 데 힘썼다.[467]

4. 호월회와 일본흑룡회

호월회의 주장은 그동안 우치다가 흑룡회 결성 이후 쉬지 않고 강조해 온 사항들이다.[468] 또한 군부내의 영향력 있는 지도자들과도 밀접한 관계를 유지하고 있던 흑룡회의 우치다는 자신의 신념과 구상을 훨씬 더 쉽게 행동으로 옮길 수 있게 되었다. 우치다는 그동안 국권주의자들의 활동을 막후에서 지원해 온 외무성의 야마자 엔지로 정무국장으로부터 일본과 러시아 사이의 외교적 협상이 교착상태에 빠져

(上), pp.815-836; 玄洋社發掘, pp.168-173;蔡洙道, 前揭 近代日本における 「アジア主義運動」の研究, p.103.
465) 玄洋社社史編纂會, 前揭 玄洋社社史, pp.552-557; 葛生能久, 前揭 東亞先覺志士記傳 (上), pp.815-859; 渡辺龍策, 前揭 馬賊, pp.34-38; 한상일, 앞의 아시아 연대와 일본제국주의, p.165.
466) 蔡洙道, 前揭 近代日本における 「アジア主義運動」の研究, p.103.
467) 黑龍會俱樂部編, 前揭 國士內田良平傳, p.283; 한상일, 앞의 아시아 연대와 일본제국주의, p.167.
468) 前揭 東亞先覺志士記傳(全三卷)(上卷), pp.733-734 참조.

있고 이를 타개할 전망이 거의 없다는 외교 정보를 어렵지 않게 접할
수 있었다.[469]또한 현지에서 오랫동안의 정보활동을 통해서 러시아의
그 속사정을 그 누구보다도 잘 알고 있었던 육군의 아카시 모토지로
(明石元二郞)[470] 대령을 통하여 러시아 내의 군대의 이동상황 정보를
상세히 알 수 있었다.[471]

Ⅲ. 호월회의 조직결성

1. 호월회의 결성배경과 주체

(1) 결성배경

반러시아 분위기가 점차로 높아가고 있을 때 국민들 사이에 러시
아의 만주정책과 만주에서의 러시아의 활동을 주의 깊게 관찰하고 분
석해 온 육군과 해군의 참모본부와 외무성의 실무 정책 입안자들은
대러시아 전쟁의 필요성을 공감하고 있었다. 즉, 야마가타 아리토모

---

469) 야마자는 이토오의 만한교환론에 따른 신중론이 교착상태에 빠지자 호월회
회원들과 공연히 이토오를 비판했다(연구자 주장). 그 중에는 「전쟁을 일으키
려면 이토 히로부미를 암살하지 않으면 안된다」 고 술자리에서 말한 적이
있었고, 이 얘기가 이토오의 귀에 들어가 어느 날 이토오가 고무라 외상과 야
마자를 관저로 불러 야마자에게 일본도를 내 밀며, 「자, 나를 벨테면 베어보
라. 그럴 용기가 없다면 자네가 활복하게」 라는 말에 사색이 되어 사과했다는
일화가 있다(예영준, 앞의 책, p.202 참조).

470)//ja.wikipedia.org/wiki/:明石元二郞참조:아카시모토지로(明石元二
郞,1864.9.1. - 1919.10.26.)은 후쿠오카번(현재의 후쿠오카현) 출신으로, 메
이지·다이쇼 시대의 육군 군인이며, 육군대장·훈일등·공3급, 남작이다.
제7대 대만총독을 역임하였다(부록참조).

471) 谷壽部, 前揭 機密日露戰史, pp.255-275; 小森德治, 明石元二郞, 臺北:臺灣
日日新報社, 1928, Ⅰ, pp.149-202 ; 한상일, 앞의 아시아 연대와 일본제국주
의, pp.158-159 참조.

(山縣有朋)와 카츠라 다로(桂太郎)의 강경론472)에 영향을 받은 육군
· 해군의 참모본부의 소장파 군인과 현양사 및 흑룡회에 영향을 받
은 우치다와 밀접한 관계를 유지하고 있던 외무성의 야마자 엔지로를
중심으로 한 소장 강경파들은 러시아와의 개전은 불가피하다고 공통
된 인식을 하고 있었다.473) 그러던 중 직접적인 계기는 1903년 러시
아의 거물, 육군장관겸 시종무관 알렉세이 쿠로파트킨(Kuropatkin)
육군대장이 일본에서 공공연히 "전쟁에 대한 본의는 아니지만 만일
전쟁이 발생하면 300만 러시아병사가 도쿄에 쳐들어 올 것이다."라
고 말하여 참모본부의 중견간부를 중심으로 한 소장파 군인들의 투지
에 불을 지폈다.474) 이에 대러시아 개전을 직접적으로 주장하기 위한
단체행동을 위한 단체가 필요하였고, 개전론이 절정475)에 달했던
1903년 5월 이들은 비밀 행동단체의 결성에 이르게 된다.

---

472) 일본 우익의 「야마가타 – 카츠라 – 데라우치」로 이어지는 강경론은 카츠
    라 이후 데라우치로 이어지면서 한일병합에 이르게 된다(연구자 주장).
473) 谷壽部, 前揭 機密日露戰史, pp.36-37, pp.85-93; 蔡洙道, 前揭 近代日本に
    おける 「アジア主義運動」の研究, p.98 ; 한상일, 앞의 아시아 연대와 일본제
    국주의, p.157 참조.
474)   www.kokubou.com/document_room:「明治36年ロシア陸軍の大物、陸軍大
    臣兼侍從武官クロパトキン大將が來日し、公の場で戰争は本意ではないがと前置
    きした上で「戰端を開くような事があれば、300万のロシア兵が東京に攻め寄せ
    るだろう」と述べた事により、参謀本部中堅幹部を始めとした少壯派軍人の鬪志
    に火を点けた結果となった。この後、湖月会が現れる」参照.
475) 1903년 5월 일본학계의 명망 있는 7박사(七博士, 도쿄제국대 교수 6명과
    학습원 교수 1명)도 이때 카츠라 다로(桂太郎) 수상을 예방하여 만주문제를 해
    결하기 위해 정부의 대외 강경책을 주문하고, 의견서를 제출하고, 한반도와 만
    주에서 일본의 권익을 굳혀야 한다는 강경태도를 보였다(앞의 주석 333) 내지
    335) 참조). 특히, 7박사 가운데 한 명이 데라오 도루(寺尾亨)는 일본에서 최
    초로 국제법 강의를 개설한 학자로, 외무성 정무국장 야마자 엔지로가 처음
    도쿄에 유학갔을 때 서생으로 받아들이고 학비를 대주었던 도쿄제대 이학부
    교수 데라오 히사시(寺尾壽)의 친동생으로 평소 야마자와 친분이 있었다(예영
    준, 앞의 책, p.199).

『…1900년대에 들어서면서 일본사회의 각계각층에서 러시아와의 전쟁은 피할 수 없는 현실이고 또한 반드시 치러야 할 당면과제라는 공감대를 형성하는 데는 우치다의 역할이 컸다고 할 수 있다. 우치다와 그를 중심으로 한 대륙낭인들의 주장과 활동은 군부와 정계의 많은 지도자들로 하여금 러시아의 남진정책을 제어하지 못하면 일본의 국가안보가 위태롭고, 러시아와의 전쟁에서 일본이 승리할 가능성이 크고, 더욱이 전쟁은 그 시기가 빠르면 빠를수록 전황은 일본에게 유리하게 전개될 것이라는 것을 확신케 하는데 기여했다. 1899년 시베리아를 횡단하여 러시아의 사정을 탐색한 우치다는 그 후 러시아와의 조기전쟁을 강력하게 주장했다. 이러한 그의 주장과 행동은 러일전쟁의 필연성이라는 국론을 형성하는데에 크게 작용했음을 부인할 수 없다. 전쟁 전야에는 군부와 외무성의 고위관리(야마자 정무국장 등)들이 그의 견해에 동조하였고, 연합전선을 형성할 수 있었다. 사실상 그는 전쟁 전과 전쟁 기간 중에 육군 참모본부에서 계획하고 진행한 여러 형태의 비밀작전에 깊숙이 관여하였다. 또한 전쟁이 장기화될 때 일본이 안고 있는 취약점을 누구보다도 잘알았던 그는 다른 팽창주의자들과는 달리 조기강화를 주장하였고 정부의 강화정책을 지지했다.…』476)

(2) 주체

호월회의 중심은 1903년 7월 결성된 대러동지회477) 회장 고무치 도모츠네(神鞭知常, 1848-1905)478)의 사위인 외무성 정무국장 야마

---

476) 한상일, 앞의 아시아 연대와 일본제국주의, pp.342-343 참조.
477) 대표적으로 러시아와 개전을 외치던 단체이다.
478) 蔡洙道, 前揭 近代日本における 「アジア主義運動」の研究, p.98, 「그 중에는 고무치 도모츠네(중의원)를 장인으로, 겐요샤 회원인 외무성의 야마자 엔지로도 列席했다(その中には神鞭知常を岳父とし, 玄洋社社員である外務省の山座円次郎も列席していた)」.

자 엔지로(山座円次郎) 정무국장과 해군의 야시로 로쿠로(八代六郎)[479] 대령(해군대학생)과 가미이즈미 도쿠야(上泉德弥)[480] 중령(군령부 부관), 다나카 기이치(田中義一)가 주도하였다. 특히, 야마자는 흑룡회와 밀접한 관계를 유지[481]하여, 흑룡회를 통하여 러시아 정황을 잘 알고 있었기 때문에, 러일전쟁의 시작은 불가피하다고 생각하고 있는 주전론의 중심인물 이었다.[482] 후쿠오카 출신의 외무성 정무국장 야마자와 육군의 아카시 모토지로(明石元二郎) 대좌(대령)는 오래 전부터 같은 고향으로 우치다, 즉 흑룡회와 긴밀한 관계를 맺어온 관계이다.[483] 그들은 우치다에게 정부의 동향과 정책결정에 관하여 정확한 정보를 전달해 주었고, 우치다와 정부 또는 군부와의 교량 역할을 해주었다.[484]

2. 호월회의 성립과 해산

육군 내에서 사쓰마파벌(薩摩閥)의 가와카미 소로구(川上操六)의 사후, 러일전쟁이 긴박하자, 다나카 기이치(田中義一) 전 가와카미 문

---

479)//ja.wikipedia.org/wiki/:八代六郎　참조:　야시로　로쿠로(八代六郎, 1860.1.25. - 1930.6.30.)은 아이치현(愛知県) 이누야마시(犬山市) 출신으로, 형은 하원의원의 마츠야마(松山義根) 이다. 메이지 ~ 다이쇼 시대의 일본 해군 군인. 정치인, 제독, 남작이다(부록참조).

480)//ja.wikipedia.org/wiki/:上泉德也　참조: 카미이즈미　토쿠야(上泉德也, 1865.11.13. - 1946.11.27.)는 일본 해군의 군인. 최종 계급은 해군중장이다 (부록참조).

481) 흑룡회와 우치다의 사상은 거의 구분되지 않는다. 따라서 흑룡회와 우치다는 불가분의 관계로 흑룡회가 곧 우치다라고 해석된다(연구자의 주장).

482) 蔡洙道, 前揭 近代日本における 「アジア主義運動」の研究, p.98, 「山座は黒龍會に太いパイプを持っており, そのことによってロシアた事情に精通していたために, 日露開戰は避けられないと考えていたのである」; 예영준, 앞의 책, pp.200-201 참조.

483) 한상일, 앞의 아시아 연대와 일본제국주의, p.159 참조.

484) 한상일, 앞의 아시아 연대와 일본제국주의, p.341 참조.

하생(이구치 쇼고(井口省吾)·마츠 사토시윤(松川敏胤) 등)이 중심이
된 육해군 중견간부들의 회합이 있었고, 호월회가 나타났다. 이 때 육
군 내의 가와카미 소로구파는 「다무라 이요죠(田村怡与造)、후쿠시
마 야스마사(福島安正)、이구치 쇼고(井口省吾)、도죠 히데노리(東條
英敎)、마츠카와 도시타네(松川敏胤)、쓰치야 미츠하루(土屋光春)
等」이다.485) 따라서 육군 내에서는 사쓰마파벌의 소로구파가 호월회
의 중심축이다. 즉, 「사쓰마파벌-카와카미 소로구파- 호월회(코다마
겐타로파가 중간에 협조)」로 이어진다. 호월회는 영재 코다마 겐타로
(兒玉源太郎)가 진입 후 세력이 급성장 했다. 육군 내의 코다마파(兒
玉派)로는「후쿠시마 야스마사(福島安正)、이구치 쇼고(井口省吾)、
마츠카와 도시타네(松川敏胤)、카와이 미사오(河合操)、오오사와 카
이유(大澤界雄)、오노 미노부(尾野實信)、다나카 구니시게(田中國重)
等」이다. 그러나 코다마파는 코다마 사후 없어졌다. 코다마와 후쿠시
마 라인은 코다마 총장, 후쿠시마 차장의 정보망 구축이었으나 코다마
사후 정보망은 거의 끊겼다. 이 시기 조슈파벌(長州閥)은 오너 야마
가타가 원로로서 겉으로는 추밀원에 틀어박혀, 카츠라·코다마·데
라우치 체제가 되어, 노기는 예비순위가 되었다. 즉, 육군 내의 조슈
파벌은 「야마가타 아리토모(山縣有朋), 가쓰라 다로(桂太郎), 코다마
겐타로(兒玉源太郎), 데라우치 마사다케(寺內正毅), 하세가와 요시미
치(長谷川好道), 노기 마레스케(乃木希典), 사쿠마사마타(佐久間佐馬
太), 아리사카 나리아키라(有坂成章), 나카무라 유지로(中村雄次郎)
(準長派), 나가오카 가이시(長岡外史), 오오이 시게모토(大井成元),
다나카 기이치(田中義一), 오카이치 노스케(岡市之助)(準長派), 우사
가와 카즈마사(宇佐川一正), 오오바지로(大庭二郎), 야마다 류이치(山
田隆一) 等 」이다. 러일전쟁을 거치면서 조슈파의 전성기가 된 것이

---

485) www.kokubou.com/document_room/:陸軍派閥略史 參照.

다. 호월회의 결속 이후 오오야마 · 코다마를 제외하고, 러일 전쟁의
만주군 총사령부의 멤버는 육군대학 출신으로 굳혀졌다. 소장파 군인
들과 야마자를 중심으로 한 외무성 실무자들은 도쿄(東京), 신바시(新
橋,鳥森)에 있는 요정 '호월'(湖月, こげつ, 고케츠)486)에서 1903
년 5월 25일 밀담을 나누었다.487)이들은 1903(明治 36)년 5월 29
일, 요정 '호월'에서 호월회를 결성하였다.488)1904년(메이지 38년)
2월 8일 러일의 개전으로 목적을 달성하여 자연 소멸되었다.489)

3. 호월회의 조직 구성원(괄호 안은 당시 부서 및 직책)490)

(1) 外務省 : 6명

이시이 기꾸지로(石井菊次郎,電信課長)491), 오치아이 켄타로(落合

---

486) 호월은 회합장소 호월이라는 요정에서 따온 이름이다. 모임 당시에는 따로
    이름이 없었으나 나중에 러일전쟁의 승전을 기념하는 모임을 가졌을 때 후에
    붙여진 명칭이라고 한다(葛生能久, 前揭 東亞先覺志士記傳 (上), p.738;蔡洙道,
    前揭 近代日本における 「アジア主義運動」の硏究, p.98). 이에 관하여 명칭은
    1903년 (메이지 36년) 5월 29일 신바시의 호월루의 창고에서 첫 회담을 열었
    다하여 연관된 명칭은 없었지만, 그 후 호칭이 되었다(名称は1903年 (明治36
    年) 5月29日に新橋の湖月楼の土蔵で初会合を開いたことに因み、活動中の名称
    ではなかったが、その後の呼称となった。)고 한다(秦郁彦編『日本陸海軍総合
    事典 [第2版] 』東京大学出版会、2005年、第4部「諸名簿」B-2「湖月会メン
    バー」。註記によると、宿利重一『児玉源太郎』1942年、長沢直太郎『上泉徳
    弥伝』1935年、波多野勝氏の調査にもとづき作成したという、ja.wikipedia.org
    참조).
487) 谷壽部, 機密日露戰史, pp.36-37, pp.85-93; 蔡洙道, 前揭 近代日本におけ
    る 「アジア主義運動」の硏究, p.98.
488) 葛生能久, 東亞先覺志士記傳 (上), p.738;蔡洙道, 前揭 近代日本における
    「アジア主義運動」の硏究, p.98.
489) 秦郁彦編『日本陸海軍総合事典 [第2版] 』東京大学出版会、2005年、第4部
    「諸名簿」B-2「湖月会メンバー」; ja.wikipedia.org 참조.
490) 위의 주석 참조.
491)//ja.wikipedia.org/wiki/:石井菊次郎 참조: 이시이 기꾸지로 (石井菊次

謙太郎,書記官), 사카타 쥬지로(坂田重次郎,書記官)492), 혼다 구마타로(本多熊太郎,秘書官)493), 마쓰이 게이시로(松井慶四郎,書記官)494), 야마자 엔지로(山座円次郎,政務局長)

(2) 陸軍 : 8명

이구치 쇼고(井口省吾少將,參謀本部總務部長)495), 키노시타(木下宇三郎少佐, 參謀本部一部), 다나카 기이치(田中義一少佐,參謀本部一部)496), 니시카와 토라지로(西川虎次郎少佐,參謀本部三部)497), 후쿠

郞, 1866.4.24. - 1945.5.25.)은 전쟁 전 일본의 외교관, 자작으로, 외무 대신의 한 사람이다. 이시이(石井) · 랜싱(ランシング)협정에 그 이름이 남아있다. 즉, 1917년 워싱턴에서 이시이 기꾸지로와 로버트 랜싱이 협정을 체결하여 이름이 남아있다. 일본 내에서 친미 · 친영불파이다(부록참조).

492) //ja.wikipedia.org/wiki/:坂田重次郎 참조: 사카타 쥬지로(坂田重次郎)는 시마네현(島根県) 출신으로서, 일본의 외교관으로, 외무성 통상국장과 주한 스페인 특명전권 공사를 지냈다(부록참조).

493)//ja.wikipedia.org/wiki/:本多熊太郎 참조:혼다 구마타로(本多熊太郎, 1874.12.08. - 1948.12.18.)은 메이지 · 다이쇼 · 쇼와시대의 외교관, 태평양전쟁시의 중화민국 대사, 도조내각의 외교고문이다. 전후 A급전범으로 체포되었다(부록참조).

494)//ja.wikipedia.org/wiki/:松井慶四郎 참조: 마쓰이 게이시로(松井慶四郎, 1868.3.28. - 1946.6.4.)는 오사카부(大阪府) 출신으로, 메이지부터 쇼와시대의 일본외교관, 외무장관이며, 남작이다. 1889년 도쿄 제국대학 법과대학 영국법과를 졸업하고, 동년 외무성에 입성하였다(부록참조).

495)//ja.wikipedia.org/wiki/:井口省吾 참조:이구치 쇼고(井口省吾, 1855.9.20. - 1925.3.4.)는 스루국(駿河国) 출신으로, 일본육군 군인이며, 최종계급은 육군대장이다. 청일전쟁과 러일전쟁 시기를 대표하는 군인의 한 사람이다(부록참조).

496)//ja.wikipedia.org/wiki/:田中 義一 참조: 다나카 기이치(田中 義一, 1864.7.25. - 1929.9.29.)는 일본육군 군인이며, 정치가로, 계급은 육군대장, 훈등은 훈일등. 공급 공3급, 작위는 남작이다. 육군대신, 귀족원의원, 국무총리(제26대), 외무장관(제42대), 내무부장관(제45대), 척무대신 장관(초대) 등을 역임했다(부록참조).

497)//ja.wikipedia.org/wiki/:西川寅次郎 참조: 니시카와 토라지로(西川寅次郎, 1867.9.28. - 1944.8.18.)는 후쿠오카현(福岡県) 출신으로, 일본육군 군인이며, 최종계급은 육군중장이다(부록참조).

시마 야스마사(福島安正少將, 參謀本部二部長)498), 후쿠다 마사타로
(福田雅太郎少佐, 參謀本部總務部)499), 호리 분지로(堀內文次郎少佐,
參謀本部副官)500), 마츠카와 토시타네(松川敏胤大佐, 參謀本部一部
長)501) 그밖에 호월회 회원은 「정상기태랑(井上幾太郎)、령목장륙
(鈴木莊六)、우원일성(宇垣一成)、미야실신(尾野實信)、하합조(河合
操)、복전아태랑(福田雅太郎), 국지신지개(菊地愼之介)、백천의칙(白
川義則)、무등신의(武藤信義)、동조영교(東條英教) 等」과 호월회에
협조적인 코다마파 「하합조(河合操)、대택계웅(大澤界雄)、미야실신
(尾野實信)、전중국중(田中國重) 等」이 있다.

(3) 海軍 : 7명

아키야마 사네유키(秋山眞之中佐, 海軍大學敎官), 가미이즈미 도쿠
야(上泉德弥中佐, 軍令部副官), 다카라 베타케시(財部彪少佐, 軍令部二
局員), 토미오카 사다야스(富岡定恭少將, 軍令部一局長)502), 마츠이
(松井健吉大尉), 야시로 로쿠로(八代六郎大佐, 海軍大學生), 야마시타

---

498)//ja.wikipedia.org/wiki/:福島安正 참조: 후쿠시마 야스마사(福島安正,
  1852.10.27. - 1919.2.19.)는 일본 육군 군인으로, 최종계급은 육군대장이다
  (부록참조).
499)//ja.wikipedia.org/wiki/:福田雅太郎 참조: 후쿠다 마사타로(福田雅太郎,
  1866.7.7. - 1932.6.1.)는 일본육군 군인으로, 최종계급은 육군대장이다(부록
  참조).
500)//ja.wikipedia.org/wiki/:堀內文次郎 참조: 호리 분지로(堀內文次郎,
  1863.10.29. - 1942.3.14.)는 일본육군 군인으로, 최종계급은 육군중장이다
  (부록참조).
501)//ja.wikipedia.org/wiki/:松川敏胤 참조: 마쓰카와 토시타네(松川敏胤,
  1859.12.2. - 1928.3.7.)는 미야기현(宮城県) 센다이시(仙台市) 출신으로, 일
  본육군 군인으로, 군사 참의관·조선군 사령관 도쿄 위수총독과 제10·제16
  사단장을 역임하고, 계급은 육군대장 훈일등 공2급에 이르렀다(부록참조).
502)//ja.wikipedia.org/wiki/:富岡定恭 참조: 토미오카 사다야스(富岡定恭,
  1854.12.24. - 1917.7.1.)는 나가노현(長野県) 출신으로, 일본의 해군 군인이
  며, 귀족으로, 최종계급은 해군중장, 남작이다(부록참조).

(山下源太郎中佐,軍令部)

4. 호월회의 결성목적과 행동방침

(1) 결성목적

　호월회의 결성 목적은 러시아 정책의 기본방침을 주전론(主戰論)으로 정하는 것이다.[503] 호월회의 목적[504]은 당시 그들이 정세를 검토하고 결의한 사항에서 쉽게 알 수 있다.

　　『 제국은 지금 만일 전쟁을 각오하고서라도 러시아의 횡포를 억제하지 않는다면 제국의 장래는 심히 우려하지 않을 수 없다. 오늘의 기회를 상실한다면 결코 장래 국운회복의 기회는 오지 않을 것이다.』[505]

(2) 행동방침

　호월회는 다음과 같은 대응 활동 방침을 제시했다.

첫째, 만주와 한국 문제를 해결하기 위하여 러시아와 외교적 협상을

---

503) 蔡洙道, 前揭 近代日本における 「アジア主義運動」の硏究, p.98 ; 한상일, 앞의 아시아 연대와 일본제국주의, p.157 참조.

504) 호월회의 목적이 전체군부의 일치된 의견은 아니며, 일부 참모본부의 田村怡与造 참모차장이나 大山巖참모총장은 조선문제를 해결하기 위하여 이토오 만한교환론과 신중론을 지지하였다(滿韓問題と國防方針, p.160-161; 蔡洙道, 前揭 近代日本における 「アジア主義運動」の硏究, p.121 註釋 3) 再引用 參照).

505) 谷壽部, 前揭 機密日露戰史, p.36; 蔡洙道, 前揭 近代日本における 「アジア主義運動」の硏究, p.98;한상일, 앞의 아시아 연대와 일본제국주의, p.157 참조.

계속하는 것은 바람직하지 못하다. 그 이유는 이러한 평화적 해결책
은 러시아에게 극동에 군사력을 보강케 하는 기회를 제공해 주는 일
시적 평화에 지나지 않기 때문이다.

둘째, 궁극적으로 러시아와의 전쟁은 필요할 뿐만 아니라 불가피하다.

셋째, 전쟁이 빠르면 빠를수록 군사적 상황은 일본에게 유리하다.

넷째, 일본이 지금의 기회를 놓친다면 러시아의 동아시아에 대한 야
심을 끝내 통제할 수 없게 될 것이다.

다섯째, 호월회는 정책결정자들에게 가능한 빠른 시일 안에 개전결정
을 할 수 있도록 압력을 넣어야 할 것이다.[506]

5. 호월회가 정책결정에 미친 영향

호월회의 주장이나 의견은 정부 내의 대외강경론자나 군부의 실
력자로부터 적극적인 지지를 받았다.[507] 이 부분에 관하여 「호월회
가 실제로 정부 지도자들로 하여금 조기 개전을 결정할 수 있도록 얼
마나 영향력을 행사했는지는 알 수 없다」는 견해[508]가 있다. 그러나
호월회의 주장은 당시 내무대신이었던 고다마 겐타로(兒玉源太郞)나
해군참모차장이었던 이주인 고로(伊集院五郞), 그리고 육군의 후쿠시
마 야스마사(福島安正) 소장 등과 같은 내각과 군부의 강경론자들로
부터 적극적인 지지를 받았다.[509]

---

506) 谷壽部, 前揭 機密日露戰史, pp.85-93 參照; 한상일, 앞의 아시아 연대와
    일본제국주의, p.157 참조.
507) 蔡洙道, 前揭 近代日本における 「アジア主義運動」の研究, p.98.
508) 한상일, 앞의 아시아 연대와 일본제국주의, pp.157-158.
509) 葛生能久, 前揭 東亞先覺志士記傳(上), p.733; 宿利重一, 前揭 兒玉源太郞,
    pp.522-526; 一又正雄, 前揭 山座円次郞傳, pp.31-33 참조;蔡洙道, 前揭 近代
    日本における 「アジア主義運動」の研究, p.98;한상일, 앞의 아시아 연대와 일
    본제국주의, p.158.

Ⅳ. 호월회의 활동

1. 러일전쟁의 경과

야마가타, 이토오, 카츠라, 고무라 이 네 사람이 모여 대러전쟁을 협의 한 1903년 4월 무린암 회의 이후 개전을 앞두고 정부와 군부, 재계의 거두들이 모여 빈번히 협의를 했다.510) 시장의 확대와 전비조달 문제였다. 개전 직후에 농상무대신 기요우라 케이고(淸浦奎吾)는 "이번의 일로 말할 것 같으면 애초부터 단순히 정치적인 필요에 의해 전쟁을 벌인 것이 아니라, 청한(淸韓) 두 나라를 상대로하여 우리의 상공업을 발달시키려는 것이 주된 목적이다. 세상에서 흔히 일본과 러시아의 시국을 말하여 양쪽 제국주의의 충돌이라고 하기도 하는데, 이것은 청국과 한국에서의 일본과 러시아 통상정책의 충돌이다."라고 말했다.511)일본은 영국과 미국의 지지를 받았고, 러시아는 프랑스의 원조를 받았으며, 게다가 영국과 프랑스는 독일을 공통의 적으로 삼았고 그 독일은 러시아의 동쪽 진출을 희망하여 일본과의 전쟁을 지지하고 나섰다. 동아시아에서의 러일전쟁은 영국이 일본을 이용한 대리전쟁이기도 했다.512)일본은 전비 외채조달을 영국과 미국에 전적으로 의존했으며, 러일전쟁 비용 총액 17억 1,600만엔 가운데, 약 8억엔은 영·미에서 모집한 외채로 조달한 사실에서 쉽게 알 수 있다.513)

1904년 2월 8일밤 일본군의 기습공격으로 시작된 전황은 일본이

---

510) 이노우에 키요시 저, 차광수 역, 앞의 일본인이 쓴 일본의 역사(하), p.271 참조.
511) 위의 주석 참조.
512) 위의 주석 참조.
513) 위의 주석 참조.

기대했던 것보다 훨씬 유리하게 펼쳐졌다.514) 러시아군의 장비는 우수
했고 훈련과 조직도 완벽했다.515) 그러나 전국(戰局)은 어려운 가운
데서도 일본에 유리하게 전개되었다.516) 일본 육군의 주력은 조선에
서 남만주로 진격했다. 노기 마레스케 대장의 제3군은 일본의 제해권
의 보호를 받아 요동반도로 침공, 난공불락을 자랑하는 여순요새를 포
위하여 산더미처럼 쌓이는 시체. 강물처럼 흐르는 피의 격전을 되풀이
하였으며, 1905(明治 38)년 1월 2일, 마침내 여순을 함락시켰다. 이
로부터 육군의 전체 병력은 오오야마 이와오 대장을 총사령관으로 하
여 파죽지세로 남만주 철도를 따라 북진, 3월 10일 봉천(현재의 심
양) 교외에서 러시아군의 주력과 회전하여 이를 패주시켰다. 해군은
황해의 전투 및 그 밖의 해전에서 러시아의 극동함대를 격침하거나
혹은 여순항 내에 봉쇄했다.

아키야마 사네유키는 해군사관학교를 수석으로 졸업하고, 한 때는
군사령부 첩보원으로 중국 동북부에서 활동하였다. 메이지 31년
(1898년)에 알프레드 세이어 마한 해군의 유학생 파견이 재개될
때 파견 유학생으로 선정되지만, 국비유학에 속하지 않고 처음에는
사비로 유학하였다. 미국에 유학한 사네유키는 워싱턴에 머물면서

---

514) 大津淳一郎, 大日本憲政史, 10 Vols., 東京:寶文館, 1927, p.28;한상일, 앞의
    아시아 연대와 일본제국주의, p.167.
515) 그러나 일본은 1895년 삼국간섭 이래 러시아와의 전쟁을 위해 온 힘을 모
    아 준비했던 반면, 러시아는 일본이 쉽게 전쟁을 일으키리라고는 판단치 않았
    고, 내정에 보다 많은 문제를 안고 있었으므로, 일본의 군사력을 과소평가 하
    고 있었다(한상일, 앞의 아시아 연대와 일본제국주의, pp.167-168).
516) 본질적으로 두 나라의 전쟁에 대한 생각은 타임스(The Times) 보도처럼
    다른 입장에 있었기 때문이다. 즉, 「러시아는 저녁을 위해 싸운 것이고, 일본
    은 생명을 걸고 싸운 것이다(Russia is fighting for its dinner and Japan for
    its life).」(E. P. Dutton and Co., 1905, p.32:The Times, *The War in the
    East Asia*, 1904-1905); 한상일, 앞의 아시아 연대와 일본제국주의, p.167
    참조.

해군대학교 교장이자 군사사상가인 알프레드 세 이어 마한에게 배우고 주로 대학교 도서관이나 해군문고에서 도서를 이용하여 병법 이론연구에 전념했다. 이 때 미국 서(스페인) 전쟁을 관전한 무관으로서 시찰한 보고서 "산티아고 대 쿠바의 역할"(후에 "극비첩보 제118호")를 제출한다. 산티아고 대 쿠바해전의 일환으로 미국 해군이 실시한 쿠바산티아고 항구 폐쇄전략을 견학하고, 이때의 경험과 보고를 실전에 응용하여 후일 러일전쟁의 뤼순항구 폐쇄전략의 주춧돌이 되었다.[517] 러일전쟁에서 연합함대 사령관 도고 헤이하치로(東鄕平八郎)의 전략담당 참모가 되어, 제1함대 기함 미카사(三笠)에 승선하였다. 러시아 해군 여순함대(태평양 함대)의 격멸과 봉쇄를 위해 여순 입구공격과 뤼순항 폐쇄작전에서 선임참모를 맡아 기뢰부설 작업 등을 실시하였다. 이후 러시아의 발틱함대가 회항할 때 요격작전을 입안하여, 일본해 해전의 승리에 공헌하였으며, 러일전쟁에서 일본의 전략에 승리를 결정지었다.

전쟁동안의 국민의 고통은 심각한 것이었다. 증세(增稅)에 이어지는 증세, 소금 전매제의 신설, 담배 전매제의 강화, 헌금 내지 공채의 강제할당 등의 부담은 견디기 어려웠으며 게다가 물가가 치솟아 생활난을 가중시켰다. 한창 일할 나이의 남자들은 줄줄이 병사로 징집당하거나 군의 작업원으로 징용당했다. 동원된 병력은 108만명에 달했다. 농가의 말과 소와 짐수레까지도 징발되었다. 이 때문에 1905년에는 큰 흉작이 되었다. 일본 육군은 봉천(현재 심양) 전투에서 승리를 거두었으나 러시아군이 계획적으로 철수하였으므로, 러시아의 주력부대는 건재했다. 그리고 일본군에게는 러시아군을 추격할 힘이 전혀 없었을 뿐만 아니라 점령지를 계속하여 6개월 동안 지켜낼 힘도 별로 없

---

517) 부록참조.

었다. 일본군은 장교와 하사관이 극도로 모자랐고, 탄약도 바닥이 날 지경이었다. 참모총장 야마가타 아리토모는 이러한 사태를 솔직히 털 어놓고, 국가가 계속 싸우라고 한다면 끝까지 싸울 각오는 되어 있다고 하면서도, 솔직히 정치·외교적 교섭으로 종결을 더 원했다. 교전 20개월 동안에 4만 3,110명이 전사하고, 17만명 이상이 부상, 병에 걸린 자 22만명 이상, 이 가운데 6만 3,601명이 사망했다. 실로 총병력의 40% 이상의 손해를 입은 것이다. 더 이상의 전쟁비용의 조달 가망도 없어 보였다. 이미 세금 증액과 국내 채권 발행은 여력이 없었고, 외채 모집의 가능성도 없었다. 이는 우방인 영국과 미국의 자본가들이 일본이 철저히 승리를 하여 만주전체를 점령함으로써 그들에게 있어서의 극동의 세력균형이 깨어지는 것을 두려워했기 때문이다.[518] 즉 자국에 유리한 선에서 적당히 전쟁이 끝나기를 바랐다.

한편, 러시아도 전쟁이 계속되어 곤란하기는 마찬가지였다. 러시아에서는 전쟁 전부터 레닌 등이 지도하는 러시아사회민주당의 혁명운동이 발전하고 있었으며, 황제정부는 국민의 혁명적 기분을 밖으로 돌리기 위해서도, 일본과의 전쟁에 발을 들여놓았지만 결과는 그 반대로 혁명을 촉진시키게 되었던 것이다. 여순의 함락은 짜아리즘(Tsarism: 독특한 러시아의 전제정치인 짜아르의 통치)의 권위를 추락시켰을 뿐이다. 그 직후인 1905년 1월 22일, 페테르부르크(Petersburg:제정 러시아의 수도, 현 레닌그라드)의 노동자들은 황제에게 생활의 고통을 호소하기 위해 궁전 앞에 모였다. 이에 대해 군대가 발포하여 다수의 사람들이 살상되는 결과가 발생하였고, 이는 결국 혁명운동이 비약적으로 발전하는 동기가 되었다. 1905년 5월 노동자들은 무장봉기의 준비를 하기 시작했다. 게다가 그 5월 27일 ~ 28

---

518) 이노우에 키요시 저, 차광수 역, 일본인이 쓴 일본의 역사(하), pp.272-274 참조.

일, 토오고오 헤이하치로 사령관의 일본의 연합함대가 동해의 제해권을 탈취하기 위해 러시아 본국에서 파견되어 온 발틱(Baltic) 함대를 대마해협에서 이를 궤멸시켰다.[519]

2. 러일강화조약의 체결과정

일러전쟁 이래 전황은 일단은 일본에 유리하게 진행되고 있었기에 정부 당국자는 이를 낙관하고 있었다.[520] 1905년 1월 2일 여순은 함락되었으나 일본은 군사적·재정적 문제로, 러시아는 1월 22일 '피의 일요일' 사건으로 각기 강화를 바라고 있었다.[521] 1905(明治 38)년 2월 12일 이토오히로부미(伊藤博文)는 제1차 및 제2차 외채모집이 정부 부담의 한계라고 인식하고 있었다. 영국이나 미국 등의 외채모집을 성공시키고 귀국한 일본은행부총재 다카하시 고레교(高橋是清) 앞에서, "현재 2억엔의 외채를 모집하면, 제국의 국채는 내외합하면 7억엔이 되고, 그 이자만도 연 3천5백만엔 정도된다. 계속 용이한 것은 아니다. 이번 외채에서 전쟁을 끝내면 우리나라는 위험한 곤란에 빠진다."라고 말했다.[522] 이토는 개전 초 일본군의 연승에도 불구하고 전쟁의 확대보다는 종결을 원했다.[523]

1905년 3월 28일 봉천전투 직후 만주군 총참모장 호월회의 후원자 고다마 겐타로(兒玉源太郎) 대장은 전선의 상황을 설명하기 위하여

519) 위의 주석 참조.
520) 蔡洙道, 前揭 近代日本における 「アジア主義運動」の研究, p.103 參照.
521) 信夫清三郎・中山治一 編, 日露戰爭史の研究, 東京:河出書房, 1959, p.384 ; 蔡洙道, 前揭 近代日本における 「アジア主義運動」の研究, p.103 參照.
522) 高橋是清, 高橋是清自傳, 千倉書房, 1936, p.704 參照.
523) 平塚篤 編, 復刻伊藤博文秘錄, 原書房, 1982, pp.285-286;蔡洙道, 前揭 近代日本における 「アジア主義運動」の研究, p.104 參照.

비밀리에 도쿄를 찾았다. 고다마는 현양사의 실질적 실력자인 도야마 미쓰루의 심복이면서 고다마와 같은 한가클럽의 회원인 스기야마 시게마루의 강화필요성에 관한 설득을 듣고 몰래 정부수뇌를 만나러 온 것이다.524) '호월' 요정이 있는 곳이기도 한 신바시(新橋) 역까지 마중 나온 육군참모차장 나가오카 가이시(長岡外史) 소장에게 고다마는 조기강화의 역정을 냈다.525) 그는 도쿄에 머무는 동안 원로, 각료, 대본영의 군 수뇌 등을 찾아다니면서, "전쟁을 시작한 사람들은 전쟁을 끝낼 시기와 방법도 알아야 한다. 일본은 인력이나 자원, 그 어느 면으로 보아도 전쟁을 오래 지속할 형편이 못된다"고 주장하면서 외교력을 발휘하여 조기에 종결할 것을 요구했다.526)외무성 정무국장 야마자 엔지로가 고다마의 사저를 방문했다. 고다마는 "지금 병력 보충은 단 한 명도 필요 없다. 오로지 평화가 필요할 뿐이다."라고 말했고, 야마자가 "지금 상태에서 강화를 맺게 되면 여태까지 육상과 해상에서 연승한 것은 물거품으로 돌아가고 5대5의 대등한 상태로 변한다. 강화협상에 착수하기 전에 반드시 발틱함대를 격파해야만 한다. 이것이 외무성의 뜻이다"527)라고 응대했고, 이는 대본영에 받아 들여졌다.528) 여기서의 야마자 국장의 생각은 평소 그와 친한 흑룡회 회장 우치다의 생각으로 한반도와 만주를 지나 시베리아 정도까

524) //ja.wikipedia.org/wiki/:杉山茂丸참조.
525) 宿利重一, 兒玉源太郎, 國際日本協會, pp.683:「나가오카! 뭘 꾸물거리고 있는 건가? 불을 붙였으면 끄는 것 또한 중요하다는 것을 모르고 있단 말인가? 그것을 잊어버리고 있다면 큰일이다.」; 한상일, 앞의 아시아 연대와 일본제국주의, p.168 참조.
526) 宿利重一, 前揭 兒玉源太郎, pp.681-688;德富猪一郎, 三十七八年役と外交, 民友社, 1913, pp.107-108; 한상일, 앞의 아시아 연대와 일본제국주의, pp.168-169 참조.
527) 예영준, 앞의 책, p.254 참조.
528) Peyson J. Treat, *Diplomatic Relations between the United States and Japan,* 1895-1905(Standford University Press, 1938), pp.238-241; 한상일, 앞의 아시아 연대와 일본제국주의, p.169 참조.

지 진격하면 6할의 승리이고 이는 평소 다케다신겐(武田信玄, 1521~1573)의 명언이기도 하면서 6할 이상의 승리 후에는 전쟁은 더 이상 불필요하며, 그 이후에 실속있는 강화조약만 필요하다는 우치다의 생각의 영향을 야마자가 받은 듯하다.[529]

1905년 3월 8일 조슈군벌의 고다마 다음 서열인 육군대신 데라우치 마사다케(寺內正毅)는 미국공사 그리스콤(Lloyd C. Griscom)에게 "전쟁을 중단해야 할 때가 왔고, 나는 협상에 임할 준비가 되어 있다는 뜻을 루스벨트 대통령에게 진지하게 전달"해 줄 것을 '개인 의견'이라는 단서를 붙여 부탁했다.[530]이에 대하여 일본정부나 외무성은 앞서 설명과 같이 우치다의 의견에 어느 정도 일치되어 6할 이상의 전승을 계획하고 있은 듯하고, 그들 역시 일본의 치명적인 허약함이 겉으로 드러나기 전에 전쟁을 외교통로를 통하여 끝내야 함에는 어느 정도 인식을 같이 하고 있는 것으로 보인다.[531]

일본정부는 1905(明治 38)년 4월 21일, 러일강화 조건안을 각의결정으로 재결하였다. 그 가운데는 양보할 수 없는 '절대적 필수조건'으로 한국에 대한 일본의 지배가 포함되어 있었다.[532]두 달 후인 1905년 5월 27일 ~ 28일 동해 해전에서 발틱함대를 격파한 후 일본정부는 강화의 방침을 정책으로 정하고, 5월 30일 주미공사 다카히라 고고로(高平小五郎)로 하여금 루스벨트 대통령에게 '거중조정'을 부탁하도록 훈령을 보냈다.[533]루스벨트는 6월 9일 러일양국에 강

---

529) 葛生能久, 前揭 東亞先覺志士記傳 (上), p.299;한상일, 앞의 아시아 연대와 일본제국주의, p.171 참조.

530) 앞의 주석 361) 참조.

531) 信夫清三郎, 近代日本外交史, 東京:硏進社, 1942, pp.159-162;한상일, 앞의 아시아 연대와 일본제국주의, p.169 참조.

532) 外務省 編, 日本外交年並主要文書(上), 原書房, 1986, p.236;蔡洙道, 前揭 近代日本における 「アジア主義運動」の硏究, p.105 參照. 또한 6월 30일 각의결정과 7월 5일 강화조약안을 상세히 만들어 다시 확인하였다(前揭 日本外交年並主要文書(上),p.239).

화권고서를 송부하였고, 러일양국의 승낙이와서 6월 26일 강화회의
장소를 자국 포츠머스에 지정해서 러일강화의 준비를 갖추었다.534)
한편, 이처럼 일본정부가 강화조약을 위해 노력하는 가운데, 흑룡회도
군부나 정부의 움직임에 편승하여 전쟁을 종결하기 위해 분주했
다.535) 흑룡회는 6월 10일, 러일강화조약에 찬성하는 취지의 기사를
기관지 '흑룡'(黑龍)에 게재했다.536) 그 취지는 러일이 협상관계를
형성하기를 희망하는 내용이었다.537) 8월538) 우치다는 이토히로부
미를 방문하여 카츠라수상이 동석한 자리에서 강화조약의 필요성을
강조했다.539)

『 전쟁에서 6할 승리했으면 전승한 것이나 다름없다는 것이 다케
  다 신겐의 명언입니다. 일본은 이미 6할 이상 승리란 것이므로 전
  쟁을 더 계속할 필요가 없다고 생각합니다. 만일 전쟁을 더 계속한
  다면 국력은 완전히 고갈되어 러시아를 제압한다고 해도 중국에 들
  이닥칠 영국과 미국, 독일의 세력에 대항할 수 없게 될 것입니다.
  이른바, '앞문의 이리를 방어하고 뒷문의 호랑이에게 먹히는 결과
  '가 될 것입니다. 그러므로 일본은 속히 러시아와 강화조약을 맺

533) 外務省 小村外交史, 東京:原書房, 1969, p.451;한상일, 앞의 아시아 연대와
    일본제국주의, p.169 참조.
534) 長田彰文, セオドア·ルーズベルトと韓國, 未來社, 1992, p.99 ;蔡洙道, 前揭
    近代日本における 「アジア主義運動」の硏究, p.105 參照.
535) 蔡洙道, 前揭 近代日本における 「アジア主義運動」の硏究, p.105 參照.
536) 위의 주석 참조.
537) 黑龍, 1905年, 第7年 第2號, pp.1-3; 蔡洙道, 前揭 近代日本における 「ア
    ジア主義運動」の硏究, p.105 參照.
538) 일부 6월 초라는 견해(黑龍會俱樂部編, 前揭 國士內田良平傳, p.299; 한상
    일, 앞의 아시아 연대와 일본제국주의, p.171)가 있으나 8월이 타당하다고 본
    다.
539) 西尾陽太郎 解說, 硬石五拾年譜 內田良平自傳, p.101; 黑龍會俱樂部編, 國士
    內田良平傳, p.299; 蔡洙道, 앞의 논문, p.105;한상일, 앞의 아시아 연대와 일
    본제국주의, p.171.

어야 할 것이라고 생각합니다.』540)

비전파 이토와 강경파 카츠라는 우치다의 견해를 '강화문제에 대한 가장 적절한 의견'이라고 수긍하고 전국을 순회하면서 러시아와 강화조약의 필요성을 강조하여 정세에 어두운 국민들을 계몽해 준다면 국가에 크게 유익'하겠다고 그에게 지방유세를 당부했다.541)우치다는 이토의 청을 받아들여 활동자금으로 이토에게서 받아서 8월 중순부터542) 仙台, 靑森, 秋田 등의 동북지방을 순회하면서 정부방침에 따른 강화조약의 필요성을 역설하였다.543)우치다의 이런 행동은 후에 있은 흑룡회의 형식상의 활동과 실제상의 활동이 많은 차이가 있는 것을 보여준다.544) 참모총장 야마가타 아리토모(山縣有朋)가 수상 카츠라 타로오(桂太郎)에게 보낸 의견서545)에서도 알 수 있다.546) 또 1905(明治 38)년 8월 8일 만주군총참모장 고다마 겐타로는 참모총장 야마가타 아리토모에게 제출한 의견서에서 현재의 전선의 상황이 심각하다고 보고했다.547)이런 상황에서 전선을 시찰한 참모총장 야마가타는 일본군이 계속 전투를 하는 것은 불가능하다고 판단했다.548)

또한 하버드 대학의 동문으로서 루스벨트와 친분549)이 있는 가네코

---

540) 위의 주석 참조.
541) 위의 주석 참조.
542) 6월 중순이라는 견해(黑龍會倶樂部編, 前揭 國士內田良平傳, p.299;한상일, 앞의 아시아 연대와 일본제국주의, p.171)가 있으나 8월이 타당한 것 같다.
543) 黑龍會倶樂部編, 前揭 國士內田良平傳, p.300; 한상일, 앞의 아시아 연대와 일본제국주의, pp.171-172 참조.
544) 蔡洙道, 前揭 近代日本における 「アジア主義運動」の硏究, p.105.
545) 大津淳一郎, 大日本憲政史, 第6卷, pp.31-32 參照.
546) 蔡洙道, 前揭 近代日本における 「アジア主義運動」の硏究, pp.103-104 參照.
547) 大津淳一郎, 大日本憲政史, 第6卷, p.33; 蔡洙道, 前揭 近代日本における 「アジア主義運動」の硏究, p.104 참조.
548) 위의 주석 참조.

겐타로(金子堅太郎) 역시 루스벨트 대통령에게 러시아를 설득해 강화에 동의시켜 줄 것을 당부했다. 강화회담을 거부하고 있던 러시아는 마침내 대마도해전(對馬島海戰) 후 루스벨트의 중재를 승낙하고 강화회담 테이블에 앉기로 1905년 6월 9일 동의했다.[550] 일본은 전권대사에 고무라 주타로(小村壽太郎)와 高平공사를 임명하고, 러시아는 전권대사에 원래 재무장관(元藏相) 세르게이 비테와 러시아 주미대사를 임명하였다.[551] 앞서와 같이 6월 26일 준비를 갖추었다.[552] 6월 30일 각의결정을 하고, 7월 5일 재결한 강화조약안의 내용을 갑(절대적 필요조건), 을(비교적 필요조건), 병(부가조건)의 3가지로 분류하였다. 조선문제에 대해서는 갑의 절대적 필요조건의 우선사항으로 두었고, '한국을 완전 일본의 자유로운 처분에 위임하는 것을 러시아가 승낙하는 것'으로 하여, 조선문제를 다시 확인하였다.[553] 다른 어떤 것보다도 전쟁의 최대 쟁점이자 목적인 조선문제를 실현하는 것이었다.[554] 8월 9일에 예비회의를 하고, 다음날 10일에 제1차 정식회담

---

549)//ja.wikipedia.org/wiki/:金子堅太郎;예영준, 앞의 책, p.255 참조: 가네코 겐타로(金子堅太郎)는 후쿠오카(福岡) 출신으로 야마자 엔지로와는 동향 선후배이며, 무로타 요시후미(室田義文) 부산 총영사에게 야마자를 부탁하는 추천장을 써준 인물이다. 그는 시어도어 루스벨트(1858~1919) 대통령의 하버드대학 동창으로 서로 편지와 크리스마스카드를 주고 받는 사이이다. 루스벨트는 가네코가 선물한 「무사도(武士道)」의 영문판을 읽고 일본에 푹 빠졌고 일본인사범을 매주 세 차례 백악관으로 불러 유도를 배웠다. 그덕에 가네코는 문턱 높은 백악관을 수시로 드나들 수 있었다. 루스벨트가 "한국인을 위해 일본에 간섭할 수는 없다." "그들은 자신을 위해 주먹 한 번 휘둘러보지 못했다."며 철저히 일본을 옹호한 데는 가네코의 영향이 작용했을 수 있다는 의심든다.

550) 外務省 小村外交史, 東京:原書房, pp.449-459;한상일, 앞의 아시아 연대와 일본제국주의, p.169 참조.

551) 井口和紀, 日露戰爭の時代, 吉川弘文館, 1998, p.132; 蔡洙道, 前揭 近代日本における 「アジア主義運動」の硏究, p.105 參照.

552) 長田彰文, セオドア·ルーズベルトと韓國, p.99 ;蔡洙道, 前揭 近代日本における 「アジア主義運動」の硏究, p.105 參照.

553) 外務省 編, 日本外交年並主要文書(上), p.239;蔡洙道, 前揭 近代日本における 「アジア主義運動」の硏究, p.105 參照.

을 하고, 아메리카 북동해안의 포츠머스군항에서 개최되었다.555) 오
랜 논의 끝에 1905년 9월 5일 러일전쟁을 매듭짓는 포츠머스조약
(Portsmouth Treaty)이 체결되었다.556)

『 러일강화조약의 내용은 다음과 같다. 첫째, 러시아는 일본이
한국을 지도·보호·감리할 권리를 인정한다. 둘째, 러시아는 일본
에게 여순·대련의 조차권과 남만주 철도를 청국의 동의를 얻어 양
도한다. 셋째, 러시아는 일본에게 북위 50도 이남의 사할린을 양도
하고 연해주의 어업권을 인정한다.』557)

조약의 체결과정에서 국내여론은 많은 전리품을 기대했으나 8월 29
일 조약의 실상이 알려지면서558) 이를 반대하는 여론559)이 들 끓었

---

554) 江口圭一, 日本帝國主義史硏究, 靑木書店, 1998, p.27;蔡洙道, 前揭 近代日
本における 「アジア主義運動」の硏究, p.105 參照.
555) 前揭 註釋 參照.
556) 外務省 前揭 小村外交史, pp.459-620;信夫淸三郎, 前揭 近代日本外交史,
pp.162-166; 吉村道男, 日露講和條約の一側面, 日本國際政治學會 編, 日本外
交史硏究- 日淸·日露戰爭, pp.119-133; White, John Albert, The
Diplomacy of the Russo-Japanese War, Princeton:University Press,
1964, pp.206-309; 植田捷雄, 日露戰爭とルーズヴェレト, 神川先生 還曆記念·
近代日本外交の硏究, pp.109-174;한상일, 앞의 아시아 연대와 일본제국주의,
p.170; 이노우에 키요시 저, 차광수 역, 앞의 일본인이 쓴 일본의 역사(하),
p.275 참조.
557) 江口圭一, 日本帝國主義史硏究, 靑木書店, 1998, p.27;蔡洙道, 前揭 近代日
本における 「アジア主義運動」の硏究, p.105 ;이노우에 키요시 저, 차광수
역, 앞의 일본인이 쓴 일본의 역사(하), p.275 참조.
558) 万朝報, 1905年 9月 1日:『같은 해 8월 29일 강화의 내용이 국민의 기대에
반하는 것임이 밝혀지자, "평화는 얻을 수 있었다. 합병한 반의 굴욕스런 평화
이다. 과연 국기를 세워 이것을 축하하는 국민은 한 사람도 없다 '는 냉엄한
비판기사가 게재되는 가운데:同年 8月 29日 講和の內容が國民の期待に反する
ものであることが明らかになると, 「平和は得られた. 倂し伴の如く屈辱極まる
平和だ. 流石に國旗を立て 之を祝する國民は一人も無い」という嚴しい批判記
事が 揭載される中」』

다.560) 결국 반대운동은 히비야 폭동으로 이어졌다.561) 1905년 9월 6일 동경시와 동경부 일대에 계엄령이 선포되었다.562)

　『수 만 명의 민중이 동원 되었 때, 데마고그(demagogue:선동 정치가)들의 의도를 뛰어넘어 대중의 독자적인 반권력 투쟁으로 발 전했다. 이미 9월 3일 카츠라수상은 야마가타 아리토모에게 보낸

559) 1905년 7월 19일 9개「8개 단체라는 견해:한상일, 앞의 아시아 연대와 일 본제국주의, pp.172) 단체(對露同志會, 同志倶樂部, 黑龍會, 靑年國民黨, 江湖 倶樂部, 櫻田倶樂部, 同志記者倶樂部, 日東倶樂部(또는 無所屬代議士:蔡洙道, 앞의 논문, p.106), 南佐莊」의 연합회(강화문제동지연합회)가 결성되고(酒田 正敏, 近代日本におけ 對外硬運動の研究, 東京大學出版會, 1978, p.279), 1905년 9월 5일 연합회 주최 노쿄 히비야(日比谷)공원 강화조약 반대운농, 신 토미극장(新富座) 간담회 등의 반대운동 등이다(한상일, 앞의 아시아 연대와 일본제국주의, pp.172; 이노우에 키요시 저, 차광수 역, 앞의 일본인이 쓴 일 본의 역사(하), p.277-278 참조).
560) 新聞集成明治編年史, 12, pp.477-498;한상일, 앞의 아시아 연대와 일본제국 주의, pp.170.
561) 1905년 9월 5일에 이어 6일 동경일대에 계엄이 선포되었음에도 불구하고 또다시 히비야(日比谷)에 모인 군중은 시내전차를 불태우고, 동경시의 경찰본 서 15개소 중 13개소를 불태우고, 파출소 141개소를 불태우며, 파출소 28개 소를 파괴하였다. 경찰은 800명 이상을 살상하였고, 이는 8일 코오베(新戸), 11일 오오사카(大阪), 12일 요코하마(橫濱), 21일 나고야(名古屋) 등 전국 각 지로 이어젓다(上杉重二郎, 日比谷燒打事件の研究のために, 歷史學研究 第184 號, 岩波書店, 1955, p.23; 万朝報, 1905年 8月 24日;이노우에 키요시 저, 차 광수 역, 앞의 일본인이 쓴 일본의 역사(하), pp.278-279 참조). 이에 대한 역 사적 평가는 러일전쟁에 의해 희생을 강요받은 민중들의 불만이 강화조약을 계기로 일거에 폭발한 것이라고 보는 견해 와 음모론이라는 견해 등으로 다양 하다(中村政則·江村榮一·宮地正人, 日本帝國主義と人民, 歷史學研究 第327號, 靑木書店, 1967, p.2; 塩田庄兵衛·犬丸義一, 日比谷の燒打事件, 歷史評論 第39 號, 1952.10.; 信夫淸三郎, 明治末期の民衆運動, 戸澤鐵彦敎授還曆記念論文集, ブルジョア革命の研究, 日本評論新社, 1954; 井上淸·鈴木正四, 日本近代史, 合 同出版社, 1955; 宮地正人, 日露戰後の社會と民衆, 歷史學研究會·日本史研究會 編, 講座日本史 第6卷, 東京大學出版會, 1970; 上杉重二郎, 前揭 日比谷燒打事 件の研究のために; 隅谷三喜男, 日本の歷史22·大日本帝國の試練, 中央公論社, 1966, p.318; 能川泰治, 日露戰期の都市社會, 歷史評論 3號, 1997, 10.; 櫻井 良樹, 日露戰期における民衆運動の一端, 日本歷史 436湖, 1984. 9.).
562) 위의 주석 참조.

편지에서, 「차부(車夫:인력거꾼)나 마정(馬丁:마부) 등의 하층민들이 동요하여 정사(政事:정치상의 일)와 사회를 혼동하고, 즉 관료와 의원 등의 정치가들이 논의해야 할 일을 사회문제로 삼고 있는 것은 가장 경계해야 할 일이다」라고 보고 하였다.[563]

강화문제동지연합회(흑룡회를 포함 8단체 연합회)의 집행위원 19명 중 우치다는 한 사람으로 참여는 했으나 그는 다른 국권론자나 대륙팽창주의자들과 달리[564] 조기 강화론을 주장하고, 이를 위해 활동하였다.[565] 그는 이름만 빌려주었을 뿐이었다.[566] 즉, 대부분의 대륙팽창주의자들과 정치인들이 합세하여 강화문제동지연합회를 조직하여 조기 평화협상을 반대하고, 육군과 해군에게 계속 전쟁을 수행할 것을 촉구하는 여론을 강화하고 있는 동안 우치다는 전쟁의 종결과 조기강화조약의 필요성을 강조했다.[567]

『 우치다는 당시의 대다수의 동료인 대륙팽차주의자나 국권론자 또는 우익정치가와는 달리 당시 군사적·외교적 상황에 대해서 정확한 정보를 갖고 있었다. 이는 우치다가 전쟁 중 흑룡회 본부를

---

563) 위의 주석 참조.
564) 흑룡회의 상층부의 頭山滿, 神鞭知常, 河野廣中, 小川平吉 등은 6월 19일 연합회조직하고, 7월 5일 대회개최 및 격문을 전권위원인 소촌수태랑에 제출(大津淳一郎, 大日本憲政史, 第6卷, p.151), 8월초순 결의대회 개최(前揭 大日本憲政史, p.152), 8월 31일 회합개최 및 결의(前揭 註釋 參照), 小村全權에 대한 강경한 입장표명 및 9월 4일 대회를 흑룡회 회원의 高田三六의 명의, 9월 5일 오후 1시 히비야(日比谷)공원에서 옥외집회를 개최하는 취지서를 麴町警察署에 제출하였다(河野磐州傳編纂會, 河野磐州傳(下卷), 1926, 中正社, p.664;蔡洙道, 앞의 논문, p.106).
565) 蔡洙道, 前揭 近代日本における 「アジア主義運動」の研究, p.107.
566) 한상일, 앞의 아시아 연대와 일본제국주의, pp.170-172 참조.
567) 大津淳一郎, 前揭 大日本憲政史, pp.150-151;한상일, 앞의 아시아 연대와 일본제국주의, p.171.

지키면서 아카시 모토지로, 야마자 엔지로, 히로타 고키(廣田弘毅) 등과 같은 군부와 외무성의 호월회의 주요간부들을 통해서 전황의 변화를 계속해서 주시하고 그들에게 들어서 알고 있었다. 그 밖에도 만주와 시베리아에서 활동하고 있던 흑룡회 회원들로부터 현지 사정을 계속 보고받고 잘 알고 있었기 때문이다. 결국 최일선에서 전개되고 있는 군사적 상황을 잘 알고 있을 뿐만 아니라 계속 전쟁을 할 경우 일본이 처할 입장을 충분히 예측할 수 있었다. 실리주의자인 그는 초기의 승리에 의해 외교적으로 유리한 고지를 차지할 수 있는 시기에 전쟁을 중단하고 협상을 추진하는 것이 일본이 실리를 거둘 수 있는 보다 확실한 길이라고 판단했기 때문이다.[568] 그 외에도 만주와 조선 문제가 비교적 만족스럽게 해결되었다고 보았고, 그는 일본인들이 조약에 반대하는 여론만을 고집하여 혼란을 조성할 것이 아니라, 한국과 만주에서 일본이 취해야 할 전후 문제와 동아시아에서 일본의 지위를 높이는 일에 더 많은 관심을 가져야 한다고 생각[569] 했기 때문이다.[570] 즉, "지금은 조약에 대한 찬반으로 국력을 소진시킬 때가 아니며, 한국과 만주를 확고히 하여 일본의 영구적 기지로 굳히고 다시는 외세의 영향력이 침투하지 못하도록 방지하는 일에 국력을 쏟아야 할 때다."라고 강조했다.』[571]

일본은 일청전쟁으로 대만과 센카쿠열도 빼앗고, 일러전쟁에서 사할린 남반부를 갈라 차지하고 요동반도의 조차권을 러시아에게서 양

---

568) 黑龍, 7年 1號, 1907年 5月, p.104; 한상일, 앞의 아시아 연대와 일본제국주의, p.173.
569) 日露協商, 黑龍, 7年 2號, 1907年 6月, pp.1-3 ;한상일, 앞의 아시아 연대와 일본제국주의, p.175.
570) 한상일, 앞의 아시아 연대와 일본제국주의, pp.173-175 참조.
571) 日露協商, 黑龍, 7年 2號, 1907年 6月, pp.1-3 ;한상일, 앞의 아시아 연대와 일본제국주의, p.175.

도받았으며, 이어 조선을 합병함으로써 일본은 본국 총면적의 77%를 넘는 광대한 식민지를 획득하였 뿐만 아니라, 본토와 거의 같은 면적인 남부 만주를 반(半) 식민지적 세력범위로 삼는 대제국을 건설하였다. 즉, 대아시아주의가 건설하고자 했던 꿈을 이룬 것이다. 일본은 이들 식민지를 통치하기 위해, 대만과 관동주(요동반도)에서는 조선과 같이 현역대장을 총독(조선과 대만) 또는 도독(관동주)으로 한 다음, 모두 주둔군 사령관을 겸임시켰다. 그들은 천황에게 직속되었고, 따라서 본국정부에게도 구속을 받지 않는 철저한 군사적 강압정치를 행하였다. 사할린의 화태청(樺太廳) 만은 내무성의 관할로 했으나 이 청의 장관에게도 화태수비대 사령관을 임명하여 겸임시킬 수 있게 함으로써 필요할 때는 즉시 군사 독재체제로 전환할 수 있도록 하였다.[572]

V. 소결

반러시아 분위기가 점차로 높아가고 있을 때 국민들 사이에 러시아의 만주정책과 만주에서의 러시아의 활동을 주의 깊게 관찰하고 분석해 온 육군과 해군의 참모본부와 외무성의 실무 정책 입안자들은 대러시아 전쟁의 필요성을 공감하고 있었다. 즉, 야마가타 아리토모(山縣有朋)와 카츠라 다로(桂太郎)의 조슈 군벌의 강경론에 영향을 받은 육군과 해군의 참모본부의 소장파 군인과 현양사 및 흑룡회에

---

572) 이노우에 키요시 저, 차광수 역, 앞의 일본인이 쓴 일본의 역사(하),
    pp.281-282 참조).

영향을 받은 우치다와 밀접한 관계를 유지하고 있던 외무성의 야마자 엔지로를 중심으로 한 강경 소장파들은 러시아와의 개전은 불가피하다고 공통된 인식을 하고 있었다. 따라서 호월회는 조슈군벌 카쓰라 타로의 대러개전론과 우치다 료헤이의 대러개전론을 추종하여 대러개전을 정부에 촉구하기 위하여 외무성과 군부의 소장파 군인들이 설립한 한시적 단체이다. 호월회의 구성원 중 육군파벌은 가와카미 소로구 휘하의 사쓰마군벌이며, 여기에 조슈군벌인 고다마 겐타로 파벌이 협조하였다. 따라서 그들이 추종한 이념은 조슈군벌의 대러강경론이고, 그들 자체는 사쓰마 군벌이다. 그들에게 있어서 러일전쟁에 대한 준비는 1903년 이후 전 일본이 러시아 하나만 생각하고 있을 때이다.

따라서 러일전쟁에 도움이 된다면 그것이 무엇이든 주저할 분위기가 아니었다. 그런 시기에 동해에 러시아 함대가 나타나고 동해의 제해권 확보는 일본에게 있어서는 사활이 걸린 문제였다. 공교롭게도 이 시기에 나카이 요사부로가 영토편입 및 대하원을 신청했고 기회를 포착한 우익세력의 핵심인 야마자 엔지로는 내무성 지방국을 무시해서라도 러일전쟁에 도움이 된다면 '한일외교 관계'나 '국제적 비난여론'을 감내해서라도 강행할 필요가 있다고 생각한 것으로 보인다. 또한 흑룡회가 러일전쟁과 대륙정탐 활동에 얼마나 기여했는지, 독도를 얼마나 원했는지를 호월회를 통하여 알 수 있었다. 따라서 일본호월회를 파악하는 것은 러일전쟁과 함께 일본흑룡회를 알 수 있는 길이며, 그들의 사상을 통하여 독도가 편입되는 당시의 상황을 바로 인식할 수 있었다고 본다.

제4절 결언

먼저, 일본흑룡회는 낭인집단이 아니라 정치엘리트 집합체이며, 대륙진출의 전위부대의 성향을 가진 정치단체이다. 흑룡회는 러시아의 남하저지와 일본의 경제적 이익을 위해서 다양한 분야의 사람들에 의해서 설립된 정치단체로 출발했지만, 그 최대의 특징은 아시아 문제 전문가의 집합체이며, 동시에 일본 중심의 아시아 연대를 주창한 정치단체로서 일본대륙정책의 브레인 역할을 수행한 일종의 극동문제 연구소이다. 일본흑룡회는 일본의 독도편입과 관련된 불법행위와 밀접하게 연관된 단체이다. 일본은 시마네현 고시 제40호 지방현 고시로, 독도를 일본영토에 편입하였다. 즉, 나카이 요사부로의 영토편입 및 대하원의 신청, 농상무성 마키 나오마사 수산국장의 '소속불명(무인도)'의 말, 해군성 기모쓰키 가네유키 수로국장의 미국의 해도를 근거로 한 '영유선언(영토편입)'권유로, 한국영토 독도는 국제법상 '무주지'가 되어 일본영토로 편입되었다. 또한 외무성 야마자 엔지로 정무국장은 러일전쟁의 상황에서 적함감시의 '전초기지'로 활용코자 하는 의도로 내무성 지방국의 반대의견을 묵살하였고, 우익군벌인 카쓰라 총리는 내각회의에서 '무주물 선점'에 의한 영토편입 결정을 이뤄냈다. 결국 이는 「소속불명(무인도) + 영유선언 부존재(영토편입 부존재) = 국제법상 무주물 선점의 대상인 '무주지' 요건 성숙」이라는 등식이 성립한다. 따라서 나카이 요사부로의 대하원 신청에 대해 농상무성은 '영유소속 불명'을 말하고, 해군성은 '영유선언 부존재(영토편입 부존재)'를 말하여, 영토편입의 고의를 드러내고 있다. 결국 한국영토 독도가 일본영토로 돌변한 것이다. 이들은 일본흑룡회가 인위적으로 조작한 '무주지'를 근거로 한국의 영토 독도를 일본영토에 편입한 것이다. 따라서 일본의 독도에 대한 영토편입에는 흑룡회가 많은 기여를 했다고 본다.

다음으로, 일본호월회는 조슈군벌 카쓰라 타로의 대러개전론과 우치다 료헤이의 대러개전론을 추종하여 대러개전을 정부에 촉구하기 위하여 외무성과 군부의 소장파 군인들이 설립한 한시적 단체이다. 호월회의 구성원 중 육군파벌은 가와카미 소로구 휘하의 사쓰마군벌이며, 여기에 조슈군벌인 고다마 겐타로 파벌이 협조하였다. 따라서 그들이 추종한 이념은 조슈군벌의 대러강경론이고, 그들 자체는 사쓰마 군벌이다. 그들에게 있어서 러일전쟁에 대한 준비는 1903년 이후 전 일본이 러시아 하나만 생각하고 있을 때이다.

따라서 러일전쟁에 도움이 된다면 그것이 무엇이든 주저할 분위기가 아니었다. 그런 시기에 동해에 러시아 함대가 나타나고 동해의 제해권 확보는 일본에게 있어서는 사활이 걸린 문제였다. 공교롭게도 이 시기에 나카이 요사부로가 영토편입 및 대하원을 신청했고 기회를 포착한 우익세력의 핵심인 야마자 엔지로는 내무성 지방국을 무시해서라도 러일전쟁에 도움이 된다면 '한일외교 관계'나 '국제적 비난여론'을 감내해서라도 강행할 필요가 있다고 생각한 것으로 보인다.

제4장 결론

Ⅰ. 요약

이상의 검토결과를 요약하면 다음과 같다.

(ⅰ) 독도의 편입경위는, 먼저 흑룡회의 구즈우 슈스케가 국제법상 무주물 선점의 대상이 되는 '무주지'로 조작하기 위해 한해통어지침을 탈고하여 한국영토 독도가 '소속불명'이라고 말하고, 제국신문에 게재하였다. 이를 지학잡지가 인용하여 한국영토 독도가 '소속불명일 뿐만 아니라 영유선언이 없는 섬'이라고 말하였다. 이러한 독도에 대한 애매모호한 영토인식은 일본 내에 널리 퍼졌고 이는 후에 관료들에게도 영향을 미쳤다.

다음으로, 한국영토로 생각한 나카이 요사부로가 조선영토 임대하원을 신청하려고 도쿄 통감부로 향하였다. 농상무성 수산국장 마키 나오마사를 찾은 바, 이미 흑룡회의 한해통어지침이나 지학잡지에 의해 영향을 받은 마키국장은 독도의 '소속불명'에 대하여 해군성 수로부에 가서 알아볼 것을 권했다. 이에 따라 해군성 수로부장 기모쓰키 가네유키를 찾은 나카이는, 이번에는 기모쓰키로부터 독도가 '소속불명일 뿐 아니라 영유선언(영토편입)'이 된 바, 없으니 임대하원을 제출할 것이 아니라 영유선언(영토편입)에 필요한 영토편입 대하원을 제출하라고 권유하였다. 그의 말에 확신은 얻은 나카이는 내무성 이노우에 서기관에게 영토편입 대하원을 제출하였다. 그러나 이노우에 서기관은 '조선영토의 의심'과 '한일 외교문제', '한국병탄에 대한 국제사회의 비난'을 우려하여 각하한다는 통보를 하였다. 이에 고향 사람의 소개의 당시의 실세인 외무성 야마자 엔지로 국장을 찾아가서 상의하니 야마자국장은 내무성은 신경쓰지 말고 영토편입 대하원을 외무성에 제출하라고 말한다. 이렇게 하여 속행된 영토편입은 야마자의 주도하에 시마네현에 편입에 대한 의견을 묻게 되고, 시마네현은 오키도 소관으로 편입하는 데 문제가 없으며, 지명은 타케시마가 좋겠다고 회신해 왔다. 이에 조슈군벌 야마가타의 측근 내무대신 요시카와 아키마사 명의로 내각회의에 회부되고, 조슈군벌의 2인자 카쓰라 총리 주도하에 편입 결정되어 내무성 훈령을 거쳐 시마네현 제40호로 현고시로 일본영토에 편입되었다. 따라서 한국영토 독도에 대해 국제법상 무주물 선점의 대상이 되는 '무주지'로 일본흑룡회가 인위적으로 조작하여 제공함으로써, 이를 근거로 나카이 요사부로는 '리양코도 영토편입 및 대하원'에 이를 반영하였고, 내각은 '내각회의 결정건'으로 이를 반영하여, 최종적으로 일본은 한국영토 독도를 일본영토에 편입하였다.

(ⅱ) 나카이 요사부로와 관련, 평범한 어민인 나카이 요사부로가 독도를 한국영토로 인식하면서 일본 도쿄의 중앙정부에 제출한 이유는 1889년 도쿄부 교바시쿠의 세토 구치간지가 울릉도에 건조장 설립원을 도쿄부 통감부에 제출한 선례를 참조한 것으로 보인다. 그가 살고 있는 오키섬은 당시 많은 어업인들이 울릉도나 독도로 몰려가는 과정에서 이 지역과 가까운 오키도를 경유함으로 인하여 다른 어부 누구에게 그가 절차나 허가원에 대한 사정을 들었거나 지방현에 문의를 하여 어떤 힌트를 받았거나 그 밖의 사정에 의해 어느 정도 알게 된 것으로 보인다. 나카이 요사부로는 그 무렵 1893년경 한국에서 일본 시마네현 오키섬 사이고쵸로 돌아와서 독도 주변에서 계속 잠수기 영업을 하고 있었다. 또한 그는 울릉도나 독도에 가려는 선박 등이 일본에서 제일 가까운 섬인 오키섬을 출발지로 이용하였다고 그는 '사업경영개요'에서 진술하고 있다. 이처럼 무작정 나카이가 도쿄에 가서

허가원을 제출하려고 한 것은 아니다. 이런 연유로 나카이는 자신의 '사업경영개요'에서 말하는 것처럼 도쿄에 가면 가능할 것으로 생각했으나, 그러나 실제 허가가 가능한 것은 '통상장정'이나 '통어장정'에 의해 '어업만' 가능했지만 그는 시설임대도 가능한 것으로 착오를 일으킨 것 같다. 따라서 나카이는 전문지식을 갖춘 사람이 아니며, 배타적 어업권을 확보하기 위한 평범한 어민에 불가했다. 또한 제출동기는 나카이 요사부로에 대한 관련 자료를 통하여 그의 삶이 대하원 제출 직전 경제적으로 어려웠음을 알 수 있었다. 즉, 나카이가 독도를 알게 된 것은 빌린 돈을 갚기 위해 친족에게 빌린 거금을 도둑맞으면서 이를 만회하려고 방안을 모색 하던 중 당시의 일본국내 상황이 물가가 치솟는 준 전시상황임을 이용하여, 독도에 많은 강치를 잡아 가죽과 아교의 원료, 기름 등을 만들어 팔면 경제적으로 빚을 갚고 많은 이윤을 취할 수 있다는 생각과, 정부로부터 허가를 받으면 배타적으로 강치잡이를 할 수 있다는 단순한 동기에서 출발한 것으로 보인다. 그의 영해에 대한 인식은 그가 제출한 사업경영개요에서 보듯, 처음에는 한국의 영토로 인식하고 있었으며, 대하원을 제출하는 과정에서 각 부처를 돌면서 국제법적 지식을 쌓은 것으로 보인다. 즉, 그가 제출한 「리양코도 영토편입 및 대하원」에 한국영토 독도에 대해 '소속불명'이나 '영유선언(영토편입)'의 불가피성을 역설한 내용에 잘 나타나 있다고 본다. 또한 그는 후에 단순한 동기에서 시작한 대하원 신청행위를 '영토편입'이라는 큰 의의를 부여하려고 하였다.

(iii) 흑룡회는 낭인집단이 아니라 정치엘리트 집합체이며, 대륙진출의 전위부대의 성향을 가진 정치단체이다. 흑룡회는 러시아의 남하저지와 일본의 경제적 이익을 위해서 다양한 분야의 사람들에 의해서 설립된 정치단체로 출발했지만, 그 최대의 특징은 아시아 문제 전문가의 집합체이며, 동시에 일본 중심의 아시아 연대를 주장한 정치단

체로서 일본대륙정책의 브레인 역할을 수행한 일종의 극동문제 연구소이다. 흑룡회는 현양사와는 달리 처음부터 우치다가 중심이 된 강력한 단체이다. 또한 현양사와 달리 흑룡회는 처음부터 강력한 체제를 갖출 수 있는 여건을 지니고 있었다. 흑룡회는 여러 파벌의 집합체가 아니라 우치다가 중심이 되어 강력히 규합된 조직체이다.

(ⅳ) 일본호월회는 조슈군벌 카쓰라 타로의 대러개전론과 우치다 료헤이의 대러개전론을 추종하여 대러개전을 정부에 촉구하기 위하여 외무성과 군부의 소장파 군인들이 설립한 한시적 단체이다. 호월회의 구성원 중 육군파벌은 가와카미 소로구 휘하의 사쓰마군벌이며, 여기에 조슈군벌인 고다마 겐타로 파벌이 협조하였다. 따라서 그들이 추종한 이념은 조슈군벌의 대러강경론이고, 그들 자체는 사쓰마 군벌이다. 그들에게 있어서 러일전쟁에 대한 준비는 1903년 이후 전 일본이 러시아 하나만 생각하고 있을 때이다.

당시의 상황은 러일전쟁에 도움이 된다면 그것이 무엇이든 주저할 분위기가 아니었다. 그런 시기에 동해에 러시아 함대가 나타나고 동해의 제해권 확보는 일본에게 있어서는 사활이 걸린 문제였다. 공교롭게도 이 시기에 나카이 요사부로가 영토편입 및 대하원을 신청했고 기회를 포착한 우익세력의 핵심인 야마자 엔지로는 내무성 지방국을 무시해서라도 러일전쟁에 도움이 된다면 '한일외교 관계'나 '국제적 비난여론'을 감내해서라도 영토편입을 강행할 필요가 있다고 생각했고, 결국 한국영토 독도를 일본영토로 편입하는 결과를 발생시켰다.

Ⅱ. 정책건의

1. 일본의 불법행위 과정에 대한 합리적 접근방법 시도

일본흑룡회가 한국해를 정탐하고 소개하면서 독도가 한국영토라는 전제사실을 망각하고 의도적으로 국제법상 '무주물 선점'의 대상인 '무주지'와 관련하여, 「소속불명(무인도)」과 「영유선언 부존재(영토편입 가능)」를 인위적으로 조작하였고, 이는 정부 관료들에게 영향을 미쳐, 농상무성 마키 국장은 「소속불명(무인도)」를 주장하고, 해군성 기모쓰키 수로부장은 「영유선언(영토편입)」을 나카이 요사부로에게 권했다. 이는 외무성과 같은 우익세력의 러일전쟁에 대비한 「전초기지 활용」의 상황인식이 더해지면서 종국에는 일본 영토에 편입되는 결과를 낳았다. 여기서 일본흑룡회 및 일본우익이 일본의 독도편입에 직접적으로 영향을 미친 사실을 밝혀, 일본의 불법행위 과정을 보다 합리적으로 설명하는 접근을 시도하였다.

따라서 일본흑룡회와 일본우익세력이 일본의 독도편입 과정에 관련된 것을 일부분이나마 밝혀, '후행연구의 길'을 열어두었으므로, 이후 더 깊이 있는 후행연구에 대한 지원책을 건의한다.

2. 일본 극우단체와 독도영유권 확보방안 강화

독도의 편입과정에 일본 극우단체가 얼마나 기여했는가와 오늘날 일본극우단체가 독도에 대하여 어떤 주장이나, 어떻게 주장하는가를 정확하게 읽어 내는 것은 한국이 독도영유권을 공고히 하는데 있어서 매우 중요하다고 본다. 따라서 일본의 우익을 명확하게 파악하는 참고자료로 활용토록 건의한다.

▣ 참고문헌(BIBLIOGRAPHY) ▣

Ⅰ. 외국문헌 : 일본

(ㄱ)

川上健三, 「竹島の歷史 地理的 硏究」1966.

葛生能久, 日支交涉外史, 黑龍會出版部Ⅰ, 1935.

-------, 東亞先覺志士記傳 全三卷 上卷.

葛生修吉他編 覆刻對露の危機 和局私案, 1981年 長陵書林.

葛生修亮, 韓海通漁指針, 江原道. 黑龍會, 1903.

江口圭一, 日本帝國主義史硏究, 靑木書店, 1998.

姜昌一, 天佑俠と朝鮮問題, 史學雜誌, 第97編8號, 史學會, 1988.

硬石五拾年譜 Ⅰ, p.38 ; 志士記傳 上卷.

『桂太郎自伝』宇野俊一校注、平凡社東洋文庫、1993年.

高橋是淸, 高橋是淸自傳, 千倉書房, 1936.

公文類聚 第29編 권1, 「リアンコ島 領土編入을 위한 閣議 要請」,
    1905. 1. 10.

---------------, 「リアンコ島 領土編入을 대한 日本閣議決定」,
    1905. 1. 28.

谷壽部, 機密日露戰史, 原書房, 1966.

橋本五雄編, 謝海言行錄, 大空社, 1988.

堀眞琴, 日露戰爭前後, 東京:白揚社, 1940.

堀和生, 1905年 日本の竹島領土編入, 朝鮮史硏究會論文集 24號.

宮地正人, 日露戰後の社會と民衆, 歷史學硏究會・日本史硏究會編, 講
    座日本史 第6卷, 東京大學出版會, 1970.

今井公雄「大國ロシアを震撼させた陰の將軍」『歴史群像シリーズ，日露戰爭』24 1991年 平成3年 6月.

旗田巍, 大東合邦論と樽井藤吉.

吉岡吉典, 竹島とは何,か, 朝鮮史研究月報, 創刊號, 1962.11., 獨島研究 5號 收錄.

--------, 再び竹島問題, 朝鮮史研究月報, 1963年 4月號.

吉州件, 韓山虎嘯錄, 黑龍會本部編, 黑龍第2號, 龍溪書舍, 1901年6月.

吉村道男, 日露講和條約の一側面, 日本國際政治學會 編, 日本外交史研究- 日淸・日露戰爭.

(ㄴ)

內田良平, 硬石五十年譜(1卷), 內田家所藏.

--------, 黑龍瀾人歌集, 黑龍會出版部, 1934.

內田良平 · 吉倉汪聖, 露西亞論, 黑龍會出版部, 1901.

農商工部, 韓國水産誌 第2集, 農商工部, 1901.

能川泰治, 日露戰期の都市社會, 歷史評論 3號, 1997.

(ㄷ)

ダイナマイト掠奪, 二六新報, 1894年7月17日.

大日本水産會報告, 제106호, 1891.

-------------, 제209호.

大津淳一郎, 大日本憲政史 第5卷.

--------, 大日本憲政史, 第6卷.

--------, 大日本憲政史, 10 Vols., 東京：寶文館, 1927.

德富猪一郎, 蘇峰自傳, 中央公論社, 1935.

--------, 三十七八年役と外交, 民友社, 1913.

島根叢書.

『島根縣告示　第40號』,　『竹島編入에　대한　島根縣告示　第40號』,
　　1905. 2. 22.

島根縣敎育界, 島根縣史, 1923.

島根縣知事訓令. 島根縣庶第11號. 1905. 2. 22.

渡邊幾治郎, 日本近世外交史, 東京：千倉書房, 1938.

渡辺龍策, 馬賊, 中央公論社, 1964年.

東徒再起, 二六新報, 1894年7月5日.

東京朝日新聞, 1902年 7月 17日.

藤本尙則, 巨人頭山滿翁, 東京：頭山翁傳頒布會, 1922.

(ㄹ)

鈴木天眼, 韓山虎肅錄,　黑龍　第1號～第19號　1901年5月～1902年12
　　月.

(ㅁ)

万朝報, 1905年 8月 24日

-----, 1905年 9月 1日.

滿洲經營私見, 平岡浩太郎文書.

『明石工作 謀略の日露戰爭』丸善ライブラリー 1995年 平成7年.

明治政府　『內務大臣訓令』,「竹島編入에　대한　日本內務大臣訓令」

1905. 2. 15.

木下半治, 日本國家主義運動史, 1939.

（ㅂ）

半藤一利·橫山惠一·秦郁彦·原剛『歷代陸軍大將全覽　大正篇』　中公
　　新書ラクレ.　　　　　　　　　　　　　　　　　　　　　　·

邊見勇彦, 滿洲義軍奮鬪史, 先進社, 1932.

福澤諭吉, 脫亞論, 1885.

（ㅅ）

山辺健太郎, 竹島問題の歷史的考察, アジア評論 7-2, 東京:1965.

ーーーーーーーーー, 「日韓倂合小史」, 1966.

山田昭次,　自由民權期における興亞論と脫亞論-アジア主義の形成をめ
　　ぐって, 朝鮮史研究會論文集 6집, 1969.

三宅雪嶺, 同時代史 Ⅲ, Vols 6., 東京:岩波書店, 1950.

上杉重二郎, 日比谷燒打事件の研究のために, 歷史學研究 第184號: 岩
　　波書店, 1955.

西原『スパイひみつ大作戰』、小學館入門百科　シリーズ37.

西尾陽太郎 解說, 硬石五拾年譜 內田良平自傳.

石河幹明, 福澤諭吉傳 Ⅲ.

小森德治, 明石元二郎, 臺北:臺灣日日新報社, 1928, Ⅰ.

小林高壽, 竹島の歸屬をめぐって, 歷史敎育, 139の11, 東京:1966.

西尾陽太郎, 九州における近代の思想狀況, 高橋正雄 編, 日本近代化と
　　九州, 平凡社, 1972.

ーーーーーーーー 解說, 硬石五拾年譜 內田良平自傳.

-------- 解說, 辛亥革命關係資料, 高橋正雄 監修, 日本近代化と九州.

宿利重一, 兒玉源太郎, 國際日本協會, 1942.

時事新聞, 1895.6.7.

信夫淸三郎, 近代日本外交史, 硏進社, 1948.

--------, 近代日本外交史, 東京:硏進社, 1942.

--------, 明治末期の民衆運動, 戶澤鐵彦敎授還曆記念論文集, ブル
ジョア革命の研究, 日本評論新社, 1954.

信夫淸三郎 ・ 中山治一 編, 日露戰爭史の研究, 東京:河出書房,
1959.

植田捷雄, 日露戰爭とルーズヴェレト,神川先生還曆記念・近代日本外交
の研究..

新聞集成明治編年史, 12.

(ㅇ)

安達九郎, 牙山近傍の偵察, 二六新報, 1894年 7月 1日.

櫻井良樹, 日露戰期におげる民衆運動の一端, 日本歴史 436湖, 1984.
9.

野原四郎, アジア歴史辞典, 平凡社 1959~1962, 大アジア主義.

與友人絶交書, 1908.4.

塩田庄兵衛・犬丸義一, 日比谷の燒打事件, 歴史評論 第39號,
1952.10.

隱岐の島, 2005年 7月號.

奧原碧雲, 『竹島経営者中井養三郎氏立志伝』個人藏 明治３９, 1906.

------, 竹島沿革考, 島根叢書 第2篇.

奧原福市, 「竹島及鬱陵島, 1907」.

外務省, 日本外交文書 第16卷.

外務省 編, 日本外交文書, 日本國際聯合協會, Vol.28.

--------, 日本外交年表竝主要文書 Ⅰ, 原書房, 1965.

--------, 日本外交年竝主要文書 上, 原書房, 1986.

外務省, 小村外交史, 東京:原書房, 1969.

隅谷三喜男, 日本の歷史22・大日本帝國の試練, 中央公論社, 1966.

葦津珍彦, 大アジア主義と頭山滿, 日本敎文社, 1973.

利岡中和, 眞人橫川省三傳, 大空社, 1996.

日本外務省, 日本外交文書 第16卷.

일본 외교문서 제3권, 사항 6, 문서번호 87, 1870년 4월 15일자
　「외무성출사좌전백아등의 조선국교제시말내탐서」.

一又正雄, 山座円次郎傳, 原書房, 1974.

임산무덕, 근대일한관계사연구, 동경대학출판부, 1987.

(ㅈ)

長田彰文, セオドア・ルーズベルトと韓國, 未來社, 1992.

長陵書林編集部, 覆刻對露の危機 和局私案, 1981年, 長陵書林.

戰時日誌 軍艦橋立, 明治 38:1905年 6月 15日, 防衛硏究所所藏.

戰地探訪者通信, 二六新報, 1894年 6月 15日.

井口和紀, 日露戰爭の時代, 吉川弘文館, 1998.

井上淸・鈴木正四, 日本近代史, 合同出版社, 1955.

齊藤豊仙, 隱州視聽合記, 1667.

酒田正敏, 近代日本におけ 對外硬運動の硏究, 東京大學出版會, 1978.

中井養三郎, 履歷書, 竹島資料 7, 島根縣立圖書館所藏; 島根縣敎育界,
　島根縣史, 1923.

--------, 「事業經營槪要」, 1911.

中村政則・江村榮一・宮地正人, 日本帝國主義と人民, 歷史學硏究 第 327號, 靑木書店, 1967.

地學雜誌, 第13輯, 第149卷,1891.5.

秦郁彦,「明石元二郎の破壞活動は失敗した」『明治·大正·昭和30の 「眞實」』文藝春秋 2003年:平成15年 8月.

-----, 編『日本陸海軍總合事典［第2版］』東京大學出版會、2005年、 第4部「諸名簿」B-2「湖月會メンバー」.

(ㅊ)

蔡洙道, 近代日本における 「アジア主義運動」の研究 - 天佑俠と黑龍 會の活動を中心に, 法學硏究科博士 後期課程 政治學專攻.

淸藤幸七朗編纂, 復刻天佑俠, 日本思想史料叢刊之五, 長陵書林, 1981 年.

初瀨龍平, 脫亞論 再考, 近代日本とアジア-文化の交流と摩擦, 東京大 學出版會(1984).

秋岡武次郎, "日本海西南の松島と竹島", 「社會地理」第27號, 1948.8.

(ㅍ)

平塚篤, 伊藤博文秘錄, 春秋社, 1929.

-----, 編, 復刻伊藤博文秘錄, 原書房, 1982.

(ㅎ)

河野磐州傳編纂會, 河野磐州傳 下卷, 1926, 中正社.

韓相一, 李健·瀧澤誠譯, 日本近代史の 空間.

玄洋社社史編纂會, 玄洋社社史, 東京:玄洋社社史編纂會. 1917.

荒原朴水, 大右翼史, 東京:大日本國民黨, 1966.

黑龍俱藥部 編, 國士內田良平傳, 原書房, 1967.

黑龍會, 東亞先覺志士紀傳 全三卷 下卷, 原書房, 1966.

-----, 日韓合邦秘史 上·下, 1930.

-----, 東亞先覺志士記傳 全三卷 上卷, 東京:原書房,1966.

-----, 黑龍會三十年事歷, 1931.

黑龍會, 會報, 創刊號, 1901年 3月.

-----, 會報 第1,2集, 黑龍會本部, 1901年.

黑龍, 第5號, 1901年 9月.

---, 第9號, 1902年 1月 25日.

---, No.10, 1902年 3月.

---, 第12號, 1902年 5月.

---, 第15號, 1902年 8月.

---, 第17號, 1902年 10月.

---, 第18號, 1902年 11月.

---, 第20號, 1903年 1月.

---, 第21號, 1903年 3月.

---, 第4卷, 第7年(1905年) 第1號.

---, 1905年, 第7年 第2號.

---, 7年 1號, 1907年 5月.

---, 7年 2號, 1907年 6月.

Ⅱ. 외국문헌 : 영문

(A)

Alfred Verdross, Volkerrecht, 5. Auflage.

Amold McNair, *Law of Treaties*, Oxford:Clarendon Press, 1961.

----------, *Michigan Law Review*, 26, 1927.

Amos S. Hershey, *The Inernational Law and Diplomacy of the Russo-Japanese War*, New York:Macmillan, 1906.

(B)

Byas, Hugh, *Government by Assassination.* New York:Alfred A. Knopf, 1942.

(C)

Charles G. Fenwick, *International Law*, New York : The Century Co., 1924.

Charles Rousseau, *Principes generaux du droit international public*, Paris:Pedone, 1944.

Clive Parry, "*The Law of Treaties*," in May Sorensen ed., *Manual of Public International Law*, Condon : Macmillan, 1968.

Conroy, Hilary, *The Japanese Seizure of Korea :* 1868-1910. Philadelphia : University of Pennsylvania, 1960.

(D)

Draft convention, with comment, prepared by the research in international law of the Harvard Law School, Supplement to the American Journal of International Law, 1935.

Dutton. E. P. and Co., 1905.:The Times, The War in the East Asia, 1904-1905.

(E)

Elias. T. O., *The Modern Law of Treaties*, Leiden : Sijthoff, 1974.

(F)

Fernand de Visscher, Des traites imposes par la violence, Revue de droit international et de legislation comparee, 1931.

Friedrich Berber, Lehrbuch des Volkerrechts, Bd. I, 1960.

(G)

Gerge B. Davis, *The Elements of International Law*, New York:Harper & Brother, 1901.

Georg Dahm, Volkerrecht, Bd.3, 1961.

Georg Grosch, Der Zwang im Volkerrecht, Breslau : M. & H. Marcus, 1912..

(I)

Ian Sinclair, *The Vienna Convention on the Law of Treaties*, 2nd ed. (Manchester : Manchester University Press, 1984).

Ignaz Seidl Hohenfeldern, Volkerrcht, 4., erweiterte Auflage, 1980.

International Military Tribunal:Neremberg Judgement and Sentences, October1, 1946., in: American Journal of International Law *A.J.I.L*, Vol.41, 1947.

(J)

Jansen, Sakamoto Ryoma and the Meiji Restoration.

Jennings Robert and Arthur Watls ed., *Oppenheim's International Law*, Vol.1, 9th, ed., London:Longman, 1992

(L)

Lauterpacht. H., Private Law Sources and Analogies of International Law, 1927.

L. Oppenheim, *International Law*, 1905.

Lawrence. T. J., *The Principles of International Law*, 7th. ed., New York:D. C. Heath & Co., 1910.

(N)

Neubecker. F. K. 1 Zwang und Notstand in rechtsvergleichender Darstellung, Leipzig:A. Deichert, 1910.

Norman, *The Genyosha: A Study in the Origins of Japanese Imperialism, Pacific Affairs,* Vol.17 No.3 September, 1944.

(O)

Otfried Nippold, *Der volkerrechtliche Vertrag:seine Stellung im Rechtssystem und seine Bedeutung fur das internationale Recht,* Bern:Druck und Verlag von K. J. Wyss, 1894.

(P)

Paul Guggenheim, *Lehrbuch des Volkerrechts,* Bd. I, 1948.

Paul Schoen, *Erzwungene Friedensvertrage,* 21 Zeitschrift fur Volkerrecht, 1937.

Peter Duus, *The Abacus and the Sword: The Japanese Penetration of Korea* 1895-1910, Berkeley:Univ. of California Press, 1995.

Peyson J. Treat, *Diplomatic Relations between the United States and Japan,* 1895-1905, Standford University Press, 1938.

P. Guggenheim, *La validite et la nullite des actes juridiques international, in: Recueil des Cours,* 1949.

(R)

Richard, Storry, *The Double Patriots.* Boston:Houghton

Mifflin Co., 1956.

Rey, Francis, *La situation internationale de la Coree,* Revue rale de droit international public: *RGDIP,* Tome 1, 190.

Rosenne, "*Treaties, Conclnsion and Entry* into Force," *EPIL,* Vol.7, 1984.

Roy H, Akagi, *Japanese Foreign Relations,* 1542-1936, The Hokuseido Press, 1936.

(S)

Sakamoto Shigcki, *Thc Validity of thc Japan - Korea Protectorate Treaty,* Kansai University Review of Law and Politics No.18., Mar. 1997.

Seidl Hohenfeldern, Volkerrecht.

Shabta ; Rosenne, "*Treaties, Conclnsion and Entry* into Force," *EPIL,* Vol.7, 1984.

(T)

Theodore D. Woolsey, *Introduction to the Study of International Law,* 5th. ed., Cambridge: Cambridge Univ. Press, 1878.

Thirlway. H. W. A., *International Cnstomary Law and Codification,* Leiden : Sijthoff, 1972.

(W)

White, John Albert, *The Diplomacy of the Russo-Japanese*

War, Princeton:University Press, 1964.

William Edward Hall, *A Treatise on International Law*, Oxford:Oxford University Press, 1890.

──────────, *A Treatise on International Law*, Snaseido, 1896.

Willoughby. W. W. *Japan and Korea, The Unpartizan Review*, Jan.1920. Quoted from Henry Chung, The Case of Korea, New York : Flemimg H. Revell Company.

Ⅲ. 국내문헌

(ㄱ)

강창일, 일진회의 합방운동과 흑룡회, 기획:한일병합 90년을 돌아보
　　며, 배재대학교.

-----, 근대 일본의 조선침략과 대아시아주의, 역사비평사, 2002년.

경상북도, 독도총서, 2008.

--------, 독도 올바로 알기.

김명기, 독도강의, 대한민국영토연구총서Ⅳ, 독도조사연구학회ㆍ책과
　　사람들, 서울:2007.

-----, 한일합방조약의 부존재와 독도영유권, 독도논총 제5권 제1,2
　　통합호, 2010.112., 독도조사연구학회.

김수희, 양코도와 독도무주지설, 독도연구 제11권, 2011.12.30., 영
　　남대학교 독도연구소.

김영구 "한일간독도영유권 문제의 평화적 해결방안". 독도연구보전협
　　회, 독도연구총서③.

김정균, 중정양삼랑의 소위 독도편입 및 대하청원에 관한 연구, 국제
　　법학회논총 제27권2호, 한국국제법학회, 1982.12.

구한말조약 휘찬 1876-1945., 상권, 입법참고자료 제18호, 국회도서
　　관, 입법조사국.

(ㄴ)

내부거래안, 제13책, 광무 4년 3월 14일조, 조회 제6호.

(ㄷ)

다케시마 뉴스, - 죽도- , 10호 2006.10.20., 다케시마 리포트 제1

부 파도를 넘어①.

독도본부, 연구자료총서5, "현토·다케시마를 지키는 모임", 우리영토, 2008.

丹齋申采浩先生 紀念事業會 編 개정판, 丹齋申采浩全集 下, 형설출판사, 1982.

독도아카데미·독도박물관, 아름다운섬 독도 그리고 울릉도, 2008.

藤原隆夫, 竹島, 獨島)問題の歷史學的一考察, 獨島研究 第8號, 2010.6.30., 영남대학교 독도연구소.

(ㅂ)

박관숙, 독도의 법적 지위, 국제법상의 견해, 독도, 대한공론사, 1965.

박배근, 한일간 역사현안의 국제법적 재조명, "일본 국제법학회지에 나타난 한국침탈 관련 연구의 내용과 동향", - 보호국 논쟁을 중심으로 -, 동북아역사재단, 2009.

박병섭, 한말의 울릉도 어업과 독도영유권 문제, 독도연구, 제8호,2010.6.30., 영남대학교 독도연구소.

박영재, 일본근대사의 성격, 오늘의 일본을 해부한다, 한길사, 1987.

배재식, 강박으로 체결된 조약의 성질 및 효력, 서울대학교, 법학, 제10권 2호, 통권 19호, 1968.

백충현, 일본의 한국병합에 대한 국제법적 고찰, 한국병합과 현대, 역사적 국제법적 재검토, 이태진·사사가와 노리가츠 공편, 태학사, 2009.

변태섭, 한국사통론 제4정판, 삼영사, 1996.

（ㅅ）

산변건태랑, 「일한병합소사」, 1966.

서광덕·백지운 번역, 다케우치 요시미, 일본과 아시아, 소명출판사, 2006.

서동우·오관석, 민법 상, 고시계, 1987.

송휘영 번역, 야마베 겐타로:山辺健太郎, 죽도문제의 역사적 고찰, 독도연구, 제10호, 2011.6.30.,영남대학교 독도연구소.

신용하, 독도영유권 자료의 탐구 제2권, 독도연구총서6, 독도연구보전협회, 1999.

-----, 독도영유권 자료의 탐구 제3권, 독도연구총서7, 독도연구본전협회, 2000.

-----, "독도영유권의 역사"「독도영유권 연구논집」, 독도연구총서⑨, 독도학회 :독도연구보전협회, 서울:2002.

-----, "조선왕조의 독도영유와 일본제국주의의 독도침략 – 독도영유에 대한 실종적 일연구", 독도연구보전협회 독도연구총서 ⑩, 2003.

（ㅇ）

예영준, 독도실록 1905, 서울:책밭, 2012.

우용정, 보고서 울릉도사핵.

윤소영, 1900년대 초 일본 측 조선어업 조사자료에 보이는 독도, 한국독립운동사연구 제41집.

이근관, 국제조약법상 강박이론의 재검토, 한국병합과 현대, 역사적 국제법적 재검토, 이태진·사사가와 노리가츠 공편, 태학사, 2009.

이기백, 한국사 신론, 1970.

이노우에 키요시 저, 차광수 역, 일본인이 쓴 일본의 역사 下, 대광서
　림, 1995.

李大釗, 대아시아주의와 신아시아주의, 국민잡지, 1919.2. 李大釗의
　글은 정문길·최원식·백영서·전형준 편, 동아시아:문제와 시각,
　문학과지성사, 1995.

伊藤成彦(Ito Narihito), 1910년 한일병합조약은 합법인가, 1910년
　한일병합조약의 역사적 국제법적 재조명, 사) 아시아사회과학연구
　원.

이영학, 19세기 후반의 일본어민의 동해 밀어와 조선인의 대응, 한국
　학중앙연구소 제6회 세계한국학대회, 2012.9.25.

이종학, 한일어업관계조사자료, 사예연구소, 2000.

이진명, "독도지리상의 재발견", 삼인, 2005.

이한기, 「한국의 영토」, 1969.

-----, 국제법강의 신정판, 박영사, 2007.

이현종, 한국의 역사, 대왕사, 1983.

(ㅈ)

조약휘찬, 상권.

(ㅊ)

채수도, 흑룡회의 중국문제에 관한 연구, 흑룡회의 남북협상 반대에서
　중국분할까지, 대한정치학회보 제12집 3호, 2008년.

-----, 근대일본에 있어서 「아시아주의 운동」, "흑룡회중심으로:초
　기회원의 정치적 성격분석" ://www.hanshin.ac.kr/~board
/way-board/db/Japolecosocial_board/file/일아시아주의

운동채수도.hwp 참조.

1962년 7월 13일자 日本側覺書, 日語.英語.

최종균, 일본우익정치세력과 강도과유도의 국내유입에 관한 연구, 대
    한무도학회지, 2008, 제10권 제1호.

(ㅎ)

한국신문방송인클럽, 독도는 우리 땅, 2005.

한상일, 아시아 연대와 일본제국主의- 대륙낭인과 대륙팽창, 도서출판
    오름(2002).

-----, 1910 일본의 한국병탄, 도서출판 기파랑, 2010.

한형건, 한일합방조약의 무효와 독도의 법적 지위, 국제법학회논총 제
    27권 2호, 1982.12.

-----, 대한민국의 정통성, 율산 한태연박사 회갑기념논문집, 법문사,
    1977.

호사카유지, "근대일본의 독도인식-지도와 수로지를 통한 분석", 제
    5회 정기 독도연구 콜로키움 2010.3.3.

황미주, 「黑龍」의 한국관련 기사분석을 통한 사료적 가치 고찰, 일
    본문화연구(제24집), 동아시아일본학회, 2007년 10월.

황성신문, 1900년 3월 10일자, 잡보 울릉도감의 공보.

IV. 참고문헌 : 기타

YBII C, 1953, II.

PCIJ, 1933, 노르웨이/덴마크의 그린랜드 사건.

//www.geocities.jp/tanaka_kunitaka/takeshima/5occupation.
  html.

//ja.wikipedia.org/wiki/%E7%8E%84%E6%B4%8B%E7%A4
  %BE.

//www5e.biglobe.ne.jp/~isitaki/page045.html.

//webcache.googleusercontent.com/search?q=cache：
  2RLNtn5jWgwJ.

//ja.wikipedia.org/wiki/%E7%8E%84%E6%B4%8B%E7%A4
  %BE.

//www.kokubou.com/document_room/members/kodama02.ht
  m .

//ja.wikipedia.org/wiki/：杉山茂丸; 花田仲之助; 石井菊次郎; 坂田
  重次郎; 本多熊太郎; 松井慶四郎; 井口省吾; 田中 義一;　西川寅次
  郎; 福田雅太郎; 堀內文次郎; 松川敏胤; 富岡定恭 등.

//www.kokubou.com/document_room.

//www.kokubou.com/document_room/：陸軍派閥略史.

//ja.wikipedia.org/wiki/；東亞先覺志士記伝(下卷).

日本外務省：www.mofa.go.jp/mofaj/ "竹島の問題"(竹島問題の槪要).

Abstract

A Study of Japanese Black Dragon Society and Japanese annexation of Dokdo

Dong-Won Lee

1. Problem suggestion through the fact relevance

At the end of the Japanese feudal government, liberators have suggested ideal "overseas ambitious expansionism" and "Chosen invasionism". This idealism has been filtered through the Meiji restoration and changed into realism. Their realism was targeting Chosen, China and others. Specifically, its beginning was from Chosen, which means that Chosen dynasty was in the middle of its plan. Soon, it has developed to Asia supremacy, the idea of leading power, and Asianism, which is considered as real "root" of Japanese idea of right-wing. Afterwards, it progressed to the idea of Asia solidarity, which emphasizes the unification of Korea, China, and Japan. Then, when

China has lost in the war with France, Japan found out the current state of Asia and developed to Japan-oriented idea of abandoning Asia (the idea of leading power) so that they can take advantage of Korea and China. As a result, it has been developed into the concept of Chosen absorption, claiming the Great Asianism and the Greater East Asia Co-Prosperity Sphere.

Based on this Japanese right-wing idea, their final goal was absorptive annexation of Chosen and to colonize them for economic reasons. Therefore, Japan's final goal was the annexation of Chosen and the purpose was to exploit Chosen as economic colony. There were 2 obstacles in order to realize this plan. First obstacle was "Chung-dynasty", who had the real power in Chosen, and another obstacle was Russia, who has kept watching Chosen after the War between Chung dynasty and Japan. Therefore, Japan could not avoid war with these two nations in order to realize their final goal.

At this point, the right-wing organization which was involved with Chung-Japan War was 'Genyosha" and another organization which was involved with Russo-Japan War was the "Black Dragon Society", originated from "Genyosha". Japan made temporary organization "Tenyukyo" during the Chung-Japan War.

After Japan has won from this war, Chosen government was tired of the triple intervention and became much closer to Russia government, causing the Japan's assassination of Empress Myeongseong, which is called 'the Eulmi incident". was in the middle of this incident, and this has been planned by members of "Tenyukyo", the lower group of "Genyosha". Afterwards, in order to carry forward the plan of Korea-Japan annexation, the right wing of Japan has emerged "Black Dragon Society" under the aggressive sponsorship by "Genyosha". For this reason, many scholars treat these two groups as the same organization. "Black Dragon Society" has a close relationship with Japanese militaries. They got involved with political decision, acted as an intelligent unit, and participated into battles as well. The goal of Black Dragon Society is to successfully finish the Russo-Japan War in a short period, and to annex Korea in the end. During this time, Black Dragon Society has closely investigated not only inland area of Korea but also the maritime belt, introduced in Japan, and encouraged them aggressively so that Japanese can proceed on to Korean sea area.

The Black Dragon Society has intentionally exposed the concepts of [Unidentified sovereignty(uninhabited island)] and [Possession declaration of non-existence (territory transferrable)], which are the conditions for 'prior occupation of a *terra nullius*' under the international law. This influenced the government bureaucrats, so the head of the Fisheries Bureau of the Japanese Ministry of Agriculture & Commerce Maki Naomasha has asserted [unidentified sovereignty (uninhabited island)] and Navy Hydrographic Department Director Kimotsuki Kaneyuki has suggested [possession declaration (territory transfer)] to Nakai Yozaburo. Then, it results in land to be transferred to Japan in accordance with increased situational recognition in [application of advance base], which was preparation for Russo-Japan war by the Bureau of the Japanese Foreign Ministry. At the moment, success in the war with Russia was a critical issue that can decide the national destiny for the plan of Japanese right-wing organizations, the annexation of Chosen. During the process, the civilian, government, and military have unified. The Black Dragon Society was in charge of civilian part, the head of 'The Katsura Taro' Cabinet' was in charge of government part, and the younger group soldiers and the head of state affairs 'Yamaja Enjiro' created a group of "Ho-wul society", which was in charge of military part. All of them are related to Dokdo. The civil right-wing organization 'Black Dragon

Society' provided information of conditions of prior occupation of a *terra nullius*. The head of cabinet, Katsura has led the decisions of Dokdo during the process of transferring the territory. Then, Yamaja Enjiro from the Bureau of the Japanese Foreign Ministry has led the group of "Ho-wul society" with the younger group soldier and enforced the land transfer of Dokdo by ignoring opposite opinion of the secretary Inoue from the Japanese Interior Ministry, which was that it was doubtful that Dokdo might belong to Korea.

Therefore, among these 3 axes, we will focus on how Black Dragon Society has contributed to gaining territories based on the [prior occupation of a *terra nullius* based under the international law] and then look into the other 2 axes as well. However, Korea-Japan amalgamation, which is the final goal of Japanese government and right-wing organization, will not be discussed at this point as it is not a main topic of the research.

(i) First, in terms of fact relevance, the Dokdo cannot be discussed without Nakai Yozaburo during the process of Dokdo annexation. He has applied for 'great-representative for Japanese territory transfer', who previously applied for 'representative for Korea territory lease'. Therefore, we will look into his life and how he has applied for great-representative and gone through territory-transferring process in a new perspective to understand who Nakai Yozaburo is.

(ii) Second, the first condition of prior occupation of a *terra nullius,* [unidentified sovereignty (uninhabited island) and possession declaration of non-existence] has been disclosed systematically to Nakai Yozaburo by the Fisheries Bureau of the Japanese Ministry of Agriculture & Commerce and the Navy Hydrographic Department Director, and Black Dragon Society partially contributed to this as well. This has been reflected as [Uninhabited island and possession declaration] later when 'great-representative of territory-transferring' was decided finally in the Japanese Cabinet meeting. During the process, the head of Japanese Katsura' Cabinet , who was the hardliners on regulation, has led the decisions on cabinet. Yamaja, the Bureau of the Japanese Foreign Ministry, has enforced the process of territory-transferring by ignoring the opposite opinion of the Japanese Interior Ministry, which was that it was doubtful that Dokdo might belong to Korea. Thus, we will look into Japanese Black Dragon Society, Japanese military, and Japanese "Ho-wul Society", where Yamaja belonged to.

The research and study of this historical title is (i) a

historical approach regarding the Japanese right-wing organizations such as Japanese Black Dragon Society, which directly influenced upon the territory-transferring process of Dokdo (Japanese name: Takeshima) and (11) the approach method is empirical approach.

2. Suggestion on Policy

(i) First of all, during the observing and introducing the Korean Sea, Black Dragon Society has intentionally exposed the concepts of [Unidentified sovereignty (uninhabited island)] and [Possession declaration of non-existence (territory transferrable)], which are the conditions for 'prior occupation of a *terra nullius*' under the international law without understanding of Korea's sovereignty of Dokdo. This influenced the government bureaucrats, the Fisheries Bureau of the Japanese Ministry of Agriculture & Commerce Maki has asserted [unidentified sovereignty (uninhabited island)] and the Navy Hydrographic Department Director Kimotsuki has suggested [possession declaration (territory transfer)] to Nakai Yozaburo, and it results in territory transferred to Japan, as the situational recognition of [application of advance base] has been added, which was preparation for Russo-Japan War by the Bureau of the Japanese Foreign Ministry. At this point, we try to approach the process of territory-transferring more practically by discovering the state of Japanese right-wing organizations such as Japanese Black Dragon Society in relation to Dokdo. This is to enforce the realistic power on Dokdo by opening the "path of future researches". Therefore, I suggest further support on the future research on Japanese right-wing organizations such as Black Dragon Society to understand how much they are involved in terms of transferring Dokdo into their land, so that there would be enough explanation without any practical confusion or doubts.

(ii) Then, to solidify Korea's possession on Dokdo, it is very significant to exactly read and understand how Japanese right-wing organizations have distributed in terms of transferring Dokdo into their land, what arguments they are making (contents) and how they are arguing (method). As well, it will greatly contribute to solve identification problems. Thus, I want to suggest using as reference so it can help understand Japanese right-wing more exactly and accurately.

《Keywords》

Dokdo, Nakai Yozaburo, Simane, great-representative, Maki Naomasha, Kimotsuki Kaneyuki, Yamaja Enjiro, Katsura Taro, Black Dragon Society, Genyosha, Tenyukyo, Russo-Japan War, Ho-Wul Society, Terra nullius.

▣ 찾아보기(인명) ▣

130, 133, 151, 152, 156, 160,   302, 303, 306, 311, 318, 319
173, 176, 186, 188, 285, 299,

▣ 찾아보기 ▣

부 록

인 명 사 전

가네코 겐타로(金子堅太郎, 1853.3.13. - 1942.5.16.)는 메이지 시대의 관료이며, 정치가, 법무장관, 농상무대신, 추밀원고문관을 역임하였고, 영전하여 백작이 되었다. 게이오야간 법률과(후 전수학교강사), 일본법률학교(현 일본대학) 초대교장을 역임하였다. 이토 히로부미의 측근으로, 이토 사대치, 이노우에 타케시등과 함께 대일본제국 헌법의 초안에 참가하였다. 또한 황실전범 등의 여러 법전을 정비하였다. 러일전쟁에서는 미국으로 건너가 일본의 전쟁수행을 유리하게 하기 위해 외교교섭 · 외교공작을 했다. 또한 미일우호를 위해 노력하고 미일동지회의 회장을 역임했다. 가네코 겐타로(金子堅太郎)는 후쿠오카(福岡) 출신으로 야마자 엔지로와는 동향 선후배이며, 무로타 요시후미(室田義文) 부산 총영사에게 야마자를 부탁하는 추천장을 써준 인물이다. 그는 시어도어 루스벨트(1858~1919) 대통령의 하버드 대학 동창으로, 서로 편지와 크리스마스 카드를 주고 받는 사이이다. 루스벨트는 가네코가 선물한 「무사도(武士道)」의 영문판을 읽고 일본에 푹 빠졌고 일본인사범을 매주 세 차례 백악관으로 불러 유도를 배웠다. 그덕에 가네코는 문턱 높은 백악관을 수시로 드나들 수 있었다. 루스벨트가 "한국인을 위해 일본에 간섭할 수는 없다." "그들은 자신을 위해 주먹 한 번 휘둘러보지 못했다."며 철저히 일본을 옹호한 데는 가네코의 영향이 작용했을 수 있다는 의심든다.

가미이즈미 도쿠야(上泉德弥中佐, 軍令部副官,

 1865.11.13~1946.11.27)

가미이즈미 도쿠야(上泉 德弥)는 일본 해군이며, 최종 계급은 해군 중장이다. 요네자와 번사(興讓館 교감) 上泉 淸次郎의 장남으로 태어났다. 사립요네자와중학교, 공옥사(攻玉社)를 거쳐 1886년 12월, 해군사관학교(12기)를 졸업하고 1888년 1월 해군 소위로 임관. 해군대학교에서 병호학생으로 배우고 일진(日進), 카츠라기(葛城), 다카(高千穗)의 각 분대장과, 사세보해병단 분대장, 오진수부 참모, 대련만요항부 부관 타츠타(龍田)분대장, 제원(濟遠)포대장 등을 거쳐 1897년 12월, 해대장교과(海大將校科) 1기로 졸업하고, 수뢰기술연습소에서 설치법 등을 배웠다. 이후 진원(鎭遠)수뢰장, 야에야마부장(八重山副長), 시키시마(敷島)회항위원 수뢰장 등 러일전쟁 때는 대본영 운수통신부 참모였다. 나니(浪速), 아즈마(吾妻), 이코(生駒)의 각 함장, 요코스카공병창이 있는 사츠마(薩摩)함장 등을 거쳐 1909년 12월 해군소장으로 진급하였다. 대주요항(大湊要港)부 사령관, 진해방비대 사령관 요코스카 수뢰단장 요코스카 수뢰대 사령관, 제1함대 사령관, 사세보 수뢰대 사령관 등을 역임하고, 1914년 12월 해군 중장으로 예편하였다. 이후 국풍회장을 지냈다. 요네자와는 해군무관회 회원이다. 해군 내에서는 우파로 알려져 있다. 러일 전쟁개전 전 젊은 육·해군군인, 외무성 관료가 요정 '호월'에 모여 조기개전을 호소했을 때, 일원이었다. 즉, 야마자가 중심이 되어 조직한 호월회 회원이다. 사립요네자와중학교, 공옥사(攻玉社) 때에는 유명한 일화가 있다. 입학 때 교장 콘도마코토(近藤眞琴)가 면담했을 때 "니가 교장 선생님인가?"라고 말하여 "말하는 방법을 모르는가"라고 격노했다. 주변사람이 요네자와말은 누구라도 '니가'라고 상스런 말을 한다는 말을 듣고 분노를 풀었다고 한다. 한 번은 교실램프에 기름을 넣을 때 실수로 기름을 책상에 쏟아 버렸다. 휘발성이기 때문에 연소시키면 증발하는 것이라고 생각하여, 불을 붙이고 책상을 태워버렸다고 한다.

가쓰라 다로 (桂太郞, 1848.1.4. - 1913.10.10.)는 일본의 11대 총

리(1901.6.2.~1906.1.7)와　　　　　　　13대　　　　　　　총리
(1908.7.14.~1911.8.30), 15대 총리(1912.12.21~1913.2.20)
을 지낸 인물이다. 일본의 무사이며, 육군 군인, 정치인이다. 계급은
육군대장이고, 위계 종일위이며, 훈등은 대훈위, 공급은 공3급이고, 작위
는 공작이다. 원로 이노우에 카오루(井上馨)와 의리(義理) 사이에서 출생
하였다.　　 대만총독(제2대),　　 육군장관(제10.11.12.13대),　　 총리(제
11.13.15대), 내무부장관(제22대), 문교부장관(제23대) , 경제장관(13
대), 귀족원의원, 원로, 내대신 외무장관(제25대)등을 역임했다. 삼촌 친
구 기도 다카요시의 부탁으로 육군경 야마가타 아리토모가 가쓰라를 육
군에 넣어 경감으로 임명했다.　이후 야마가타의 후원으로 순조롭게 승진
을 거듭했다. 카츠라는 총리 취임과 동시에 예비역이 되었지만, 천황의
뜻에 따라 현역으로 취임했다. 카츠라는 9월 고무라 주타로(小村壽太郎)
를 외상에 기용했다. 영일동맹 체결을 추진하기 위한 것으로, 카쓰라는
자서전에서 자신과 고무라는 러일문제의 해결은 무력 밖에 없다고 처음
부터 각오하고 있었다고 말하고 있다. 영일동맹은 러일전쟁에서 일본에
유리하게 작용하였으며,　전쟁 그 자체는 해군의 도고 헤이하치로, 육군
의 오야마 이와오의 활동으로 승리했다. 미국 포츠머스에서 러시아와의
평화교섭은 그늘에서 대통령 시어도어 루스벨트가 주선하였으며, 대통령
의 친구 가네코 켄타로의 노력으로, 모두 성공했다. 카츠라는 메이지 천
황의 참모총장이었던 야마가타의 전쟁지도에 대해 자문을 받는 등 전쟁
운영을 통해 신뢰를 얻고, 자신감 얻었다.

가와카미 소로쿠(川上操六, 1848.12.6日. - 1899.5.11.)는 우익결사조
직 호월회의 시조이며, 일본 육군 군인이며, 귀족으로, 관위는 참모총장
· 육군대장이고, 영전은 종2위 · 훈일등(勳一等) · 공2급 · 자작이다. 아
명은 종지승(宗之丞)이다. 장남 소일(素一) 은 육군소령이고, 딸은 오하
라 전 육군중장과 결혼했다. 가쓰라 다로(桂太郎), 코다마 원태랑(兒玉源

太郎)과 함께 메이지 육군의 세날개(三羽烏) 트리오로 통한다. 사쓰마번 사(薩摩藩士) 가와가미 전좌위문친덕(川上伝左衛門親德)의 삼남으로 태어났다. 도바(鳥羽) 후시미(伏見) 전투 · 보신전쟁(戊辰戰爭)에 사쓰마번 10번대 소두로 종군하였다. 전후에는 상경하여 1871년 4월부터 육군에 출사하여, 같은 해 7월 육군중위 · 황실친위군 제2대대에 부속되고, 근위 보병 제3대대장, 근위보병 제2연대 대대장, 참모국에서 경험하고 계급은 육군소령에 이른다. 메이지 10년(1877년)에 시작된 서남전쟁에서는 보병 제13연대장 으로 종군하여 공을 세웠다. 메이지 11년(1878년) 12월, 육군 중령으로 보병 제13연대장이 되었다. 메이지 13년(1880년) 5월 보병 제8연대장, 동 15년(1882년) 2월 대령으로서 근위 보병 제1연대장으로 취임했다. 메이지 17년(1884년)에는 오야마 이와오 육군경을 수행하여 구미제국의 헤이세이(병제)를 시찰하고, 귀국 후 메이지 18년(1885년)에 육군소장으로 승진하여 참모본부 차장, 동 19년(1886년)에는 근위보병 제2여단장을 역임 한 후, 동 20년 (1887년)에는 다시 유럽으로 건너가 독일 병학(兵學)을 배웠다. 메이지 21년(1888년) 귀국하여 22년(1889년) 3월부터 참모차장이 되었고, 메이지 23년(1890년), 육군중장으로 진급하였다. 메이지 26년(1893년) 청나라에 출장 후 같은 해 10월 참모본부 차장에 취임하여 새로이 설치된 대본영 육군수석참모 겸 병참총감(철도회의 초대의장 겸임)으로서 당시 청일전쟁 개전에 크게 관여했다. 이 때 그는 부산 주재 총영사 무로타 요시후미(室田義文)에게 군수물자수송을 준비하기 위해 조선의 경부선 철도부설을 위한 준비작업의 특별임무를 부여하였다. 이 측량계획은 야마자와 무로타의 여행이라는 잔꾀를 내어 성공시켰다(1905). 메이지 28년(1895년) 3월에는 청나라 정벌의 총독부참모장으로 임명되어, 평소 가와카미가 강하게 추진한 군의 근대화가 주효하게 성공하여 전공을 올렸다. 그 공으로 8월 훈일등 욱일대수장 · 공2급 금치훈장을 받아, 자작에 수여되었다. 대만, 프랑스령, 시베리아 출장을 거쳐 메이지 31년(1898년) 1월 참모총장에 취임하였다. 같은 해 9월 육군대장으로 임명되지만, 다음 해 5월에 사망하였다. 당색

이 없이 사쓰마번 출신으로 조슈번의 파벌의 중심인물이 될 수 있는 인물이었지만, 본인은 파벌의식이 마치 없는 것처럼 출신번에 구애받지 않고 폭넓게 인재를 등용하고, 교육에도 이죠학교(成城學校, 신주쿠 구하라마치)교장를 맡는 등 우수한 군인 육성에 공헌했다.

가츠 가이슈(勝海舟, 1823.3.12. - 1899.1.21.)는 에도시대 말기의 무사, 메이지 초기의 정치가. 위계훈등은 정2위 훈일등 백작이다. 야마오카 철주(山岡鐵舟), 고교니주(高橋泥舟)와 함께 에도막부 말기의 세 배라고 칭한다.

고무라 쥬타로(小村壽太郎, 1855.10.26. - 1911.11.26.)는 메이지시대 외교관이며, 정치가, 외무대신, 귀족원의원 등을 지냈고, 후작이다. 초대 척무차관(拓務次官) 고무라킨이치(小村欣一)는 장남이다.1855년 9월 16일, 양지국오비번(日向國飫肥藩 : 현재 미야자키현(宮崎縣) 니치난시(日南市) 미야자키시 남부)의 하급무사인 고무라간표(小村寬平)와 우메코(梅子)의 장남으로 태어났다. 메이지 3년(1870), 대학남교(大學南校 : 도쿄대학의 전신)에 입학하였다. 제1회 문부성 유학생으로 선정되어 미국 하버드대학에 유학하여 법률을 배웠다. 귀국 후에는 법무부에 들어가 대심원 판사를 거쳐 외무부로 전출되었다. 무쓰무네미쓰(陸奧宗光)에게 인정받아 청나라 대리공사를 맡았다. 청일전쟁 후에는 주한변리공사, 외무차관, 주미 · 주러시아 공사를 역임하였다. 1900년(메이지 33년) 의화단의 난에서 강화회의 전권으로 사후처리를 하였다. 1901년(메이지 34년)에는 제1차 카쓰라 타로내각(1901~1906)의 외무대신으로 취임면서 정무국장에 야마자 엔지로를 발탁하였다. 1902년(메이지 35년), 카쓰라와 함께 영일동맹을 적극적으로 주장하고 체결하였다. 그 공으로 남작을 수여받았다. 러일전쟁 후 1905년(메이지 38년), 포츠머스강화조약 때는 일본전권대사로서 러시아측 전권대사 세르게이 비테와 협상하여, 포츠머스조약을 체결하였다. 그러나 이후에 미국의 철도왕 해리슨이 만주철도의 공동경영을 제안한 총리와 카쓰라 · 해리슨협정을 맺었는 데, 총리와 원로원의 반대를 무릅쓰고 자신을 중용한 카쓰라 총리의견에 반대하여 이를 거부하였다. 여기에 대해서는 평가가 엇갈린다. 고무라는 러일강화 조약체결의 공으로 백작이 된다. 1908년(메이지 41년) 구성된 제2차 카쓰라 타로내각 (1908~1911)의 외무장관에 재임되었다. 막부말기부터 불평등조약을 해소하기 위해 조약 개정협상을 실시하였다. 1911년(메이지 44년)에 미일통상 항해조약을 체결하여 결국 불평등 조약을 해소하여 관세자주권 회복을 했다. 고무라는 러일협약 체결 및 한국병합에 관여하고, 일관되게 조슈파벌을 지지하여 일본의 대륙정책을 추진했다. 한국 병합의 공으로 후작에 승작(陞爵)되었다. 그해 카츠라 내각이 총사퇴함에 따라 정계를 은퇴하고, 같은 해 11월 26일, 결핵으로 요양을 위해 체류하고 있던 하야마마치(葉山町) 별장에서 사망하였다. 고무라는 하버드대학 유학시 여권에 '다섯척 한치' 약 156센티미터라고 기술되어 있고, 몸집에서 머리가 크고, 코 아래 입 근처에 양쪽의 밑으로 궁상스러운 수염을 기르고 얼굴은 수척하여 눈은 움푹 들어가서 광대뼈가 있는 뺨은 떨어지고 눈썹은 굵게 밑으로 매달려 있는 상으로, 민첩하게 행동하는 어떤 종류의 작은 동물을 연상케 했다. 한 번은 베이징에서 말이 많은 외교단으로부터, "쥐 공사"(쥐 미니스타)라는 별명을 얻었다. 동료들은 "고무라 츄공"으로 불렀다. 해군대신의 사이고 쓰구미치(西鄕從道)는 고무라에게, "그의 몸이 외국인들 속에 섞여 있으면 아이같다"고 말했다. 고무라는 "괜찮습니다. 저는 일본을 대표해 나갈 것이기 때문에, 일본은 작지만 강하니까요"라고 대답했다고 한다.아버지의 채무 때문에 평생동안 상환에 고생했다고 전해진다. 아버지가 사업에 실패하여 지게된 거액의 빚을 고무라는 안았고, 채권자는 차례로 관공서와 고무라의 신혼저택에 몰려왔다 아내가 기모노를 돈으로 바꾸거나, 보다 못한한 유지가 채권자 전원을 모아 일부를 탕감 시키거나 감채권기금을 마련하기도 했다고 한다. 포츠머스로 출발할 때, 신바시역에서 승리의 축하 환호가 울려퍼질 때, 총리 가쓰라 타로에게 "(자신이) 돌아올 때는 인기는 마치 정반대 이겠지요"라고 말했다한다. 고무라는 대국 러시아와의 협상이 난항을 겪을 것을 처음부터 예견하고 있었다고 한다. 로이터통신과 타임스가 일본에 보낸 뉴스에서, 1905년(메이지 38년) 미국은 일본편의 여론이 조성되고 있었다. 사교계에서 러시아 비테는 양국간 비밀로 하기로 한 것을 협상도중에 내용을 미국의 신문기자 흘리면서 여론공작을 펼쳤으나 고무라 쥬타로는 국가대표로서 비밀을 지켰다. 포츠머스조약이 체결된 심야의 호텔방에서 이상한 울음소리가 들려오는 것을 의심스럽게 생각한 경비원이 그 방을 방문하자 고무라가 대성통곡하여 눈물을 펑펑 쏟으며 울고있는 것을 발견했다고 한다. 고무라에게 포츠머스조약의 체결은 괴로운 결단이었다고 생각된다. 귀국시에는 화가나서 광분한 우익단체에서 다양한 욕설을 퍼붓자, 울음을 터뜨렸고, 고무라를 양쪽에서 이토 히로부미와 야마가타 아리토모가 안고 총리관저로 데려갔다고 한다. 또한, 도쿄 히비야구이토(日比谷燒討) 사건과 고무라 저택에 돌 등을 던지는 폭도화된 국민들 때문에 아내 마치는 정신으로 피폐했고, 고무라는 가족과 별거했다고 한다. 고무라는, "업적은 후세의 사람이 판단하는 것이다"라고 말하여, 일체 일기를 적지 않았다고 한다. 러시아 주재시 어두운 실내에서 수많은 책을 읽고 계속이 때문에 의사로부터 "더 이상 눈을 계속 사용하면 실명한다"고 의사가 말했지만, 학습의욕은 약해지지 않고, 책을 읽는 것을 멈추지 않았다한다. 고무라는 40세가 지나서도 부업으로 번역을 했는데, 부업이 행운의 계기가 되었다. 이 부업으로 얻은 방직지식을 무쓰무네미쓰(陸奧宗光) 앞에서 선보였는데, 무츠는 고무라의 재능에 감탄했지만, 고무라는 "저는 무엇이든 알고 있습니다. 여기에 있는 원경군(原敬君)만큼 저를 이용해 준다면 저도 상당한 것을 하겠습니다"라고 대답했다고 한다.

고무치 도모츠네(神鞭常知, 1848.9.1. - 1905.6.21.)는 메이지 시대의 관료, 하원의원(당선 횟수 총7회)이다. 외무성 야마자 엔지로 정무국장의 장인이며, 흑룡회의 적극적인 후원자이다. 문관 고등시험 위원장, 임시 정무조사위원 등을 역임하였다. 국민동맹회, 대러동지회 등의 조직결성에 참여했다. 유학을 존중하고 효도와 우정과 의리에 독실한 사람으로, 성실하고 포용력과 조화의 힘으로 정평이 나있으며, 좌담회를 하면 이야기가 멈추지 않았다고 한다. 독학의 영어 실력을 높이 평가하여 별시(星亨)의 부하로 대장성 관료가 되어 내무성과 대장성을 왔다 갔다 하면서 주로 세무와 상사법률을 중심으로 관료인생을 보냈다. 메이지 8년, 미국 차견(差遣) 때 일본 대표로 수출품 (비단)의 미국 보급을 도모하였다. 메이지 20년 대장성을 그만두고 실업계에 투신했지만 이론과 실천의 균형이 잡히지 않아서, 성공할 수 없었지만, 그 노하우는 교토 재정구제에 활용되었다. 메이지 23년 첫회 중의원 총선거에 출마 후 본인이 고사한 1894년 메이지 35년 총선을 제외하고는 모두 당선되었다. 메이지 29년, 마츠카타 내각(松隈內閣) 법제국장관에 추천되어 그 직에 취임하였다. 1900년 의화단사건으로 촉발된, 근위 독마(近衛篤麿)의 동아동문회, 국민동맹회에 참가하였으며, 1903년, 도야마 미쓰루와 함께, 대러동지회를 만들어 러일전쟁 회전(개전)운동에 나섰다. 러일전쟁 후 한일양국의 문제에 대처하기 시작했지만, 1905년 한국에서 결핵이 발병하여, 같은 해 6월 21일 수마병원에서 58세로 죽었다.

구리노 신이치로(栗野慎一郎, 1851-1937)는 일본외교관으로, 워싱턴 주재 일본대사(1894-96), 로마(1896), 파리(1897-1901), 성 페테르부르크(1901-1904), 파리주재 일본대사(1906-1912)를 역임했다. 이리에 아키라에 따르면, 구리노 신이치로는 일본 외교계의 원로로, 러일전쟁 직후의 일본 외교의 지도이념을 가장 강력하게 추진한 사람이다. 구리노 신이치로는 일본이 아시아주의를 제창, 서양과 대립하는 것을 무엇보다 두려워했다.

구즈우 슈스케(葛生修吉 또는 葛生修亮, 葛生能久, 1874.7.5. - 1958.2.3.)는 치바현 출신으로 국가주의자이다. 처음 갈생수길에서 나중에 구즈우 요시히사(葛生能久)로 개명을 하였다. 그는 갈생동개(葛生東介)

의 아우이다. 형이 김옥균과 친교가 있어 조선에 관심을 갖자 그도 자연 조선에 관심을 가졌으며, 1893년 조선에 와서 천우협의 일원으로 활동하였다. 1901년 우치다 료헤이와 함께 흑룡회를 창립하였으며, 1905년 조선일보를 간행하고, 한국병합의 실현을 목표로 하였다. 이후 신해(시편) 혁명에 즈음 해 중국의 혁명파를 지원하였다. 보통 선거, 부전 조약, 해군 군축조약 등의 반대운동, 국체명징 문제에 관여하였다. 1931년 흑룡회의 대일본 생산당결성에 참여하였고, 우치다 료헤이 사후 흑룡회 주관이 되었다. 우익의 원로로서 국민정신 총동원 중앙연맹에 참가하였고, 새로운 체제 준비위원으로 〈관념우익〉의 입장에서 대정 익찬회〈일국일당〉화에 반대하였다.

기모쓰케 가네유키(肝付兼行, 1853. 4. 23. - 1922. 1. 13.)는 일본의 해군 군인. 최종계급은 해군중장이다. 귀족원 남작 의원, 오사카시장을 지냈다. 특히 측량의 분야 16년간 활약했다. 메이지 초 홋카이도 개척사로 측정분야에 뛰어났고, 후에 수로국에서 측량과 부장, 도량과장을 역임했다. 이후 일본 경위을 측정하고 처음 국내경도전신 측정을 실시했다. 이후 수로국이 해군수로부가 되고 측량과장에 취임, 제2대와 제4대 수로부장을 역임했다. 1904년 (메이지 37년)부터 이듬해까지 해군대학교장을 겸임하였고, 1905년(메이지 38년)에 해군중장이 되었다. 퇴관 후 1907년(메이지 40년)에 남작, 1911년(메이지 44년)에 귀족원 의원이 토요회에 소속했다. 그리고 1913년(다이쇼 2년)에는 제5대 오사카 시장을 역임했다.

니시카와 토라지로(西川寅次郎, 1867.9.28. - 1944.8.18.)는 후쿠오카현(福岡縣) 출신으로, 일본육군 군인이며, 최종계급은 육군중장이다. 니시카와 요이치(西川与一)의 차남으로 태어났다. 1889년(메이지 22년) 7월, 육군사관학교(구 11기)를 졸업하고, 보병소위로 임관하여 근위보병 제2연대 소속되었다. 1891년(메이지 24년) 1월, 육군 도야마학교를 졸업하고, 1897년(메이지 30년) 12월, 육군대학교(11기)로 졸업했다. 청일전쟁 출정을 위해 육군대학을 임시 중퇴하고 전후에 복학했다. 1899년(메이지 32년) 6월, 참모본부에 근무하고, 1900년(메이지 33년)에는 2월부터 5월, 10월에서 12월과 두 번 청나라에 파견되었다. 1902년(메이지 35년) 2월, 육군대학 교관을 겸임하고, 같은 해 3월, 영국에 파견되었다. 러일전쟁 때는 대본영 병참감부 참모가 되었고, 1905년(메이지 38년) 1월, 압록강군 참모로 출정하였다. 또한 요동병참 감부참모장을 맡았다. 같은 해 11월, 관동총독부 참모가 되어 육군대학 교관, 제3사단 참모장 등을 거쳐, 1913년(다이쇼 2년) 3월 육군소장으로 진급하였다. 보병 제19여단장, 관동도독부 참모장, 참모본부 제4부장을 역임하고, 1917년 8월 육군중장으로서 육군보병 학교장을 거쳐, 1918년(다이쇼 7년) 7월, 제13사단장으로서 시베리아 출병에 종군하였다. 이어서 제1사단장에 취임하고, 1922년 8월 대기로 명받아, 이듬해 3월 예비역에 편입되었다.

다나카 기이치(田中 義一, 1864.7.25. ‐ 1929.9.29.)는 일본육군 군인이며, 정치가로, 계급은 육군대장, 훈등은 훈일등이며, 공급 공3급, 작위는 남작이다. 육군대신, 귀족원의원, 국무총리(제26대), 외무장관(제42대), 내무부장관(제45대), 척무대신 장관(초대) 등을 역임했다. 싸리번사(萩藩士)·다나카 친한보라(田中信祐)의 삼남으로 싸리(현 야마구치현 하기시:山口縣萩市)에 태어났다. 아버지는 하급무사였지만 무술에 뛰어난 인물이었다고 한다. 젊은 시절에는 면사무소 직원과 초등학교 교사를 역임한 후, 20세에 육군 교도단에 들어가 육군사관학교(구 8기), 육군대학교 8기로 졸업하였다. 청일전쟁에 종군하여, 이후 러시아에 유학했다. 러시아 유학시절은 정교에 입교하여, 일요일마다 아는 러시아 사람을 초대해서 교회에 예배가는 등 철저한 러시아 연구에 전념했다. 또한, 지역의 연대에 입대 해 내부에서 러시아군을 조사했다. 이 때문에 러일전쟁 전 육군의 정통한 러시아 통이다. 조슈파벌의 후원, 야마가타와 카츠라 등의 후원도 있었지만, 군인으로서는 매우 유능했다. 그러나 같은 시기 러시아에 유학하고 있던 해군의 히로세 다케오(廣瀬武夫)와 함께 술을 마시면 강경한 개전론을 외치는 등 외골수로 단순한 성격이었다. 러일전쟁 때는 만주군 참모로 총참모장 코다마 겐타로(兒玉源太郎)의 참모로 일했다. 전후 1906년(메이지 39년)에 제출한 「수감잡록(隨感雜録)」를 야마가타 아리토모가 평가해서 당시 육군중령으로 제국국방정책의 초안을 작성했다. 1910년(메이지 43년), 재향군인회를 조직했다. 1915년(다이쇼 4년), 참모차장. 하라내각 제2차 야마모토내각에서 육군대신을 역임하고, 이 때 언론의 논조를 육군에 유리하게하려고 생각한 일에서 육군성 내에 신문반을 창설했다. 1918년(다이쇼 7년), 다나카는하라 내각에서 육군대신이 된 뒤, 남작에 봉해졌고, 육군대장으로 진급하는 등 경사가 이어졌다. 한편, 시베리아 출병에서 다양한 의견의 대립과 전선 코루챠쿠들 백군의 패배, 또 니 항구사건(尼港事件)에 대응을 주도하고, 제2차 만주·몽고 독립운동 등 격무에 쫓기고 있었다. 1921년(다이쇼 10년), 협심증에 쓰러져 6월 9일에 사임하고 오이소(大磯)에서 정양생활을 했다.

다케다 한시(武田 노리유키:範之, 1863-1911)는 1863년 구루메(久留米)의 하급무사 사와시고의 셋째 아들로 태어났으나, 메이지 초기 아버지 사와시고가 반정부 운동에 연루되어 집안이 몰락했다. 11세 때 후쿠오카의 아버지 친구인 의사 다케다(武田貞齊)의 양자로 입양되어, 어릴 때 한학을 배우고 상경하여 불교서적을 애독했으며, 니이가타현 나가오카의 조동종 전문학교에서 수학하여 후에 니가타현의 조동종 겐쇼사(현성사) 사찰의 31대 주지가 되었다. 1883년 현성사에 정착하여 불교에 힘쓰면서 동시에 아시아 문제와 한국에 많은 관심을 가졌는데, 이는 방랑시절의 친구 세키 쇼기치(關常吉)가 한국의 실상을 설명하면서 정한론을 알게 되면서부터 이다. 세키는 후에 흑룡회 회원이 되어 한국병탄을 위해 함께 노력한 인물이다. 1892년 현성사에서 하산한 다케다는 그 후 상당기간 포교활동보다 사업에 힘썼다. 규슈, 쓰시마, 부산을 오가면서 산림, 개간, 어업 등과 같은 사업을 하였다. 당시 전라남도 순천 앞에 있는 금오도(金

鰲島)에서 개간사업을 일으키던 이주회(을미사변 당시 명성황후 시해의 주범)와 연결되면서 일본 측 자본과 어부를 끌어들여 대대적인 어로사업을 하였다. 이 사업은 실패로 끝났다. 사업에 실패한 다케다는 부산의 오자키(大崎正吉) 법률사무소를 근거지로 하는 채권을 확보한다는 명목으로 서울, 경상도, 전라도 등을 여행하였다. 메이지 24년경 조선에서 갑오농민 전쟁시에는 청일전쟁 개전을 계획세워 천우협에 참가하였다. 그 후 천우협이 해체되면서 다시 현성사로 돌아갔다. 그러나 삼국간섭 후 명성황후가 걸림돌이 되자 일본은 이를 제거할 필요성이 있어, 그에 적합한 인물로 미우라 고로(三浦梧樓)를 선정하여 새 공사로 임명하였다. 이 때 다케다는 1895년 가을 미우라의 고문격인 중의원 의원인 시바시로(柴四朗)의 요청을 받아 함께 한국에 왔다. 다케다는 당시 군부협판의 자리에 있던 이주회와 협력하여 명성황후 제거 계획을 세웠고, 이를 실행하여 28년 명성황후(민비) 암살사건에 연루체포되었다. 잠시 구속되었으나 증거불충분으로 풀려났으며, 정식재판에서 무죄판결을 받았다. 이후 미우라 고로, 시바시로, 다케다는 이 일로 가깝게 지냈다. 같은 해 현성사로 돌아와 말사인 동림사 주지가 되었다. 다케다는 동림사 주지로 있으면서 미우라 고로의 요청에 따라 명성황후 시해 사건에 연류된 한국 훈련대의 우범선, 이두황, 구연수, 황철 등에게 망명처를 제공하고 신변을 보호하였다. 또한 흑룡회 결성에 참여하고, 결성당시 축시를 전하고, 기관지에 기고문도 보냈다. 이후 1906년 9월 우치다 료헤이와 함께 한국을 다시 찾은 다케다는 이토 히로부미의 요청에 의해 통감부 촉탁이라는 직함으로 한국병합 운동을 했다. 동학의 일진회 회장 이용구의 상대역으로 활동하였다. 결국 한국병합을 성공하였다. 1911년 6월 23일 49세로 사망하였다.

도야마 미쓰루(頭山滿, 1855.5.27. - 1944.10.5., 아명 : 乙次郎)는 후쿠오카현에서 출생하여, 메이지부터 쇼와 전기에 걸친 활동한 아시아주의자의 거두로, 국가주의자이며, 겐요샤의 총수를 역임했다. 메이지

9(1876)년 아키쓰키(秋月) 하(萩)의 난에 호응하려던 계획이 누설되어 투옥되었다. 메이지 10년에 방면되어 11년 가을 귀향하여 신도 키헤이타, 하코다 로쿠스케 등과 민권정사·향양사를 결성하였다. 13년 5월 현양사 설립 신청서를 현 경찰본부에 제출하였다. 22년 오오쿠마 시게노부의 조약 개정안에 대해서는 쿠마모토(熊本) 국권당의 삿사 토모후사와 연합하여 반대운동을 전개했다. 이 시기 차츰 민권주의로부터 국권주의로 전환했다. 25년 2회 총선거에 즈음해서는 정부측에 서서 선거간섭을 해하였다. 겐요사는 일본의 민간민족주의 운동의 선구자적 존재이며, 이후 애국주의 단체와 우익단체의 길을 열었다. 또한 제자 우치다 료헤이의 추천으로 흑룡회 고문이 되었으며, 대륙낭인에게도 영향력을 미치는 우익의 거두, 암흑적 존재(숨은 존재)였다. 한편, 나카조민(中江兆民)과 요시노 작조(吉野作造) 등의 민권운동가와 오스기 사카에(大杉榮) 등의 아나키스트와도 교우가 있었다. 또한 트리오 소미태(鳥尾小弥太)·이누카이 쓰요시(犬養毅)·히로타 코우키(廣田弘毅) 등 정치권에도 넓은 인맥을 가지고 있었으며, 사업(광산 경영)자나 독지가로서의 측면도 있었다.

조약 개정협상에 대해서는 일관되게 강경한 주장을 하였으며, 또 일찍부터 일본의 해외진출을 호소하였고, 대러동지회에 참가해 러일전쟁 개전론을 주장했다. 동시에 한국의 김옥균, 중국의 손문과 장개석, 인도 라스비하리·보스, 베트남 팬 보이차우 등 일본에 망명한 아시아 각지의 민족주의자·독립운동가에 대한 지원을 적극적으로 하였다.

마쓰이 게이시로(松井慶四郎, 1868.3.28. - 1946.6.4.)는 오사카부(大阪府) 출신으로, 메이지부터 쇼와시대의 일본외교관, 외무장관이며, 남작이다. 1889년 도쿄 제국대학 법과대학 영국법과를 졸업하고, 동년 외무성에 입성하였다. 1890년 주 경성공사관에 부임하고, 1895년 주 미국공사관으로 부임하였다. 1898년 주 영국공사관에 일등서기관으로 부임하고, 1902년 주 청국공사관에, 1913년 외무차관에 취임하였다. 1915년 주 프랑스 특명전권대사로, 1919년 파리강화회의에서 전권이 되었다.

1920년 대 독일평화조약 체결의 공으로 남작이 수여되었다. 1924년 키요우라(淸浦) 내각의 외무대신으로 취임하여, 같은 해 같은 내각의 총사퇴와 함께 귀족원 의원이 되었다. 1925년 주 영국 특명전권대사가 되었고, 1938년 추밀원 고문관이 되었다.

마쓰카와　토시타네(松川敏胤, 1859.12.2. - 1928.3.7.)는 미야기현(宮城縣) 센다이시(仙台市) 출신으로, 일본육군 군인으로, 군사 참의관 · 조선군 사령관 도쿄 위수총독과 제10 · 제16 사단장을 역임하고, 계급은 육군대장 훈일등 공2급에 이르렀다. 센다이번사(仙台藩士)　마쓰카와(松川安輔)의 장남으로 태어났다. 번교 양현당(養賢堂), 초등학교 교원, 이송학사를 거쳐, 육군사관학교에서 배웠고, 메이지 15년(1882년) 12월 25일, 육사를 졸업하고 육군보병 소위로 임관, 히로시마 진태보병 제11연대 제1대대에 소속되었다. 사관생도 제5기 (소위 구 5기)의 마쓰의 동기로는 청도수비군 사령관의 유이광위(由比光衛)대장 및 제5사단장 오하라전(小原伝) 중장, 제17사단장의 호시노 금오(星野金吾) 중장 등이 있다. 마츠는 육군대학교를 거쳐, 메이지 20년(1887년) 12월, 외부 6명의 졸업생과 함께 제3기로 졸업하고, 우등의 성적을 거두었다. 중령이던 메이지 32년(1899년) 6월 8일부터 독일공사관 부임했다. 메이지 34년(1901년) 11월 3일 육군대령으로 진급하고, 귀국하여 메이지 35년(1902년) 5월 5일부터 참모본부 제1부장 겸 동부도독부 참모장이 되었다. 메이지 37년 (1904년) 6월 20일부터 임시편성된 만주군 작전참모로 러일전쟁에 출정하여, 동 38년 (1905년) 1월 30일, 육군소장으로 진급하였다. 1906년 4월 25일부터 참모본부 제1부장 겸 제5부장이 되었다. 같은 해 11월 19일 제5부장 겸직이 폐지되어,. 메이지 41년(1908년) 12월 21일 보병 제6여단장으로 옮겨, 동 44년(1911년) 9월 6일, 보병 제2여단장에 옮겼다. 메이지 45년(1912년) 1월 14일, 제10사단장으로 이동하고, 2월 24일부터 육군중장으로 진급했다. 다이쇼 3년(1914년) 8월 8일부터 제16사단장으로 옮기고, 5년(1916년) 8월 18일에는 도쿄 위수총독에 취임하였다. 1917년 8월 6일 조선 주재 답군사령관으로 이동하고, 동 7년(1918년) 6월 1일 군의 호칭변경에 맞추어 조선군사령관에 취임하였다. 같은 해 7월 24일 군사참의관을 거쳐, 1922년 11월 24일 대기발령되고, 다음 해 3월 23일 예편했다. 1928년 3월 7일 사망하였다.

마키 나오마사(牧朴眞, 1854.3.29 ~ 1934.4.29)는 히젠시마번(肥前島原藩)의 시마마을(島原町) 출신으로, 명치시대의 정치가, 지사, 수산관료이다. 나가사키현(長崎縣) 사족 목진성(牧眞成)의 장남으로 태어났다. 1875(명치8) 나가사키현청에서 후쿠오카 현청으로 옮겼다. 그 후 상경하여 태정관에 들어갔으며, 원로원 서기생을 거쳐 1885년 법제국 참사관, 1888년 추밀원 서기를 역임한 후 사업을 시작하여 소부철도회사(總武鐵道會社)의 사장이 되었다.

1890년 초 제1회 중의원 선거가 실시되자 사가현(佐賀縣)에서 출마하여 당선되었다. 1892년 두 번째 선거에서 재선되고, 이당원(吏党員)으로 활약했지만 다시 관료로 돌아가 육군성 촉탁, 대만 총독부 내무부장이 되었고, 청일전쟁 종결에 따라, 1896년 1월 대만지사(台中縣知事)가 되어 대만으로 부임하였다. 1896.8.12 ~ 1897.11.13 제12대 아오모리현 지사(青森縣知事)에 취임하였고, 이어서, 1897.11.13 ~ 1898.1.21 제8대 에히메현 지사(愛媛縣知事)가 되었다. 에히메현 지사(愛媛縣知事)로서 재임기간은 불과 두 달에 불과하였고, 내무성 경보국장으로 전임하였다. 1898.10 ~ 1906.11 제7대 농상무부 수산국장 8년 역임했다. 1899년 6월부터 1개월 동안 한국연안을 시찰한 뒤 일본의 각 현마다 '韓海通漁組合'을 조직하는 등 일본 어민의 한국연안 진출을 크게 장려한 사람이다. 또한 강치잡이를 하기 위해 한국 쪽에 얀코섬 (리앙코르트섬, 독도, 다케시마)의 '대하원'(섬의 이용신청)를 제출하려는 어업인 나카이 요사부로에게 야마자 엔지로 외무성 정무국장과 기모쓰키 가네유키 해군성 수로부장과 함께 나카이를 재촉 해, 대하원 신청을 '영토편입 및 대하원'

으로 변경하여 일본정부에 제출하도록 하여 1905.1.28. 이 신청을 바탕으로 하여 각의결정을 통해 얀코섬을 일본 영토로 편입했다.

마토노 한스케(的野半介, 1858.5.28 - 1917.11.29.)는 메이지 - 다이쇼 시대의 정치가이다. 원래 치쿠젠(筑前) 후쿠오카 번사다. 히라오카 코오타로, 도야마 미쓰루 등의 겐요샤 회원으로 자유당에 들어갔다. 메이지 41년 중의원의원(당선 3회, 헌정회), 큐슈 일보사장 등을 역임했다. 1917년 11월 29일 60세로 사망하였다.

무쓰 무네미쓰(陸奧宗光, 1844.8.20. - 1897.8.24.)는 에도막부 말기부터 메이지 시대의 무사, 정치가, 외교관이다. 외무대신으로 불평등 조약 개정(조약개정)에 수완을 발휘했다. 에도시대까지의 통칭은 요구노 스케(陽之助)이다. 미즈모토 나루미 배우고, 토사의 사카모토 료마, 조슈번의 카츠라 코고로(기도 다카요시) 이토 슌스케(이토 히로부미) 등과 교분을 맺었다.

미우라고로(三浦梧樓, 1847.1.1~1926.1.28)는 일본의 무사, 군인, 정치가이며, 육군중장, 자작, 호는 미키이다. 현재의 야마구치현(山口縣)하기시(萩市)에 하기번사 배신(陪臣)의 자식으로 태어났다. 명륜관에서 배운 후, 기병대에 입대 해 제2차 조슈정벌과 무진전쟁에 종군했다. 유신후 병부성(兵部省)에 출사하였고, 메이지 7년 (1874년)에는 육군성 제3국장으로 대만 출병에 반대했다. 1876년, 하기의 난 진압에 가서 이듬해 서남전쟁에서 제3 여단 사령관으로서 각지를 전전하다, 성산(가고시마현, 鹿兒島縣)을 함락시켰다. 메이지 11년 (1878년) 중장이되었고, 서부감군(監軍) 부장이 되었다.
조슈출신(長州出身)이면서 조슈번의 파벌정치에 반대하는 입장을 취하고 또한 야마가타 아리토모와 기병대 시절부터 불화관계로 지냈다. 谷干城 · 鳥尾小弥太 · 曾我祐準 등과 함께 반주류를 형성하고 월요회의 중심인물

로 야마가타 아리토모 · 오야마 이와오들과 대립했다. 메이지 14년
(1881년)의 개척사 관유물 불하사건에서 위 3명과 연명으로 의회개설
및 헌법제정을 호소하는 건의서를 제출하고, 이듬해 육군 사관학교교장으
로 좌천되었다. 메이지 18년(1885년) 육군경 대산과 함께 유럽의 병제
를 시찰했다.

메이지 19년(1886년)에 귀국, 같은 해 육군개혁의 의견서를 제출했지만,
이듬해 쿠마모토 진태(鎭台) 사령관으로 좌천되었다. 메이지 21년(1888
년), 예비역에 편입되었다. 동년에서 메이지 25년 (1892년)까지 학습원
원장을 지냈고, 메이지 23년(1890년) 7월에 자작의 호선으로 귀족원 의
원으로 선출된 다음 해 9 월에 사직했다. 메이지 28년(1895년) 9월 1일
재 조선국 특명 전권공사에 취임하여, 공사관에 있는 무관으로 조선정부
군부고문 남뢰 유키히코(楠瀨幸彦) 중령과 방자신문 한성신보 사장 아다
치 겸장(安達謙藏) 등의 협력을 얻어 같은 해 10월 8일 명성황후 암살을
지휘했다(을미사변). 사변 후 암살에 관련되어 다른 일본인과 함께 일본
에 소환되어 히로시마에서 투옥되었다. 이듬해 히로시마 지방법원에서 열
린 군법회의에 의해 일본인 관계자는 전원무죄를 선고받아 미우라 등은
석방되었다.

메이지 43년(1910년)에는 추밀(樞密) 고문관에 취임하였고, 또한 궁중
고문관 등의 요직을 역임하였다. 다이쇼 시대에는 조슈번의 파벌타도를
주장하는 정치권의 배후로도 활동하였다.

사다 하쿠보(佐田 白茅, 1833.1.30. – 1907.10.4.)는 메이지 시
대초기의 외교관이다. 초기 조선과의 국교협상에 관여했고 훗날
정한론을 주장한 인물로 알려져 있다. 통칭은 소일랑(素一郎)에서
백모(白茅)는 호이다. 원래 구루메(久留米) 번사에서 존양파(尊攘
派)로서 활동한 후, 메이지유신 이후 1869년(메이지 2년), 「조
선교제사의(朝鮮交際私議)」를 태정관에 건의하고, 그해 11월 외
무성 판임으로 출발하였다. 1870년(메이지 3년) 3월, 모리야마

시게루(森山茂)와 함께 부산의 초량왜관에 파견되어 서계문제로
분규하고 있던 조선과의 국교수립 예비교섭을 진행했다. 이 과정
에서 조선 측의 태도에 격분했다. 사다는 같은 해 4월에 귀국한
후 정부에 정한을 주장하는 보고서를 제출했다. 그러나 사다 등의
보고서를 받아 외무성이 태정관에 제출한 「대조선정책삼개조(對
朝鮮政策三箇條)」에서, '단교 상태'·'국사파견'·'대 청나라
조약선행(對淸條約先行)'의 3가지 방법이 제시되어 있었다. 정부
는 결국 제2안과 제3방안의 절충방안을 채택하여, 같은 해 말 외
무권한 소승요시오카 코우키(吉岡弘毅)을 부산에 파견하여 정식수
교 교섭을 추진함과 동시에, 다음 1871년 9월에는 조선의 종주국
인 청나라 사이에 청일수호조규와 통상장정을 체결했다. 귀국 후
사나는 외무 대록에 임명되었으나, 1871년 8월, 사이고 다카모리
(西鄕隆盛) 등의 정한파에 동조하여 사직하고 귀향했다. 그 후에
는 한거하고 문필활동에 종사했다. 저서는 메이지문화전집(明治文
化全集) 제22권(雜史篇)에 수록되어 있다. 저서는 정한평론(1875
년), 정한론(征韓評論)의 이전 꿈 이야기(征韓論の旧夢談)(1903
년)이 있다.

사이고오 다카모리(西鄕隆盛, 1828.1.23. - 1877.9.24.)는 일본의 무사
(사쓰마번사), 군인, 정치가이다. 사츠마의 동지, 오쿠보 도시미치(大久
保利通)와 조슈번의 기도 다카요시(木戸孝允)(카츠라 코고로:桂小五郎)
와 더불어, 유신의 삼걸이라고 불렸다. 유신의 10대 중 한 사람이다.
사이고 다카모리(西鄕隆盛)는 사쓰마번(薩摩藩)출신으로, 메이지 유신을
성공시킨 3사람 중 한 사람이다. 에도 바쿠후체제를 끝내는 데 결정적
역할 하였다. 그러나 유신 후에 1873년 정한론(조선정벌론)을 주장하다
유신정부와 대립, 반란을 일으켰다. 1877년 세이난 전쟁에서 패배하여
자결하였다.

사카타 쥬지로(坂田重次郎)는 시마네현(島根縣) 출신으로서, 일본의 외교관으로, 외무성 통상국장과 주한 스페인 특명전권 공사를 지냈다. 고등상업학교(후의 도쿄고등 상업학교, 히 토츠바시대학(一橋大學))을 졸업하고 외무성 입성하였다. 고등상업학교는 1893년에 학교에서 여비를 지급하고 학교학생 후쿠다 덕삼(福田德三:나중에 경제학자)와 함께 토치기현, 군마현, 나가노현, 니가타현, 토야마현, 이시카와현, 후쿠이현에 시찰을 갔다. 나중에 후쿠다 덕삼이 실직하고 생계에 어려움을 겪고 있던 때 외무성의 번역 일을 알선했다. 외교관보이었다. 1898년에 필라델피아 등에서 아키야마 사네유키(秋山眞之:나중에 해군 중장)과 교분을 가지게 된다. 1904년부터 시작된 러일전쟁 때는 외무성 정무국에서 야마자 엔지로 국장을 보좌하고 대러개전 외교와 러일포츠머스 강화회의에 종사하였다. 이후 외무성 통상국장을 거쳐, 1917년부터 주한 스페인 국가 특명전권공사가 되지만, 1919년 11월 26일 스페인 마드리드에서 사망하였다.

사토 노부히로(佐藤信淵, 1769. 7. 18. - 1850. 2. 17.)는 막부시대 후기의 절대주의적 사상가 이며, 경제학자이다. 저서로, 『種樹園法』, 『物価余論簽書』, 『経濟要錄』, 『経濟要錄』, 『內洋経緯記』, 『天地鎔造化育論』, 『致富小記』 등이 있다(부록참조).

스기야마 시게마루(杉山茂丸, 1864.9.15. - 1935.7.19.)는 메이지부터 다이쇼, 쇼와 초기에 걸쳐 각 시대의 정계 실력자로서 경제와 외교, 내정 등에 헌신한 인물이다. 스스로는 관직도 의석도 없는 재야사람이었지만, 야마가타 아리토모, 마츠카타 정의, 이노우에 카오루, 가쓰라 다로, 코다마 겐타로, 고토 신페이, 데라우치 마사타케 등의 참모역을 맡아 정계의 배후실력자로 불렸다. 사실 전국 다이묘 룡조사(龍造寺) 륭신(隆信)의 후예이다. 장남은 작가 유메노 구작이다. 손자는 인도 녹화 아버지로 불리는 스기야마 용환, 시인의 스기야마 참녹이 있다. 메이지 17년(1884년),

구마모토(熊本)의 사사키 친구 방에서 여비를 빌려 상경하여, 이토 히로부미를 악정의 근원으로 여기고, 탈아입구(脫亞入歐), 조슈번의 파벌의 수괴여기고 암살을 계획하여, 야마오카 철주의 소개장을 가지고 면회에 성공했지만 반대로 서로 국가를 위해 몸을 소중하게 하여야 한다는 말에 오히려 설복되어 버렸다. 이후 체포를 피해서 각지를 전전했다. 그러던중 동향의 도야마 미쓰루를 만나 심복이 되어 이후 행동을 함께했다. 도야마와 함께 후쿠오카에 돌아온 스기야마는 겐요샤(현양사)의 경제 기반확립을 위해 도야마에게 치쿠호탄전 취득을 권장하여 스스로 그일에 분주했다. 후에 현양사 기관지 「복릉신보」(후의 큐슈 일보를 거쳐 후쿠오카 일일 신문과 합병, 현재 서일본 신문) 창간에도 관계했다. 스기야마는 한가클럽 등을 통해 육군의 코다마 겐타로와 친하게 교제하고 대러 개전을 위해 노력하는 것을 맹약했다. 이후 이 조약은 메이지 34년(1901년) 국무총리가 된 가쓰라 다로도 참가했다. 가쓰라, 코다마, 스기야마의 이 세 사람에 의한 활동은 대 러시아 전쟁 회피, 러일 협상을 주장하는 이토 히로부미에 대한 대처가 중심이 되었다.

쓰키나리 료고로(月成勳,1860.11.14.-1935.12.16.)는 후쿠오카현 출신으로, 메이지 - 쇼와시대 전기의 사업가. 미천광(梶川光)의 형이며, 향양의숙의 학생에서 겐요샤 회원이되었다. 쿠마모토현에서 탄광을 운영하고, 메이지 32년 하카타 미곡거래소 이사장이 되었다. 러일전쟁 때 중국에 거쳐 훗날 조선의 신의주에서 각종 사업을 일으켰으며, 만년에는 겐요샤 사장을 역임했다. 쇼와 10년 12월 16일 76세로 사망하였다.

아라오 세이(荒尾 精, 1859.7.24. - 1896.10.30.)는 일본육군 군인이며, 청일무역 연구소의 설립자이다. 최종계급은 육군대위이며, 아명은 이치타로, 본명은 요시유키이다. 대륙에서 일본군에 대한 첩보를 맡았다. 미장번사(尾張藩士)·아라 정의(荒尾義濟)의 장남으로 태어났다. 1878년(메이지 11년), 육군 교도단 포병과에 입학하였다. 또한 육군사관학교에 들어가, 쿠마모토 보병연대에 부임하였고, 1882년(메이지 15년) 12월에 학교(구 제5기) 졸업 후, 보병 제13연대 귀속되었다. 1885년(메이지 18년), 육군참모 본부 중국부로 소속되었다. 이듬해 참모본부의 명을 받아, 정보수집을 위해 중국 (청나라)에 투입되었다. 1890년(메이지 23 년) 9월, 상하이에 청일무역 연구소를 설립하고 민간인의 입장에서 대륙연구를 주도하였으며, 육군대륙 공작을 뒤에서 지원한 인물을 다수 배출하였다. 청일무역 연구소는 그의 사후 설립된 동아동문서원의 전신이 되었다. 1893년(메이지 26년) 7월, 예비역에 편입되었다. 아라는 1896년 9월 대만에서 전염병에 걸려 사망하였다. 겐요샤의 도야마 미쓰루는 아라오 세이를 "500년에 한 번 하늘이 위인을 세상에 내린다고 말할 경우, 그 사람 아닐까"라고 말했다.

아카시모토지로(明石元二郎,1864.9.1. - 1919.10.26.)은 후쿠오카번(현재의 후쿠오카현) 출신으로, 메이지 · 다이쇼 시대의 육군 군인이며, 육군대장 · 훈일등 · 공3급, 남작이다. 제7대 대만총독을 역임하였다. 후쿠오카 번사의 아카시 조구랑(明石助九郎)의 차남으로, 겐지원년(1864년)에 후쿠오카의 영주마을에서 태어났다. 번교 수유관(藩校修猷館)(현재 복강현립수유관고등학교)을 거쳐 1883년 육군사관학교(구 육사 6기)를 졸업하고, 다시 동 22년(1889년)에 육군대학교(5기)로 졸업하였다. 메이지 34년(1901년)에 프랑스 공사관에 부임하여 육군무관이 되었다. 메이지 35년(1902년)에는 러시아제국 공사관에 부임하여 육군무관으로 전보되었다. 수도 상트 페테르부르크의 러시아 공사관에 부임 후, 영일동맹에 근거한 정보협력으로 영국 비밀정보부의 스파이인 시드니 라일리와 만나 친구가 되었다. 아카시의 의뢰에 의해 라일리는 메이지 36년(1903년)부터 건축용 목재무역상으로 위장하여 전략적 요충지인 뤼순에 이주하여 목재회사를 개업하였다. 러시아군사령부의 신뢰를 얻고, 러시아군의 동향에 관한 정보와 뤼순요새의 도면 등을 영국과 일본에 제공하였다. 아카시(당시 계급은 대령)은 러일전쟁 중에 당시의 국가예산은 2억

3,000만원 정도였는데, 야마가타 아리토모의 영단에 의해 참모본부에서 당시 금액으로 100만엔(현재가치 400억원 이상)을 공작자금으로 지급받아 러시아혁명 지원공작을 획책했다. 주로 유럽전역의 반제정 조직에 자금을 제공하는 일본육군 최대의 모략전을 벌였다. 이후 아카시의 수족이 되는 '낙화유수(落花流水)'를 통해 전해지는 구체적인 공작활동으로 정보의 수집과 파업, 사보타주, 무장봉기 등을 획책했다. 아카시의 공작이 진행되면서 러시아 국내는 불온하게 되었고, 반국가운동이 증대하였다. 아카시 저술한 「낙화유수(落花流水)」와 시바 료타로가 쓴 소설 「언덕 위의 구름(坂の上の雲)」에서 다음과 같은 줄거리를 기반으로 하고 있으며, 아카시의 공작은 성공한 것으로 그려져 저명한 외국사람이 등장하고 있다. 메이지 37년(1904년), 아카시는 제네바에 있던 레닌 집에서 만나 레닌이 이끄는 사회주의 운동에 일본정부가 재정지원하는 것을 제안했다. 레닌은 당초 "이것은 조국을 배신하는 행위이다"라고 거부했지만, 아카시는 "타타르인인 그대가 타타르를 지배하고 있는 러시아의 대수장인 로마노프를 잡는데 일본의 힘을 빌렸다고 뭐가 배신인가"라고 설득하였다. 이렇게 해서 레닌을 러시아에 보내는데 아카시는 성공했다. 그 외에도 내무장관 뿌레붸의 암살, 피의 일요일, 전함 포템킨의 반란 등에 관여했다. 이러한 아카시의 공작이 후에 러시아혁명의 성공으로 이어진 것이다. 후에 레닌은 다음과 같이 말하고 있다. "일본의 아카시대령에게는 정말로 감사하고 있다. 감사장을 내고 싶을 정도이다"라고 말했다고 한다. 그러나 이는 이마이 키미(今井公雄)·하타이쿠 언등(秦郁彦等)에 의해 의문이 제기되고 있다. 예를 들어, 이나바 치하루(稻葉千晴)가 아카시가 거점으로 한 북유럽의 연구자와 공동으로 간 아카시 공작의 검증작업은 레닌과 회담한 사실도 레닌이 위와 같은 발언을 한 사실도 확인되지 않고 현지에서도 일본과 같은 설이 유포되지 않은 것으로 나타난 데다 러시아 측의 방첩 기관인 오후라나에서 모니터링되고, 대부분의 공작이 실패로 끝난 것으로 밝혀졌다(今井公雄「大國ロシアを震撼させた陰の將軍」『歷史群像シリーズ（日露戰爭）』24　1991年（平成3年）6

月 (저자의 웹사이트에서 이 기사를 읽을 수 있음:リンク先の著者のウェブサイトで同記事が讀める);『明石工作   謀略の日露戰爭』丸善ライブラリー 1995年 (平成7年);秦郁彦「明石元二郎の破壞活動は失敗した」『明治 · 大正 · 昭和30の「眞實」』文藝春秋 2003年 (平成15年) 8月 또한 이 책에서는 노기희전 대하여 시바가 야유한 것처럼 우장은 없는 것을 실증적으로   주장했다:なお、同書では乃木希典についても司馬が揶揄したような愚將ではないことを實証的に主張した.) 參照). 이마이는 레닌과 회담했다는 말은 전후 군에서 소문으로 파생된 말이 아닌가 추정하고 있다. 또한 니시하라(西原和海)도 저서에서 "레닌은 아카시의 제안을 거절했다"고 적고 있다(西原『スパイひみつ大作戰』、小學館入門百科 シリーズ 37). 아카시 공작의 목적은 당시 혁명운동의 주도권을 쥐고 있던 콘니 시리야쿠스(Konni Zilliacus)가 이끄는 핀란드 혁명당 등 러시아의 침략을 받은 국가의 반란분자 등을 규합하여 러시아 국내의 혁명 정당인 에스엘(사회혁명당)을 이끄는 에부노 아제후 등에게 자금을 원조하는 등 러시아 국내의 반전, 반정부 운동의 불에 기름을 붓고, 러시아의 대일전쟁에 대한 의도를 좌절시키려 한 것이었다. 만주군에서는 유럽의 아카시 공작을 러시아 장병에게 격문 등으로 알려 전의를 상실시키는 것을 결정하고, 또한 유럽정세를 받고 러시아군의 후방 교란활동을 활발히 하기도 했다(만주의군). 성과와 레닌과의 회견 여부는 제외하고, 이 점에 대해서는 연구자들 사이에서도 거의 견해가 일치하고 있다. 이처럼 아카시는 러일전쟁 중 전반에 걸쳐 러시아 국내정치 불안을 획책하고 러시아가 계속 전쟁을 수행하는 것을 어렵게 하고 일본의 승리에 공헌하는 것을 의도한 것이었다. 육군 참모본부 참모차장 나가오카야사(長岡外史)는 "아카시의 활약은 육군 10개 사단과 막 먹는다"고 평했다. 독일황제 빌헬름 2세는 "아카시 모토지로 혼자 만주의 일본군 20만명에 필적하는 전과를 올렸다"라고 칭송했다고 소개하는 문헌도 있다(半藤一利 · 橫山惠一 · 秦郁彦 · 原剛『歷代陸軍大將全覽 (大正篇)』 中公新書ラクレ 參照).

아키야마   사네유키(秋山眞之   中佐,   海軍大學敎官,
1868.4.12~1918.2.4: 만49세)

참모로서의 사네유키의 업적은 오랫동안 도고의 그림자에 숨어있어서 널리 일반적으로 알려진 인물이라고는 말하기 어렵다. 전후, 시마다 킨지(島田謹二) 미국의 아키야마 사네유키(アメリカにおける秋山眞之)(초판・昭和 44년 (1969년))에 의해 소개되어, 시바 료타로(司馬遼太郎)가 발표한 역사소설 언덕 위의 구름(坂の上の雲)(초판・昭和 47년 (1972년))에서 주인공이 된 결과, 국민적인 지명도를 얻게 되었다.

셋째 형은 유명한 "일본 기병의 아버지"라고 전해지는 육군대장의 아키야마 효고(好古), 바로 위의 형은 조선 경성에서 전기임원 오카(正矣)이다. 자식은 4남 2녀이고, 원래 참의원 의원・오오이시 나오코(大石尙子)는 사네유키의 손자이다(차녀・노리코의 장녀).

호월회의 회원인 사네유키는, 마츠야마 성시의 오카치마치 (현재 에히메현 마츠야마시) 마츠야마번의 하급 무사・아키야마(久敬)의 5남으로 태어났다. 어머니 사다는 마츠야마번사의 야마구치 집의 딸이다. 지역의 한학학원에서 한학을 배우고, 단가 등을 배웠다. 친구의 正岡子規의 상경에 흥분하고 에히메현 제일중학교(현재 松山東 고등학교)를 중학 5학년 때 중퇴하고, 1883년 (明治 16년)에 미래의 정부 최고관리인 태정대신을 목표로 도쿄에 가서 시험준비를 위해 공립학교(현재의 개성고등학교) 등에서 영어를 배우고 대학의 예비학교 (현재의 도쿄대학 교양학부)에 입학하였다.

어린시절의 사네유키는 장난꾸러기 골목대장이었고, 많은 아이들을 데리고 전쟁놀이를 하는 데 그치지 않고, 책으로 불꽃을 만들어 발사할 정도로 장난이 심한 아이였다. 너무 장난이 심했기 때문에 어머니 사다는 "너도 죽이고 나도 죽는다"고 눈물을 보일정도로 심했다고 한다. 그러나 그림이나 수영, 달리기는 특기일 정도로 잘했다.

대학 예비학교는 도쿄 제국대학 진학을 목표로 하였지만, 아키야마 가정 사정상 사네유키는 형 효고(好古)에 학비를 의지하고 있었기 때문에, 졸업 후에는 문학을 지향하여 제국대학 문학부에 진학하고, 메이지 19년(1886년)에 해군사관학교 17기생으로 진학하였다.

해군사관학교 시절에는 학교에서 야구팀을 편성해 일본 해군야구의 창시자가 되었고, 사관학교 생도시절 식사 중에 부스러기로 비스마르크와 나폴레옹, 도요토미 히데요시 등의 두상을 만들어 히죽거리며 놀았다고 한다.

또한 생도시절 후배로부터 "열심히 공부하고 있는 것은 아닌데 왜 항상 성적이 상위인가?"라고 물어 오자, 사네유키는 "과거의 시험문제를 참고하여, 강사의 버릇을 간파했기 때문이다. 또한 필요한 부분은 여러 차례 설명함으로써 시험문제를 짐작할 수 있다"고 답했다고 한다. 그는 볶은 콩을 좋아하여, 주머니에 감추어 두고 잘 먹었다고 한다.

군복 소매로 콧물을 닦고, 전략을 세우는 버릇이 있었고, 목욕을 하지않고 며칠 보내는 등 옷차림을 전혀 신경을 쓰지않는 성격이었다고 전해진다. 또한 아무데나 똥오줌을 싸기도 했다고 한다.

미국에서 귀국 중 도박사기가 있었고, 타짜라고 생각된 리더의 남자를 방에 데리고 들어가 "조용히 시키는 대로 돈을 갚아라"라고 어투를 사무라이처럼 날카롭게 말하고, 단도를 들이대자 겁먹은 남자가 돈을 돌려주고 도망했다는 일화가 있다.

메이지 23년 (1890년)에 해군사관학교를 수석으로 졸업하고, 졸업 후에는 소위 후보생으로 해군방위함 比叡에 승선하고 실제연습을 거듭하여, 좌초된 오스만제국 군함 에루투루루생존자송환(에루투루루호 조난사건)에 관여했다. 메이지 25년 (1892 년), 해군소위가 되었다. 청일전쟁에서 통보함(通報艦) 筑紫에 승선하여 정찰 등 후방지원 활동에 참여하였다. 전후에는 순양함 이즈미(和泉)분대를 지휘하고, 메이지 29 년(1896년) 1월 요코스카에 전속되어, 청일전쟁에서의 수뢰의 기능에 주목하고 설치된 해군 수뢰실습장소(해군수뢰학교)의 학생이 되어 수뢰설치방법을 배우고 졸업 후 요코스카 수뢰단 2수뢰대 배속된다. 훗날 야에야마(八重山)에 승선하고 해군대위가 되었다. 같은 해 11월에는 군사령부 첩보원으로 중국 동북부에서 활동한다.

 메이지 31년(1898년)에 알프레드 세이어 마한 해군의 유학생 파견이 재개될 때 파견 유학생으로 선정되지만, 국비유학에 속하지 않고 처음에는 사비로 유학하였다. 미국에 유학한 사네유키는 워싱턴에 머물면서 해군대학교 교장이자 군사사상가인 알프레드 세 이어 마한에게 배우고 주로 대학교 도서관이나 해군문고에서 도서를 이용하여 병법 이론연구에 전념했다. 이 때 미국 서(스페인) 전쟁을 관전한 무관으로서 시찰한 보고서 "산티아고 대 쿠바의 역할"(후에 "극비첩보 제118호")를 제출한다. 산티아고 대 쿠바 해전의 일환으로 미국해군이 실시한 쿠바산티아고 항구 폐쇄전략을 견학하고, 이때의 경험과 보고를 실전에 응용하여 후일 러일전쟁의 뤼순항구 폐쇄전략의 주춧돌이 되었다. 다음해 메이지 32년(1899년) 1월에는 영국 주재, 시찰을 하고 8월에 귀국하여, 메이지 33년(1900년)에는 해군성 군무국 제1과 상비함대 참모가 되었고, 메이지 34년 (1901년)에 해군소령(소좌)가 되었다.

 메이지 35년(1902년)에는 해군대학교 교관이 되었고, 메이지 36년(1903년) 6월에 稻生季子와 결혼하였다. 대러시아 개전논자로서 호월회의 회원이 되어 러일개전을 적극 추진했다. 메이지 37년(1904년)에는 해군중령으로서, 제1함대 참모(후에 선임참모)가 되었다. 한반도를 놓고 일본과 러시아와의 관계가 험악한 상황이 되자 같은 해 러일전쟁에서 연합함대 사령관 도고 헤이하치로(東鄕平八郎)의 전략담당 참모가 되어, 제1함대 기함 미카사(三笠)에 승선하였다. 러시아 해군 여순함대(태평양함대)의 격멸과 봉쇄를 위해 여순 입구공격과 뤼순항 폐쇄작전에서 선임 참모를 맡아 기뢰부설 작업 등을 실시하였다. 러시아의 발틱함대가 회항할 때 요격작전을 입안하여, 일본해 해전의 승리에 공헌하였으며, 러일전쟁에서 일본의 전략에 승리를 결정지었다.

러일전쟁에서 일본해의 해전이 인생의 피크였고 마지막에는 중장까지 올랐으나, 질병에 시달렸으며, 1차 세계대전의 결과를 좋게 말한 것을 제외하고는 다이쇼 이후 특히 눈에 띈 활약은 없다. 그러나 러일전쟁에서의 공적은 해군에서 오랫동안 사네유키는 신비한 이름의 참모로 간주되어, 숭배의 대상이 되고 있다. 도고 헤이하치로는 전략가로서 사네유키를 높이 평가하였다.

메이지 38년(1905년) 12월 연합함대 해산 후에는 순양함 함장을 역임하고 제1함대의 참모장을 거쳐 다이쇼(大正) 원년(1912년) 12월 1일부터 군사령부 제1반장 (후의 군사령부 제1부장)에 임명된다. 메이지 41년(1908년), 해군대령이 되고, 다이쇼(大正) 2년 (1913년)에 해군소장으로 승진하였다. 1917년 5월 맹장염이 악화되어 1918년 사망하였다.

야마가타 아리토모(山縣有朋, 1838.6.14. - 1922.2.1.)는 조슈번의 중간 야마가타 유미노루(山縣有稔)의 장남으로 태어났다. 조슈번의 사숙인 요시다 쇼인의 마쓰시타 무라슈쿠(松下村塾)에서 배웠고, 일본의 무사(조슈 번사) 육군 군인, 정치인으로, 계급은 원수 육군대장. 위계 종일위로, 훈등은 대훈위 공일급, 작위는 공작이다. 내무장관 (초 · 제2 · 3대), 총리(제3.9대), 원로, 법무장관(제7대), 추밀원의장(제5.9.11대), 육군 제1군사령관, 귀족원의원, 육군참모총장(제5대) 등을 역임했다. 메이지 33년(1900년) 3월 10일, 정치결사 · 정치집회 신고제 및 해산권한 소지, 군인 · 경찰관 · 종교인 · 교수 · 여성 · 아동 · 공권력 박탈의 정치운동의 금지, 노동조합 가입권유 제한 · 동맹파업의 금지 등을 규정한 치안경찰법을 제정, 정치 · 노동운동 등의 탄압을 진행했다. 이후 육군 · 내무성 · 궁내성 · 추밀원 등에 걸쳐 야마가타계 관료파벌을 형성하여 육군 출신으로는 가쓰라 다로와 데라우치 마사타케, 관료출신이 키요 우라규오이나 히라다(平田東助) 등의 후원자가 되어 정치에 관여하였다. 러일개전의 강경파이며, 전쟁에서 참모총장으로서 일본을 승리로 이끌었다. 이토 히로부미가 암살된 후 권력이 집중되어, 메이지 말기부터 다이쇼 초기에 걸쳐 야마가타의 발언력이 증대했지만 동시에 반감 반발도 컸다.

야마시타 겐타로(山下源太郎, 1863.8.26. – 1931.2.18.)

야마시타 겐타로(山下源太郎, 1863.8.26. – 1931.2.18.)은 야마가타현(山形縣) 요네자와시(米澤市) 출신으로, 메이지와 다이쇼 시대의 일본해군 군인이며, 귀족, 위계 훈등은 정2위, 훈일등, 공3급, 남작이다. 러일전쟁시 군령부작전반장(후의 작전부장), 연합함대 사령장관, 군령부장 등을 역임했다.

요네자와번사(米澤藩士) 야마시타(山下新右衛門)의 차남으로 태어나, 번교 흥양관(興讓館), 그 후신의 사립요네자와(私立米澤) 중학교를 거쳐, 메이지 12년(1879년) 해군사관학교에 입학하고, 메이지 15년(1882년) 용양(龍驤)에 탑승하여 원양항해에 참여했다. 이듬해 해군사관학교를 4위의 성적으로 졸업하고, 동기로는 수석 카토정길(加藤定吉) 대장, 17위 나와우팔랑(名和又八郎) 대장이 있다. 귀국 후에는 아사마(淺間)로 포술훈련을 쌓고, 군사학교 수학과정에서 학문을 심화하였으며, 메이지 19년(1886년)의 장포수뢰영 근무로 현장에 나왔다. 이후 메이지 22년(1889년)까지 신경(迅鯨) 승무원, 부상(扶桑) 분대士, 해문(海門), 아타고(愛宕), 다카(高千穂)에서 분대장 및 항해장을 역임했다. 메이지 22년(1889년) 9월, 군사 학교포술 교관과 학생분대장을 겸임하고, 교육자로서의 첫 발을 내디뎠다. 2년 정도 교육에 열중한 후에는 비예(比叡)포술장, 해문(海門)분대장, 무사시(武藏) 항해장, 요코스카진수부 전망대 감독관, 금강(金剛), 아키츠주(秋津洲) 포술장과 수뢰를 제외한 모든 분야에서 지휘했다. 메이지 29년(1896년) 4월부터 처음으로 군령부에 관계된 방어계획과 첩보를 담당하는 2국에 소속되었다. 이 때문에 연말부터 2년간 영국을 거쳐, 영국해군의 연구를 진행했다.

귀국 후, 메이지 32년(1899년) 8월에 이즈미(和泉), 립치(笠置)의 부장

을 역임했지만, 립치부장 때의 1900년 7월, 의화단의 난 진압을 위해 열
강이 중국에 파병을 하면서 립치는 증원부대로 해병대를 파견하기로 했
다. 여기에서 야마시타는 천진주재 해군해병대를 총괄하는 총지휘관에 임
명되었다. 메이지 34년(1901년) 1월에 귀국작전을 담당하는 군령부 제1
국의 일원으로 추가되었다. 야마시타는 외무성과 육군의 대러조기개전파
모임인 「호월회」의 일원이었다. 메이지 36년(1903년) 9월 26일 대령
으로 승진하면서 연말 전략반장(후의 작전부장)에 승격했다. 이때 이미
러일전쟁에 대한 임전태세를 정비하고 있었으며, 야마시타는 대러 전략계
획의 중심역할을 담당하였다. 특히 오송출항(吳淞出航) 후 소식이 불명된
발틱함대가 어떤 루트를 통과하여 동해에 진입하는지에 대해 다양한 억
측이 난무한 때 대마해협 통과의 가능성을 예상하여, 쓰가루해협(津輕海
峽)으로 이동하려고 하는 연합함대에 자중을 호소하였다. 결과적으로 야
마시타의 예상은 적중했고, 일본해 해전의 완승에 기여했다. 전후 1906
년 2월부터 반수(磐手)함장, 1함대 참모장(41년 10월부터 1개월간, 연
합함대를 임시편성했기 때문에 연합함대 참모장을 겸임), 사세보진수부
(佐世保鎭守府) 참모장과 현장의 제일선에서 요직을 역임하였다. 1909년
3월부터 7월까지 무장연구를 추진하는 함정본부 제1부장을 지낸 후, 직
책이 없는 대기발령과 휴직이 되었다.

이듬해 1910년 3월, 다시 군령부 작전반장으로 임명된 후, 12월 1일 해
군사관학교장으로 이동했다. 근엄근면하며 엄격한 기질이었지만, 휴일에
는 학생을 교장관사로 초청하여, 주먹밥을 대접했다. 학생들 24조의 혼
담을 주선하기도 하였다. 다이쇼 3년(1914년) 3월에 해군 군령부차장으
로 전근되어 4년간 병학교장을 지냈다. 학생들은 대장까지 승진할 수 없
었다 (이토 정일(伊藤整一) · 다카기 다케오(高木武雄) · 엔도 기이치(遠
藤喜一) · 야마가타정향(山縣正鄉)은 전사 후 대장승진). 하지만, 태평양
전쟁 때는 중장 · 소장으로 지휘관을 맡았다. 그동안 다이쇼 원년(1912
년) 12월에 야마시타는 중장으로 승진했다. 그러나 사생활은 불행했다.
군령부차장을 거쳐, 다이쇼 4년(1915년) 8월에 사세보진수부 사령장관

이 되었지만, 10세의 아들이 집에 오는 길에 장교에 의해 척살당하는 사건이 일어났다. 40지나 간신히 얻은 남자를 빼앗긴 야마시타는 척살현장의 토지를 구입, 위령비건립을 원하는 시에 기증했다. 실의의 야마시타는 1년 반의 임기를 마치고, 1917년 12월 1일부터 제1함대 사령관으로 전근되었다. 1함대 사령관은 2년간 근무하고, 두 차례에 걸쳐 편성된 연합함대 사령장관을 겸임하였다. 다이쇼 7년(1918년) 7월 2일 야마시타는 동기인 카토(加藤)·나와(名和)와 동시에 대장으로 승진했다. 무사히 제1함대 장관을 지낸 후 다이쇼 8년(1919년) 12월 1일 군사참의관에서 물러났다.

야마자 엔지로(山座円次郎,政務局長, 1866. 12. 2. ~ 1914. 5. 28.)

야마자 엔지로는 호월회 핵심회원으로서, 메이지·다이쇼시대의 일본외교관이며, 외무성 정무국장 주 중국특명전권공사였다.

후쿠오카번의 아시가루(하급관리) 야마자 쇼고(省吾)의 2남 2녀의 차남으로, 후쿠오카(筑前福岡)에서 태어났다. 어려서 현양사의 초대사장 히라오카 고오타로가 세운 현양사의 전신 향양사를 거쳐, 황진학사(荒津學舍)에 들어가서 한학을 배웠다. 그 다음 등운관(藤雲館:藩校·修猷館에서 메이지시대 修猷館 재흥까지 한 때 후쿠오카번의 藩校으로 설립. 福岡縣立修猷館高等學校의 전신)에서 영어를 배웠다. 이때 재주있는 많은 선배들을 압도했다. 이후 야마자가 18세이던 1883년 후쿠오카에 귀향한 오노류스케(小野隆助)의 집에 가서 도쿄유학을 호소하고 그에게서 승낙을 받아 상경하여 오노의 소개로 천문학자인 테라오 히사시(寺尾壽)의 서생으로 테라 집에 더부살이를 하였다. 테라오 히사시의 친동생은 1903년 5월 대러개전을 촉구한 7박사 중 한 사람으로 테라오 도루(寺尾亨)로 일본 최초로 국제법을 강의한 사람이다. 청운의 꿈을 안고 도쿄에 올라온 야마자는 공립학교(카이세이고등학교의 전신)와, 도쿄대학 예비학교(旧制第一高等學校의 전신)에 들어갔다. 그러나 학자금이 없어 수학(修學)의 여가잡지(余暇雜誌)에 기고하거나 번역을 하는 고학생 생활을 하였다. 마침내 도쿄제국 대학에 들어가 메이지 25년(1892년) 7월에 도쿄 제국대학 법과대학을 수석으로 졸업하였다. 또한, 도쿄대학 예비학교 동기로는 나쓰메 소세키(夏目漱石)·正岡子規·쿠마 구스(南方熊楠)·아키야마 사네유키(秋山眞之), 와카사기 레이지로(若槻禮次郎), 오가와 헤이기치(小川平吉) 등이 있다. 특히 쿠마 구스는 그 후에도 친했던 것 같다. 쿠마 구스의 수필에도 '술을 나눈' 기록이 남아있다. 또한 러일전쟁의 최대 격전지인 봉천(심양) 회전 간홍둔삼헌옥부근의 격전(干洪屯三軒屋附近の激戰)에서 전멸한 보병 제33 연대의 연대장 요시오카 우애(吉岡友愛)는 야마자 소년시절부터의 친구이며, 야마자의 여동생과 결혼한 매제이었다.

도쿄 대학졸업 후 외무성에 입성한다. 부산 총영사로 부임하려던 무로타에게 고향 선배인 귀족원의원, 이토 히로부미의 측근 가네코 겐타로(金子堅太郎)와 외무성 정무국장, 수유관(修猷館) 선배인 구리노 신이지로(栗野愼一郎)가 추천장을 써주었다. 그렇게 해서 첫 근무지 부산 총영사관에 보로 근무하였다. 당시 부산주재 총영사는 무로타 요시후미(室田義文, 1847~1938)로, 무로타는 1909년 만주 하월빈역에서 이토의 수행관으로 쓰러진 이토를 후송한 인물이다. 야마자는 외교관으로 첫발을 내 디딘 것을 발단으로 하여, 천우협(天佑俠)의 전신인 부산의 오자키 슈키치(大崎正吉)의 법률사무소의 동지들과 가장 밀접한 관계를 유지하였다. 이때 야마자 광산 다이나마이트 탈취사건으로 체포된 요시쿠라를 도와 선고유예를 받게 하고, 우치다 료헤이를 도와서 일본으로 귀국시켜 주었다. 그리고 인천 영사관 근무, 메이지 28년에는 영국공사관 삼등서기관, 메이지 30년에는 경성영사 겸 공사관 이등서기관을 거쳐, 메이지 34년(1901년), 외무대신 고무라 주타로(小村壽太郎)에 의해 불과 36세에 외무성 정무국장에 발탁되었다. 그 당시 그의 유능함은 "야마자 앞에 야마자 없고 야마자 뒤에 야마자 없다"라고 할 정도였다. 이후 정무국의 부하 사카타 중차랑(坂田重次郎)의 보좌를 받으면서, 고무라 외상 밑에서 영일동맹을 체결하고, 러일협상을 담당하고, 러일전쟁 개전의 외교관계 및 러일전쟁 선전포고문을 기초하고, 러일간 포츠머스 강화회의에 수행원으로 참석하는 등 고무라 외교의 중심적 역할을 담당했다. 고무라외상과 야마자는 당시 일심동체가 되어 국사를 처리하고, 젊은 야마자는 있는 힘을 다해 고무라외상을 보좌하였다. 고무라가 가장 신뢰하는 외교관인 것으로 알려졌다. 당시는 러시아의 만주 철병문제 및 대청 대한 외교시설 등, 외교상의 긴급하고 중대한 안건이 긴박한 상태에 있었다. 내각의 대세는 소극적이어서 외무당국은 고심이 실로 깊었다. 그는 대러개전을 위해 모든 노력을 기울이고, 외무성 내부에서 대러문제에 대해 심혈일 기울일 뿐만 아니라 넓게는 호월회 같은 외부의 동지들과 제휴하여 대러개전의 촉구를 위해 노력했다. 이는 대러연약론자인 이토의 태도에 분개하고, 혹은 사석에서도 공연히 이토를 비난했다. 메이지 38년 외상 고무라 주타로가 강화 전권대사로 미국 포츠머스회의에 임하자 야마자는 또한 그를 따라서 미국에 가서 고무라 전권대사를 보좌하였다. 그가 귀국할 때, 카쓰라 총리의 정부당국이 미국철도 왕 해리슨 사이에 예비협정 문안작성까지 진행한 남만주철도 양도방안에 대해 고무라 외상과 협력하여 단번에 이를 분쇄하였다. 즉, 고무라 외상이 거부하였는 데, 그 기초를 야마자가 제공했다. 메이지 41년(1908년), 주영국대사관 참사관이 되었다. 몇 년 뒤, 다이쇼 2년(1913년) 6월, 주중국 특명전권 공사로서, 신해혁명 이후 중국에 부임하여 일중국간의 협상문제로 그의 능력을 필요로 했으나, 이듬해 5월 28일 베이징에서 갑자기 병을 얻어 49세로 객사하였다. 손문을 지지하는 야마자를 달가와 하지 않던 원세개에 의해 암살되었다는 설도 있다. 무덤은 아오야마 묘원의 포츠머스 강화회의에서 고초를 함께 한 고무라 주타로와 헨리 데니슨의 무덤근처에 있다.

현양사의 초대 사장을 지낸 히라오카 코오타로(平岡浩太郎) 부부의 중매로 1899년 5월 대러동지회 회장인 중의원(7차례 역임) 고무치 도모쓰네(神鞭知常)의 장녀 시즈카(賤香)와 결혼(야마자 33세, 시즈카 21세)하였다. 장인 고무치는 "양학을 갖춘 도연명을 사위로 얻게 되었다"고 극찬

했다고 한다.

야마자가 외무성 정무국장이었던 때 추밀원 의장이었던 이토 히로부미는 야마자가 기초한 모든 외교문서를 읽고 있었지만, 야마자가 만든 문서는 완벽하여 수정할 곳이 없었다. 프라이드가 강한 이토는 반드시 단 한 곳이라도 수정을 하여 돌려주었기 때문에, 오히려 개악이 될 때가 종종 있었다. 그래서 계책을 궁리한 야마자는 이토에게 제출하는 외교문서에는 이토 경우 반드시 수정할 것이다라고 생각한 나머지, 어느 부분의 한 곳을 고의로 틀리게 만들어 놓고 이토가 그곳을 수정하여 되돌려주면 완벽한 것으로 문서가 완성되었다고 한다.

호월회의 핵심멤버로서, 적극적인 러일 개전론자였는데, 이토(히로부미) 공이 러일협상 주의자이기 때문에 좀처럼 개전에 신중하였다. 그러자 "차라리 이토를 암살하고 전쟁을 해버리자, 이토를 죽이지 않으면 우리가 대러시아의 대책은 행할 수 없다"라고 술자리에서 고향 후쿠오카의 선배인 이토의 측근 가네코 켄타로(金子堅太郎)에 말했지만, 이 소식을 카네코에게서 알게된 이토는 야마자를 불러서 "암살한다면 감히!"라고 몹시 꾸짖었다. 그때는 야마자도 문책받게 될까 싶어 사과했지만, 이후 덩어리가 남아 이토 히로부미와 불화가 되어 남았다.

앞에서 보듯, 야마자는 이토의 대외정책에 죄다 반대했다. 일러(日露)전쟁 후의 한국병합에 대해 이토의 온건정책과는 달리 야마자는 강경책을 지지했다. 이토의 하얼빈 출장에 대해서는 "나는 수행원이 아니기 때문에 암살될 걱정은 없다"고 주변에 떠들고 다녔다. 야마자의 말대로 이토는 1909년 10월 26일 만주 하얼빈역에서 암살되고, 따라서 이토 히로부미의 암살에 어떤 방식으로 든 야마자가 관여하는 것이 아닌가 보는 견해도 있다. 그러나 야마자는 이미 외무성 정무국장에서 주영대사관 참사관으로 옮겨 런던에 거주하고 있을 때이다.

동향으로, 육군의 아카시 모토지로(明石元二郎), 겐 요샤(玄洋社)의 스기야마 시게마루(杉山茂丸)과는 친한 사이이며, 이들의 한국병합을 추진을 적극적으로 지지했지만, 이때도 신중론의 이토 히로부미를 '눈에 혹(가시)'로 보았다. 이토 히로부미 암살은 겐 요샤(현양사)의 암투가 보이지만, 야마자와 아카시도 동향이라는 점에서 스기야마의 겐 요샤에 협력한 것이 아닌가 보는 견해도 있다. 특히 야마자가 의도적으로 외교적상의 이토와 러시아 대표 코코체후와의 회담을 인위적으로 만든 것이 아닌가 보고 있다.

이토 히로부미 암살사건은 수행원 다수도 부상하고 러시아 측의 스나이퍼라고도 하며, 현존하는 이토가 입었던 옷의 탄흔으로부터 검증할 필요가 있다고 한다.

수유관(修猷館) 후배인 후에 총리이자 손아래 동서인 히로타 코우키(廣田弘毅)를 외무성으로 이끈 인물로도 알려져 있다. 야마자는 도야마 미쓰루(頭山滿)부터 소개된 후배 히로타에게 일고(제일고등학교)의 학생시절부터 눈여겨 본 인물이다. 히로타는 현양사의 초대 사장인 히라오카 고오타로의 학비지원을 받아 학교를 다녔다. 도쿄대 재학 중에는 외교관련 소책자를 발행하도록 요청하고, 히로타가 도쿄 대학 2년이었던 1903년(메이지 36년)에는 미래의 러일전쟁을 예측하고, 학생여행이라고 속여 요동반도의 정찰을 명령하였다. 뤼순요새에 대한 세부보고서를 제출하게 하고 있다. 후에 외무성에 입성한 히로타는 요시다 시게루(吉田茂)와 대전 위해(大田爲吉)와 함께 "야마자 문하의 세날개(三羽鳥)"라고 말해지고 있다. 일본 해군의 맹장으로 알려진 카미무라 언지승(上村彦之丞)를 때려 쓰러뜨리는 무용담이 있다.

야시로 로쿠로(八代六郎, 1860.1.25. - 1930.6.30.)는 아이치현(愛知縣) 이누야마시(犬山市) 출신으로, 형은 하원의원의 마츠야마(松山義根)이다. 메이지 ~ 다이쇼 시대의 일본 해군 군인이며, 정치인, 제독, 남작이다. 메이지 원년(1868년), 미토번(水戶藩) 낭사(浪士) 야시로(八代逸平)의 양자가 된다. 아이영어학교(愛知英語學校)를 거쳐 해군사관학교에 입학하였다. 메이지 14년(1881년), 군사학교 8기 35명 중 19위로 졸업하고, 수석은 항해술과 측량기술에서 권위가 있는 이마이즈미(今泉利義) 소장이 하였다. 8기에서 대장까지 승진한 것은 야시로만이고, 중장이 3명, 소장이 7명이 있다. 소위때는 군사학교 훈련소에서 분대전문가로 교육조교를 맡았다. 중위의 계급이 존재하지 않았기 때문에, 메이지 20년(1887년) 경감에 승진하였고, 9년간 해군참모부에서 근무했다. 이 기간에 블라디보스토크에 2년간 출장을 갔으며, 이 실적을 높이 평가하여, 메이지 28년 (1895년)부터 31년까지 3년간, 러시아 공사관 부임하여 무관을 지낸 대 러시아 첩보활동을 하였다. 이 임기 중에 중령으로 승진했다. 러일전쟁 발발까지 5년간 야시마부장(八島副長), 상비함대 참모 미야코 함장, 이즈미함장과 최전선의 톱을 역임하였다. 해군대학교 선과학생을 거쳐, 러일전쟁 때는 아사함장으로 참전하였다. 야시로는 뤼순항 폐쇄작전의 지휘관을 원했지만, 도고 헤이하치로가 기각했다. 또한 러시아 때 후배 히로세 다케오(廣瀬武夫)는 야시로로부터 이 작전계획을 듣고 지원하였다. 또한 야시로는 폐쇄 대 전사자 유자녀를 성인 때까지 지원하고 있다. 아사함장 때는 호쾌하고 독특한 언행으로 유명했다. 인천해전 전야 때, 취미로 퉁소를 불고 있는 모습을 신문기자에게 보였는데, '풍류제독'이라고 신문기사에 소개되자 분연히 '군인답지 않다'며 퉁소를 그만두었다고 한다. 뤼순의 기습공격에 실패한 수뢰대를 힐문하는 연합함대 사령부에 마침 있던 야시로는 "수뢰는 좀도둑과 같은 것으로, 얼른 공격해 얼른 퇴각 것입니다"라고 변명하는 이시다 이치로 사령관의 꼬투리를 잡아 "남편을 두드려 깨워 조반을 먹여 줄 정도로 아니면 비교적 맞지 않습니다"이라고 발언하여, 도고 헤이하치 장관 이하 자리의 공기는 단번에 누그러져, 이시다 사령관 경질은 해결되었다.

요시다 쇼인 (吉田松陰, 1830.9.20 - 1859.)는 일본의 조슈 무사, 사상가, 교육자, 일반적으로 메이지 유신의 정신적 지도자, 이론가로 알려져 있다. 대외사상은 유수록(幽囚錄)에 잘나타나 있다. 마쓰시타 무라슈쿠

(松下村塾) 출신의 몇몇이 메이지 유신 이후에 정부의 중심에서 활약했기 때문에 쇼인의 사상은 일본의 아시아 진출의 대외정책에 큰 영향을 미쳤다. 즉, 다카스기 신사쿠 (高杉晋作), 구사카겐즈이(久坂玄瑞), 이토 히로부미(伊藤博文), 야마가타 아리토모(山縣有朋), 요시다 토시마로(吉田稔麿) 등 막말 유신기에 활약하는 문하생이 있다.

요시카와 아키마사(芳川顯正, 1842. 1. 21. ‐ 1920. 1. 10.)는 일본의 관료, 정치인으로, 도쿠시마현(德島縣) 요시노시 출신이며, 백작이다. 관료시대는 조슈번의 파벌의 후원이 없어 고생하지만, 은행제도의 확립에 공헌하였다. 야마가타 아리토모에 인정받아 정계에 진출했다. 도쿄지사(제8대), 귀족원의원. 법무장관(제6대), 문교부장관(제6 대, 제7대, 제11대), 내무부 장관(제12.16.23대), 체신장관(제9.12 대), 추밀원 부의장(제4대)을 역임했다. 구 도쿠시마번사에서 유신 후 신정부에 들어갔다. 메이지 5년(1872년)에 대장성지폐장, 동15년 (1882년)에 도쿄지사에 취임했다. 조슈군번의 거두 야마가타 아리토모의 측근으로 알려져 있으며, 메이지 23년(1890년) 제1차 야마가타 내각에서 문부대신으로 취임하여 재임 중 교육칙어의 발포에 진력했다. 메이지24년(1891년), 제1차 마츠카타 내각에서도 문부상에 유임되어, 퇴임 후에 궁중고문관이 되었다. 메이지 26년(1893년), 제2차 이토내각에서 법무장관에 취임하고, 이어서 제2차 마츠카타 내각에서도 유임했다. 또한, 이전의 1894년 문교부장관을 겸임했으며, 메이지 29년(1896년)에는 내무장관도 겸임했다. 메이지 31년(1898년), 제1차 오쿠마내각에서 내무장관에 다시 취임하고, 이어서 제2차 야마가타내각에서 체신장관에 취임하였다. 이 해 자작에 봉작되있다. 메이지 34년(1901년), 제1차 카츠라내각에서 다시 체신장관에 취임하고, 이후 개조로 일단 정부를 떠나는데, 메이지 37년(1904년)에는 내무장관으로 내각에 복귀하였다. 1907년, 일본 화류병(花柳病)예방협회(현재의 성건강의학재단) 설립에 따라 초대회장에 취임하였고, 백작이되었다. 다이쇼 원년(1912년)에 추밀원 부의장에 취임하고, 1917년 사건의 추문에 추밀원 부의장을 사임하였다.

요시쿠라 오세이(吉倉汪聖, 1868.1. - 1930)는 메이지 – 다이쇼 시대의 대륙낭인이며, 언론인이다(부록참조). 가가현(石川縣) 출신이며, 동경법정대학을 졸업하였다. 27년 천우협(텐유코)에 가입하고 34년 우치다 료헤이와 함께 흑룡회를 창설하였다. 문필에 뛰어나며, 우치다의 '러시아론'은 요시쿠라의 집필이라고 한다. 「원산시사(元山時事)」, 「요동 신보(遼東新報)」를 창간하였고. 1930년 12월 30일 63세로 사망하였다.

우치다 료헤이(內田良平, 1874.2.11.~1937.7.26.)는 후쿠오카(福岡)에서 무예의 달인으로 알려진 사족(士族)인 우치다 료고로(內田良五良)의 3남으로 태어났다. 그는 일본의 국가주의자이며, 우익운동가이다. 어릴 때 궁도, 검도, 유술, 씨름, 사격을 아버지에게 배웠다. 또한 아버지 요고로의 신도몽상류장술 문하에는 ″쇼와의 검성″의 한 사람인 중산 히로미치(中山博道)가 있다. 그는 현양사, 천우협에 관여했고, 흑룡회를 조직하여 수장을 맡았으며, 특히, 우익결사조직인 호월회의 소장파 군인 및 핵심인 야마자 외무성 정무국장과 밀접한 관련을 맺고 있으며, 그의 사상이 군과 외무성 등에 많은 영향을 미친 인물이다.
1892년(메이지 25년) 18세 때, 도야마 미쓰루의 겐요샤 3걸이라고 알려진 삼촌(아버지 료고로의 동생) 히라오카 고오타로를 따라 상경하여 강도관에 입문하여 유도를 배웠다. 다음해인 1893년(메이지 26년) 동양어학교에 입학하여 러시아어를 배우고, 1897년(메이지 30년) 시베리아 횡단 여행을 시도하였다. 히라오카 고오타로의 영향을 받아 일본의 조선과 중국에 대한 세력확대에 관심을 가졌다. 1898년(메이지 31년) 미야자키(宮崎滔天)를 통해 손문과 만나 친분을 맺었다. 1900년(메이지 33년) 중국 광저우에 가서 쑨원·이홍장 제휴를 주선하는 한편, 혁명 의용군을 조직하여 손문의 혁명운동을 지원했다. 1901년(메이지 34년) 흑룡회를 결성하여, 러시아 사정을 소개하였다. 또한 1903년(메이지 36년)에는 대러동지회를 결성하고 러일개전을 주장했다. 1905년(메이지 38년) 미야자키(宮崎) · 스에나가(末永節)들과 함께 손문 · 황흥의 제휴에 의한 중국 혁명동맹회의 성립에 관계했다. 또한, 필리핀 독립 운동 지도자 에밀리오 아기나루도, 인도 독립운동 지도자 라스 비하리 · 보스의 활동도 지원했다.

1906년(메이지 39년)에 한국통감부의 촉탁이 되어, 초대 조선통감 이토 히로부미를 수행하여 한국에 왔다. 1907년(메이지 40년)에는 「일진회」 회장 이용구(李容九)와 한일합방 운동을 맹약하고 그 지도자가 되었다. 이 때 쌍방에서 한일합방 구상이 확인되었다. 1909년(메이지 42년) 12월, 우치다 등이 권해서 이용구에게 "일진회 회장 이용구 및 백만회원"의 이름으로 한일 합방건의서(한일합방을 요구하는 성명서)를 한국 황제 순종, 증례황조(曾禰荒助) 한국통감, 수상 이완용에 제출했다. 이것은 자발적으로 조선을 병합 해달라고 신청한 것을 일본은 그것을 받은 것으로서 침략에서도 강제가 없었다고 하는 증거로 사용되었다. 결과적으로는 우치다와 이용구의 합방론은 일본정부의 한일합방을 위장하는 것이 되었고, 이용구는 매국노가 되었다. 이용구는 후에 일본 측이 배신한 것을 알고 비분으로 죽었다. 또한, 우치다는 한일합방 후 정부의 대한국 정책에 비판적이어서 「동광회(同光會)」을 결성하여 한국내정의 독립을 주장하였다.

1911년(메이지 44년) 중화민국 성립 후 만주 · 몽고 독립을 주장하였고, 카와시마 나니(川島浪速)와 화북지역에서 공작활동을 정부에 진언하였다. 또한 1918년(다이쇼 7년)의 시베리아 출병에는 적극적으로 찬성하는 등 우파 색깔을 강화해 나가는 한편, 1921년(다이쇼 10 년) 러시아 기근 때에는 구제운동도 벌였다. 1922년(다이쇼 11년) 워싱턴 회의에서 해군 군축 방안에 반대하였고, 1923년(다이쇼 12년) 미국정부 「배일이민법(排日移民法)」에 반대하였다. 그는 국민운동의 중심적 존재가 되었으며, 사회적 영향력을 점차 확대해 나갔다. 1925년(다이쇼 14년) 가토 다카

아키(加藤高明) 총리 암살미수 사건에서 용의자로 투옥되었다(이듬해 무죄판결을 받았다). 또한 이 무렵부터 대본교에 대한 접근을 강화하고, 동교회가 관계 한 紅卍學會日本總會의 회장이 되었다.

1931년(쇼와 6년)에 대일본생산당을 결성하고 총재가 되었다. 1932년(쇼와 7년)의 혈맹단 사건 · 1933년(쇼와 8년) 신병대사건(神兵隊事件) 등의 배후로 알려지고 있으며, 관동군지지의 입장에서 일만주 · 몽고연방건설(日滿蒙連邦建設), 일지(중국)공존(日支共存), 황모익찬운동(皇謨翼贊運動) 등을 구상했다. 1934년(1934년) 오오모토교계 쇼화 신성회부통감이 되었다.

1937년(쇼와 12년) 7월 26일 사망하였다.

저서는 露西亞亡國論(1901年), 西南記伝(編、全6卷)(1908 - 11年), 日本之三大急務 (1912年), 支那觀 (1913年), 武道極意 (1926年), 硬石五拾年譜 - 內田良平自伝 (1927年), 聖訓謹解 (1928年), 皇國史談 - 日本之亞細亞 (1932年), 東亞先覺志士記伝 (編、上 · 中 · 下) (1933 - 36年), 憂國慨言杜鵑錄 (1934年), 黑龍潤人歌集 (上 · 下) (1934 · 37年) 가 있다.

이구치 쇼고(井口省吾, 1855.9.20. - 1925.3.4.)는 스루국(駿河國) 출신으로, 일본육군 군인이며, 최종계급은 육군대장이다. 청일전쟁과 러일전쟁 시기를 대표하는 군인의 한 사람이다. 보병 제9연대 오츠분영(大津分營)에 군인으로 입영하여, 이듬해 육군사관학교를 응시하였다. 육군사관학교(구 2기), 육군대학교(1기)를 거쳐, 독일로 유학하였다. 러일전쟁 때는 만주군 총사령부 참모가 되어, 봉천회전 등의 작전지휘에 나섰다. 또한 독일유학의 경험을 살려, 다양한 번역서를 출간했다. 1906년에 공2급 금치훈장, 다이쇼3년(1914년)에 훈일등 서보장을 수상하였다.

이시이 기꾸지로 (石井菊次郎, 1866.4.24. - 1945.5.25.)는 전쟁 전 일본의 외교관, 자작으로, 외무 대신의 한 사람이다. 이시이(石井) · 랜싱

(ランシング)협정에 그 이름이 남아있다. 즉, 1917년 워싱턴에서 이시
이 기꾸지로와 로버트 랜싱이 협정을 체결하여 이름이 남아있다. 일본 내
에서 친미 · 친영불파이다. 추밀원 회의에서 일독이 삼국 군사동맹에 반
대했다. 상총국(上總國) 나가라군(長柄郡) 마나마을(眞名村:후에 치바현
(千葉縣) 모바라시(茂原市))에서 태어났다. 치바중학교, 대학 예비문(大
學予備門), 도쿄 제국대학 법과대학 법률학과 졸업하여, 1890년 8월 외
무성에 들어왔다. 1891년 이시이 방유(石井邦猷)의 양자가 되었으며, 11
월 파리공사관, 1896년 인천영사, 1897년 청나라 공사관(의화단의 난이
발생)으로, 1900년 전신과장, 1902년 전신과장 겸 인사과장 겸 취조과
장, 1904년 통상국장, 1908년 외무차관(제1 차 사이온지(西園寺)내각
제2차 카츠라(桂內閣) 내각)이 되었고, 1911년 6월 13일 훈일등 서보장
을 수상하였다. 8월 24일에는 남작이 되었고, 1912년 주 프랑스 특명전
권대사(1차 세계대전이 발발했을 때의 대사로서 첫 행보를 보내게 되었
다), 1915년 10월 외무장관(제2차 오쿠마(大隈) 내각, 차관은 폐원희중
랑(幣原喜重郎) 러일협약의 체결에 진력)이 되었다.

이토히로부미(伊藤博文, 1841.10.16. - 1909.10.26.)는 일본의 무사(조
슈번의 무사), 정치가, 위계서열 종일위이며, 훈등 대훈위, 작위는 공작
이고, 칭호는 명예박사(예일대)이다. 아명은 리스케(利助), 이후 슌스케
(春輔, 舜輔)이라고도 불렀다. 스오국(周防國) 출신으로, 조슈번의 사숙
인 요시다 쇼인의 마쓰시타 무라슈쿠(松下村塾)에서 배웠고, 막부말기의
존왕양이 및 막부타도 운동에 참여하였다. 유신 후 사쓰마와 조슈번의 파
벌정권에서 힘을 늘려 이와쿠라(岩倉) 사절단의 부사, 참의겸 공부경, 초
대 효고현지사(관선)을 맡아 대일본 제국헌법 초안의 중심이 되었다. 초
대 제5대, 제7대, 제10대 내각총리대신 및 초대추밀원 의장, 초대귀족원
의장, 초대한국통감을 역임했다. 국내에서는 입헌정우회를 결성하여 초대
총재가 되었으며, 외교에서는 청일전쟁에 대처한 것이 특이하다. 청일전
쟁 후 이토는 대러 유화정책을 취하고, 무쓰 무네미쓰(陸奧宗光), 이노우

에 가오루(井上馨) 등과 함께 러일협상론과 만한교환론을 주창하여 러시아제국과의 부전(不戰)을 주장했다. 동시에 가쓰라 다로(桂太郎), 야마가타 아리모토(山縣有朋), 고무라 주타로(小村壽太郎)등의 영일동맹 방안에 대하여는 반대했다. 또한 스스로 러시아에 가서 만한교환론을 제안하지만, 러시아 측의 거부로 결렬되었다. 러일전쟁을 둘러싸고, 측근 가네코 켄타로(金子堅太郎)을 미국에 파견하여 대통령 시어도어 루스벨트에 강화의 알선을 의뢰하였다. 이후 포츠머스조약이 체결되었다. 강화 후, 승리를 손에 넣은 일본과 패전국 러시아 사이의 전후처리에 분주했다.

타루이토오키치(樽井藤吉, 1850. 5. 25. - 1922. 10. 25.)는 야마토국의 재목상의 차남으로 태어났다. 호는 탄보오(丹芳), 카레이(嘉永)3(1850)년 4월 14일 나라현, 우치군 미나미 우치무라 오오아자 료오안지에서 태어났다. 부친은 요오스케 모친은 시미즈씨로 이름은 쓰루였다. 가업은 목재상이었고 토오키치도 처음에는 가업을 이었으나 메이지 원(1868)년 오개조의 어서문을 읽고 분개한 끝에 도쿄로 상경한다. 1873년에 상경 해 히라타파(平田派)의 이노우에 뢰囹(井上賴囹)에게 국학을 배웠다. 이노우에 요리쿠니의 칸나라이노야에서 사숙하고 뒤에는 하야시 가쿠료오의 사숙에서 수학했다. 수난의 시대를 근심하여 이와쿠라 토모미에게 관리선거법을 건의했으나 채택되지 않았다. 세이난 역이 일어나자 곧 토오후쿠 지방으로 달려가 거기에 호응하려 했으나 목적을 달성하지 못했다. 훗날 조선반도에 뜻을 두고 큐우슈우에서 조각배를 타고 도항하려 했으나 실패하기를 재삼 거듭했다. 마침내 다도해 부근을 탐험하여 식민지 개척에 매진하였다. 조정으로 복귀한 후 나가사키에 정착하여 메이지15년 5월 15일 아카마쓰 타이스케, 와타나베 마사타카, 아카산 고로오, 이에나가 요시히코등과 히젠국 시마바라의 코오토오지에서 동양사회당의 발대식을 거행하였다. 사회평등과 공중최대복리를 강령으로 하여 수백 명의 입회자를 획득하고 그 조직 결성을 공표하였으나, 동년 6월 20일 내무경으로부터 치안방해라는 명목으로 결당 및 집회를 금지당한다. 그러나 여기에 굴하지 않고 이듬해인 16년 1월 6일, 다소의 수정을 가해 동양사회당 당칙 초안을 인쇄, 지인에게 반포하여 마침내 집회조례에 의해 기소되었다. 동월 25일 나가사키 경범죄 재판소에서 경금고 1년에 처해졌다.

출옥 후 「사가신보」에 입사하여 펜을 잡는 한편, 뜻 있는 지사들과 교류하여 소에지마 타네오미의 면식을 얻게 되었다. 이에 앞서 메이지 15년 여름, 조선사건이 일어나 나라 안의 인심이 격해지고 청·한에 대한 애국지사들의 관심과 열정이 고조되자 토오키치 또한 이에 합세하여 청·한을 향해 뜻을 품게 되었다. 그러나 그는 웅대한 기상을 품는 데 그치지 않고 카고시마의 이즈니 쿠니히코등과 왕래하여 대륙정책을 논의하기로 했다. 그러던 차 마침내 메이지 17년 청불전쟁이 발발하여 후쩌우 주재 육군중위인 코자와 히로오 등이 거사를 기도하자, 이즈미 등과 이를 지원하기 위해 지나로 도항, 상하이와 후쩌우 사이에서 만나 거사계획을 세우게 된다. 상하이에서는 동양학관 설립사업에 참여하여, 히라오카 코오타로오, 나카에 아쓰스케, 스기다 테이이치, 스에히로 시게야스 등과 함께 그것을 개설했다. 생각건대, 동양학관의 설립은 장래에 지나 대륙에서 활동할 만한 인재 양성을 목적으로 한 것으로서, 실로 우리 재지교육기관의 효시이다. 동년이 저물 무렵, 조정으로 복귀한 그는 내정 개혁을 기도하다 실각하여 망명해 온 조선독립당 지사 김옥균과 왕래하기 시작한다. 김옥균을 재기시키기 위해 동분서주하여 현양사의 토오야마 미쓰루, 마토노 한스케, 쿠루시마 쓰네키들과 이를 의논하는 한편, 야마토의 부호 쓰지쿠라 쇼오자부로오에게 자금조달을 요청했으나 뜻대로 되지 않던 차에, 마침 오오이 켄타로오의 조선거사계획이 발각되자 이에 연루되어 있다고 오인되어 일시 투옥되기에 이르렀다. 그러나 취조 결과 오오이들과는 관계가 없음이 판명되어 간신히 석방되었다.

메이지 25년 , 나라현의 중의원의원으로 선출되었으나 그 후 사회 문제 연구 방면에 정력을 쏟느라 의원생활을 포기했다. 일찍부터 그는 일한 양국을 연방제로 결합시키는 것이 동아의 정세를 안정시키기 위한 최상의 정책이라는 신념을 가지고 있었다. 이에 식자들을 설득하기 위해 저술 작업에 착수하여, 18년 오오사카 감옥에 투옥되기 이전에 이미 그 초고를 완성하였으나 투옥되던 당시 분실했다. 그 후 거듭 착수하여 약 10년간의 고심스런 연구 끝에 메이지 26년 『대동합방론』이라는 제목의 책을 세상에 내놓았다. 전문이 한문으로 되어 있는 것을 보면 그는 분명 독서 대상으로서 조선인들을 염두에 두고 있었던 것 같다. 이 책은 당시 상당수 식자들의 반향을 일으켰다. 훗날 통감정치가 전개되고 우치다 료오헤이가 이토오통감의 베일 뒤에서 암약하던 당시, 우치다와 일진회의 회장 이용구사이에서는 이 책에서 주장한 대동합방의 이상에 대한 동의가 이루어져 마침내 일한 합방의 단서를 열기에 이르렀다. 토오키치가 『대동합방론』 저술에 착수하고 이것을 한문으로 쓰기 위해 한문실력을 연마하느라 겪었던 고심스런 상황은 이루 말할 수 없었다고 전해지지만, 한갓 책 한 권이 양국 합방의 기연을 이루는 역할을 했다 하니 그의 고생은 보상을 받고도 남음이 있다 할 만하다.

만년에 광산 경영에 실패하자 야마토 오조로 귀와하여, 텐쵸오 구미를 추도하기 위해 '메이지유신발상지기념패' 건설에 뜻을 두고 그 실현을 위해 애썼다. 그러나 중도에 중풍에 걸려 타이쇼오 11(1922)년 10월 25일 이를 완성하지 못한 채 세상을 떠났으니, 그때 그의 나이 향년 73세였다.

저서로는 앞서 기록한 『대동합방론』 외에 『메이지유신발상기』 (1919)가 있으며, 그밖에도 『황조노원비사』『타루이역학』, 『국업보험신의』, 『씨자창립안』, 『사회주의국업편』, 『자기실력』 등이 있으나 출판되지 않았다. 사람됨이 세속에 담담하고 내면에 신기를 감추고 있어, 궁핍한 시절에는 우인의 집에 기식하기도 했으나 아무리 빈궁해도 타인에게 금전을 빌지 않았으며 의연하게 청빈한 기사로서 일생을 한결같이 보냈다.』

토미오카 사다야스(富岡定恭, 1854.12.24. - 1917.7.1.)는 나가노현(長野縣) 출신으로, 일본의 해군 군인이며, 귀족으로, 최종계급은 해군중장,

남작이다. 마츠번(松代藩) 해방대장 토미오카(富岡宗三郎定知宗)의 장남으로 태어났다. 1876년 9월 해군병학료(海軍兵學寮)(5기)로 수석졸업하고, 1878년(메이지 11년)까지 영국해군 전함 오디오 샤스(HMS Audacious)에 승무원, 해병교수, 함정국무기과, 영불파견, 조병창감독관(영국), 해군대학교 교관 등을 거쳤다. 청일전쟁에서 쿠시마(嚴島) 부장으로 참전하였다. 또한 타츠타(龍田)함장, 해군사관학교 교감 야쿠모(八雲)함장 시키시마(敷島)함장, 군령부 제1국장을 거쳐, 1903년(메이지 36년) 7월, 해군소장으로 진급하였다. 러일전쟁에서는 조기개전을 요구하는 야마자 엔지로, 아키야마 사네유키 등과 호월회의 일원이었다. 전시는 해군사관학교장을 맡았다. 후에 훈련소함대 사령관을 지내고, 1907년(메이지 40년) 3월, 해군중장되었고, 죽부요항부(竹敷要港部) 사령관, 여순진수부장관을 거쳐, 1911년(메이지 44년) 12월, 예비역에 편입되었다. 1914년(다이쇼 3년)에서 1917년까지 제국 재향군인회 부회장을 맡았다. 1907년(메이지 40년) 9월, 남작이 되었다.

하나다 나카노스케(花田 仲之助, 1860. - 1945.)는 일본육군 참모본부 2부 정보장교(중령)로서, 사쓰마번 출신이다. 메이지 16년(1883년), 육군사관학교 구 6기로 졸업하고, 러일전쟁에서 러시아를 혼란시킨 아카시 모토지로와 동기이다. 사쓰마 사람이면서도 파벌을 미워하여 심지어 육군 사쓰마파벌을 일소했다. 그 일에서 알 수 있듯이, 강직한 성격이며, 통찰력이 뛰어났다. 대 러시아 특수공작에 종사하여, 1897년 승려로 위장하여 블라디보스토크에 잠복하여, 포교라고 칭하고 시베리아, 만주, 몽고를 정찰하였다. 러시아 대책에 관해서 타무라 이여조(田村怡与造)와 충돌하면서 퇴역했다. 1901년 국민교화를 목적으로 하는 단체 보덕회(報德會)를 설립했다. 「교육칙어」를 기본으로 하는 「지은보덕(知恩報德)·감은보사(感恩報謝)」의 정신을 전국 각지에 전파했다. 1904년 러일전쟁이 일어나자 예비역 소령으로 소집되어 대마도 경비대에 배속되었다. 그러나 러시아군의 마적회유가 진행되면서 여기에 맞서 마적을 총괄하는 인물이 필요하였다. 급히 참모본부에 복귀하여 만주로 건너갔다. 겐요샤계(玄洋社系) 대륙낭인 14명과 대륙낭인으로 위장한 참모본부 정보장교를 핵심으로, 만주 마적을 모아서 만주의군을 편성했다. 최고 병력은 3000명에 이르렀지만 최신총기를 마적에게 지급하는 러시아에 대해 일본군 대본영은 저격용 총 정도 밖에 지급하지 않고, 부득이 적으로부터 장비를 빼앗아 아군을 강화했다.

하야시 시헤이(林子平, 1738. 8. 6. ‑ 1793. 7. 28.)는 칸세이 세 기인 중 한명(寬政の三奇人)이다. 그는 『三國通覽図説』, 『海國兵談』을 저술하였다. 삼국통람도설은 그 후, 나가사키에서 네덜란드, 독일로 건너가 러시아에서 유럽 각 국어로 번역됐다. 지도는 정확성이 아니라 혼슈 · 시코쿠 · 큐슈 이외의 지역은 매우 허술하게 그려져 있다. 한국과 중국에서 일부 연구자는 이 독일어나 프랑스어가 페리 제독과의 오가사와라 제도 영유에 관한 미일 교섭 때 일본의 영유권을 나타내는 증거로 사용됐다고 주장하고 있다 . 한국에서는 이것을, 한국의 독도 · 대마도 영유권의 증거라고 주장하고 중국은 이것을, 중국의 센카쿠 열도 영유권의 증거라고 주장하고 있다. 그러나 19세기에 미일 간에 오가사와라 제도의 영유권을 다툰 사실은 없으며, 양국에 그런 기록은 존재하지 않는다고 일본은 주장한다. 삼국통람도설이 오가사와라 제도 영유의 미일 교섭에 사용 됐다는 이야기는 허베이 신보에 게재된 하야시시헤이를 소재로 하는 신문소설이 근거라는 설도 있다.

호리 분지로(堀內文次郎, 1863.10.29. ‑ 1942.3.14.)는 일본육군 군인으로, 최종계급은 육군중장이다(부록참조). 마츠번사(松代藩士) 호리장작(堀內莊作)의 차남으로 태어났다. 공옥사(攻玉社)를 거쳐, 1885년(메이지 18년) 6월, 육군사관학교(구 7기)로 졸업하고, 보병소위로 임관하였다. 육사교관, 대만총독부 부관, 육군성군무국을 거쳐, 1900년(메이지 33년) 4월, 보병소령으로 승진하여 참모본부 부관에 취임하고, 1906년

(메이지 39년) 7월까지 재임하였다. 러일전쟁 때는 1904년(메이지 37년) 2월부터 1905년(메이지 38년) 12월까지 대본영 육군부 부관을 역임하고, 후방지원을 담당하였다. 그동안 1904년 8월, 보병중령으로 진급하고, 1906년 7월, 보병 제58연대장으로 취임하였으며, 재임 중 연대에 테오도르 에도라 폰 레루히 소령으로부터 스키지도를 받았다. 1907년(메이지 40년) 11월, 보병대령으로 승진하고, 1911년(메이지 44년) 9월 육군 소장으로 진급하였다. 보병 제23여단장에 취임(나가사키현) 하였다. 1차 세계대전에서 청도의 전투에 출정하였고, 1916년(다이쇼 5년) 5월, 육군 중장으로 승진하는 때 대기 명령으로 같은 해 8월, 예비역에 편입되었다. 1929년 다카다(현 죠에츠시:上越市)에서 열린 스키발생 20주년 기념대회에서 연설하고 스키의 발전을 호소했다.

혼다 구마타로(本多熊太郎, 1874.12.08. - 1948.12.18.)은 메이지 · 다이쇼 · 쇼와시대의 외교관, 태평양 전쟁시의 중화민국 대사, 도조내각의 외교고문이다. 전후 A급전범으로 체포되었다. 도쿄법학원(중앙대) 법과 재학중인 1894년 5월에 외무성 유학생시험에 합격하여, 이듬해 메이지 28년(1895년) 8월에 외무성 서기생시험에 합격하고, 외무성에 입성하였다. 메이지 34년(1901년), 고무라 주타로 외상의 비서관으로 러일전쟁의 포츠머스강화회의에 참석하였다. 고토신페이(後藤新平)의 만철총재 당시에 베이징공사관 이등서기관이 되었다. 다이쇼 7년(1918년), 스위스공사, 다이쇼 13년(1924년)에서 독일 대사를 맡고 퇴임하였다. 쇼와 15년(1940년), 마쓰오카 요스케(松岡洋右) 외무장관에 기용되고, 왕웨이(汪兆銘) 정권에서 난징에 중국대사로 부임하였다. 쇼와 19년(1944년)에 도조(東條) 내각의 외교고문으로 취임하였다. 1945년 12월, 연합국에 의해 제3차 전범으로 지명되어 A급전범으로 체포되어 스가모교도소(巢鴨刑務所)에 수감되어, 질병으로 석방되었다.

후쿠다 마사타로(福田雅太郎, 1866.7.7. - 1932.6.1.)는 일본육군 군

인으로, 최종계급은 육군대장이다. 무라번사(大村藩士)・후쿠다시(福田市兵衛) 차남으로, 현재 나가사키현(長崎縣) 오무라시(大村市)에서 태어났다. 오오무라중학교 유비학사(有斐學舍)를 거쳐, 1887년 7월 육군사관학교(구 9기)로 졸업하고, 보병 소위로 임관하여, 보병 제3연대 소속되었다. 1893년 11월, 육군대학교(9기)로 졸업하고, 청일전쟁 때는 제1사단 부관으로 출정하였다. 참모본부 제2 국원, 독일유학, 참모본부 부원(편제 동원반장), 겸 육군대학교 교관 겸 오야마이와오(大山巖)원수 부관으로, 오스트리아 공사관 소속을 거쳐, 러일전쟁 때는 제1군 참모(작전주임)로 출정하였다. 개전 전에는 다나카 기이치(田中義一), 아키야마 사네유키(秋山眞之) 등과 함께 대러 조기개전파(호월회 회원)이였다. 제1군 참모부장, 제3사단 참모장, 오스트리아 공사관 참모본부 과장, 보병 제38연대장, 보병 제53연대장 등을 역임하고, 1911년 9월 육군소장으로 진급하였다. 보병 제24여단장, 관동도독부 참모장, 참모본부 제2부장, 중국출장 등을 거쳐, 1916년 5월 육군중장이 되었다. 유럽 출장 후 5사단장, 참모본부 차장, 대만군사령관 등을 역임하고 육군대장으로 진급했다. 군사참의관이 되었고, 1923년 9월 관동대지진에 따라 관동계엄사령관을 겸임했다. 재직 중 감박사건(甘粕事件)이 일어나 경질되었다. 1924년 감박사건에서 오스기사카에(大杉榮) 살해의 원인이 된 와다큐타로(和田久太郎)에 의해 저격됐지만 무사했다. 1925년 5월, 예비역에 편입되었다. 이후 1928년 1월, 대 일본스모협회 회장, 1930년 4월 추밀원 고문관에 각각 취임했다.

후쿠시마 야스마사(福島安正, 1852.10.27. - 1919.2.19.)는 일본 육군 군인으로, 최종계급은 육군대장, 남작이다. 시나노국 마쓰모토 성시(현 나가노현 마츠모토시:長野縣松本市)에 마츠모토 번사 후쿠시마 안광(福島安廣)의 장남으로 태어났다. 에도에 상경하여, 막부의 강무소(講武所)에서 서양식 병학을 배웠으며, 보신전쟁(戊辰戰爭)에 참전하였다. 메이지 때는 카이세이학교(開成學校)로 이동하여 외국어 등을 배웠다. 1873년

(메이지 6년) 4월 메이지 정부에 사관으로서, 법무부에서 문관으로 1874년 (메이지 7년) 9월에 육군성으로 옮겼다. 1876년 7월부터 10월까지 미국에 출장갔다.

1877년(메이지 10년)의 서남전쟁에서는 후쿠오카에서 정벌군 총독부 서기관을 맡았다. 이듬해 5월, 육군사관 등용시험에 합격하여, 육군 중위가 되었다. 1878년(메이지 11년) 12월, 참모본부장 전령사로 취임하였다. 1879년(메이지 12년) 3월, 육군 교도단 보병대대가 소속되어, 같은 해 12월 참모본부 관서국원으로 이동하고, 중국, 조선 등을 현지 조사하고, 1883년(메이지 16년) 2월 육군대위로 승진하여, 같은 해 6월, 청나라 공사관에 부임하였다. 1884년(메이지 17년) 11월, 참모본부 관서국원 겸 전령사로 취임하였다. 1885년(메이지 18년) 2월부터 4월까지, 천진조약의 협상에 수행원으로 배석하였다. 육군대학교에서 독일에서 온 클레멘스 멧케루에서 배웠다. 1886년(메이지 19년)에는 인도, 버마 방면을 시찰한 후, 이듬해 1887년(메이지 20년)에는 독일의 베를린 공사관에 주재, 공사 사이온지 공망과 함께 정보분석을 하고, 러시아의 시베리아 철도부설 정보 등을 보고하였다. 1892년(메이지 25년)의 소령 때는 귀국에 즈음 해, 모험 여행이라는 빌미로 시베리아 홀로 여행을 하였고, 폴란드에서 러시아의 페테르부르크, 예카테린 부르크에서 외부 몽고, 이르쿠츠크에서 동시베리아까지 약1만 8천km을 1년 4개월에 걸쳐 말로 횡단하고 현장조사를 실시했다. 이 여행이 일반적으로 "시베리아 단기횡단"이라는 것이다. 그 후에도 발칸반도와 인도 등 각지의 조사를 실시하고, 현지정보를 참모차장 가와카미 소로구(川上操六) 등에게 보고했다. 1893년(메이지 26년) 2월, 육군중령으로 진급하였다. 1894년(메이지 27년) 6월, 경성공사관 부임하고, 같은 해 8월 첫 군 참모로서 청일전쟁에 출정하였다. 1900년(메이지 33년) 4월 육군소장으로 진급하여 서부도독부 참모장을 역임하였다. 의화단 사건에서 의화단진압을 위해 1900년 6월 임시파견대 사령관으로 파견되었다. 같은 해 9월부터 이듬해 6월까지 북부 청나라 연합군 총사령관 막료로 작전회의에서 사회를 맡아 영국, 독일, 프랑스, 러시아, 베이징관 언어를 구사하여 조정자가 되었다. 1904년(메이지 37년) 2월, 대본영 참모로 취임하고, 같은 해 6월부터 러일전쟁은 만주군 총사령부 참모로, 지금까지의 경험을 살려 첩보부에서 수완을 발휘하였다. 특히 만주마적을 이끌고 싸웠다.

후쿠자와 유키치(福澤諭吉, 1835. 1. 10. - 1901. 2. 3.)는 일본 개화기의 계몽사상가, 교육가, 저술가이다. 10,000엔 지폐에서의 후쿠자와를 일본에서는 '근대화의 아버지'로 간주하지만, 대한민국과 중국에서는 제국주의 침략을 부르짖은 탈아론(脫亞論)자로 잘 알려져 있다. 제국주의를 정당화하는 오늘날 일본 우익의 뿌리로 평가된다. 그는 갑신정변 이후인 1885년 3월 16일자 일본의 「시사신보(時事新報)」의 사설을 통해, 일본의 서구문명화와 '탈아'(脫亞), 즉 아시아 탈피를 부르짖었다. 그해 8월 13일자에 "조선 인민을 위해서 그 나라의 멸망을 축하한다"라는 제목의 기사를 싣기도 했다.

히라오카 코오타로오(平岡浩太郎, 우치다 료헤이 숙부, 1851.7.21. - 1906.10.24.)는 일본의 정치단체 겐요샤(현양사) 초대사장으로 흑룡회의 정회원은 아니지만 적극적 후원자이며, 자유민권운동가 이다. 동생 평강상차랑(平岡常次郎)은 흑룡회 회원이다. 후쿠오카 번사 히라오카 인삼랑(仁三郎)의 차남으로, 후쿠오카 지역에서 태어났다. 아명은 테쓰타로(銕太郎). 호는 겐요(玄洋). 우치다 료헤이의 삼촌이다. 번교(藩校) 수유관(修猷館)에서 배웠다. 1868년(메이지 원년), 보신전쟁(戊辰戰爭)에서 오우에 전전한 공이 없었다. 그후, 동지와 함께 번의 군인 취의대를 조직하였다. 1875년(메이지 8년), 코치(高知)의 입지사에 본떠 타케 소사랑(武部小四郎)이 교지사(矯志社)를 조직하자, 하코다 로쿠스케(箱田六輔) 등과 함께 참여했다. 1877년(메이지 10년), 서남전쟁에 호응하여 오치언사랑(越智彦四郎), 타케 소사랑(武部小四郎) 등이 거병(후쿠오카변)하는데 참여하였으나 패배하였다. 이후, 홀로 사이고군에 합류하여 분고(豊

後)·양지(日向)의 본영에서 모의에 참여하였다. 서남전쟁 패전 후 도쿄의 감옥에 징역 일년의 형을 받고 투옥되었다. 출옥 후 자유민권 운동에 참여하여 1878년(메이지 11년) 12월, 하코다 로쿠스케(箱田六輔), 도야마 미쓰루(頭山滿), 신도키 헤이타이(進藤喜平太) 등과 함께 향양사(向陽社)를 조직했다. 1879년(메이지 12년) 11월에 개최된 애국사 제3회 대회에서는 간사를 맡고 있다. 1881년(메이지 14년), 향양사를 겐요샤로 개명하여 초대사장으로 취임하였다. 1882년(메이지 15년), 조선의 임오군란에 즈음하여, 사이고군의 생존한 노무라 인조(野村忍助)와 의용군계획을 일으키는 등, 일찍부터 아시아 문제에 관심을 보였다. 이후 사업에 진출하여, 아카이케(赤池)·토요쿠니(豊國) 탄광 등의 경영에 성공하여 그 풍부한 자산가로써 겐요샤의 대외활동을 지원했다. 1894년(메이지 27년), 제4회 중의원 의원 총선거에서 후쿠오카현 셋째 구에서 출마하여 중의원 의원에 당선되었다. 이후 제9회 총선거까지 연속 6번 당선을 하였다. 중국혁명의 지원에도 열정을 쏟아, 1897년(메이지 30년) 일본에 망명한 손문에게 활동비와 생활비를 지원하였다. 1898년(메이지 31년)에는 헌정당 결성에 진력하고 외판(隈板) 내각수립에 노력했다. 러시아의 만주침략이 현저해 지면서 1903년(메이지 36년)에 대러동지회에 참여하여 대러강경론을 주창했다. 1906년(메이지 39년) 심장병이 발생하여 10월 24일 56세로 사망하였다. 1913년(다이쇼 2년) 2월 18일 신해혁명이 성공된 후 방일한 손문은 후쿠오카성 사원을 찾아서 히라오카 코타로를 성묘하였다.

일본흑룡회와 일본의 독도편입
(일본흑룡회의 독도편입 음모)

2013년 12월 10일 1판 1쇄 인쇄
2013년 12월 15일 1판 1쇄 발행

지은이 이 동 원
펴낸이 이 동 원
편집인 황 혜 정 외

출판등록 2003.10.1(제307-2003-000091호)
펴낸곳 책과사람들(구 법서출판사)
주소 경기 구리시 이문안로 99번길 10-21(수택동453-19) 1F
전화 02) 926-0290~2
팩스 02) 926-0292
ISBN 978-89-9734-912-8 93360

홈페이지 www.booksarang.co.kr
www.booknpeople.com

정가 18,000원